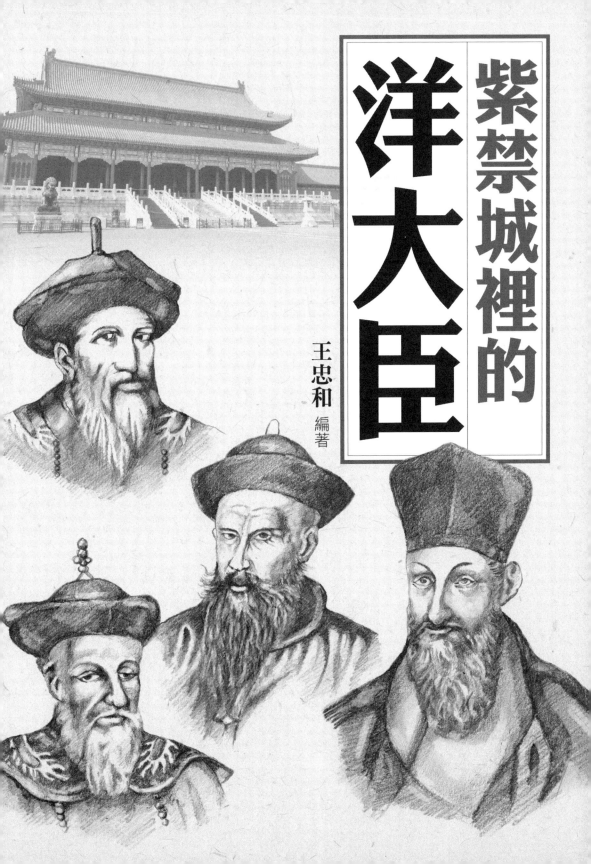

紫禁城裡的洋大臣

王忠和 編著

目錄 紫禁城裡的洋大臣

楔　子　《幾何原本》，中國第一部科學教科書 ……………………… 005

第一章　利瑪竇——中西交流第一人

一、他做了他父親最不希望他做的事情 ………………… 010

二、九死一生到達印度 ………………………… 012

三、芝麻，開門 ………………………… 014

四、立下了利瑪竇規矩 ………………………… 040

五、利氏之學的中國傳人 ………………………… 043

六、打開了一扇門 ………………………… 060

七、利瑪竇的貢獻 ………………………… 065

第二章　湯若望——順治皇帝稱瑪法

一、一個走後門的學生 ………………………… 072

二、湯若望在明朝 ………………………… 074

三、湯若望在清朝 ………………………… 088

第三章　南懷仁──康熙朝廷帝王師

一、為湯若望仗義執言 ································· 132

二、張獻忠給傳教士穿官服是體制所關 ··············· 134

三、遲到的公平總比不到好 ························· 139

四、不能指責南懷仁帶來的是過時的科學 ············· 143

五、南懷仁的大炮轟垮了吳三桂 ····················· 150

六、康熙皇帝是附庸風雅嗎 ························· 154

七、耶穌會士與《尼布楚條約》 ····················· 162

八、康熙帝不許傳教士進入邊境地區 ················· 167

九、康熙皇帝和彼得一世 ··························· 174

第四章　郎世寧──中畫西法開先河

一、是上帝，還是丟斯 ····························· 178

二、郎世寧在康熙朝 ······························· 182

三、郎世寧在雍正朝 ······························· 196

四、郎世寧在乾隆朝 ······························· 213

附　錄　耶穌會想要把十字架插遍全球

一、天朝鬧家務洋夷圖變革 ························· 247

二、兩個蕞爾小國企圖瓜分世界 ····················· 248

三、耶穌會趁宗教改革之機異軍突起 ················· 250

楔子

《幾何原本》，中國第一部科學教科書

　　萬曆三十五年，即西曆的1607年，初春的一個深夜，北京宣武門內天主堂側的一間小屋內仍然亮著燈光。雖然外面還是春寒料峭，但屋裡充滿了暖融融的氣氛，一個白泥爐子散發的熱氣足以使人忘記這是什麼季節。一張碩大的書案旁，一個中等略高身材的人，緊鎖雙眉，來回地踱著方步。他身穿儒服，頭戴方巾，一副士人的打扮；可是待他轉過頭來，卻是深目高鼻，鬚長及腹，明顯的一張西洋人的面目。書案前，伏著一中年人，手握筆管，面前一張張的稿紙鋪散開來，眼睛卻注視著那個洋人，若有所思——這就是利瑪竇和徐光啟。

　　利瑪竇一邊走動一邊遲緩地，一個字一個字地口述著：「兩個三角形的一個角相等，夾其角的邊成比例……，不好，不好，這樣說容易造成誤解。」說著，他走到案前，用毛筆在紙上畫了一個草圖，道：「保祿，你看，應該怎麼說這種情況，這裡是兩個三角形，這個三角形的一個角和另一個三角形的一個角相等……，你明白嗎？」徐光啟說：「是的，利師，您的意思我明白。可不可以這樣表述，兩三角形之一角等，而等角旁之各兩邊比例等……」利瑪竇面露喜色道：「正是這個意思，好，就按你的說法……。」然後，他又接著敘述著：「即兩形為等角形。而對各相似邊之角各等。」徐光啟似乎有些跟不上，問道：「這是什麼意思，利師？」「這實際上是說，相似三角形的三個角都相等，不是嗎？」徐光啟恍然大悟道：「啊！真的，兩個等角形的三個內角真的是相等的，對呀，不然怎麼叫等角形呢。可是，您為什麼不乾脆說，三個角相等不是更直接嗎？」利瑪竇緩緩說道：「不能，因為這其中有個邏輯關係在內，是因為夾那個等角的兩個邊的比例相等，才有他們相對的角相等，而不是相反。」徐光啟嘆服道：「果然是推理嚴謹，沒有絲毫漏洞。好，就這樣。」

利瑪竇、徐光啟師徒二人像這樣伏在案前，斟酌字句已經有幾個月了。開始的時候還是揮汗如雨的盛夏，他們顧不得炎熱，一心鑽在書中，一個口述，一個筆錄，配合默契，如今已經到了臨近殺青的時刻了。

徐光啟正在伏案疾書時，偶然一抬頭，瞥見利師雙目微闔，嘴巴微張，眉間挽起一個結，似乎在忍受著難言的痛苦，遂趕緊問道：「利師，您這是怎麼啦？」過了一會兒，利瑪竇才回答道：「唉！這是老毛病了，這幾年，總是覺得右邊的腦袋裡面有些疼痛，休息一下自己就會好的。」徐光啟關心地問：「那您看過大夫沒有？」利瑪竇道：「中西醫生都看過的，大夫也說不出所以然來。大概我的日子也快了。」徐光啟趕緊制止道：「利師，您千萬不要這樣說，您才五十幾歲，怎麼會呢？再說，這裡的教務需要您，我們大明國的學人也需要您，您給我們帶來了那麼多的新鮮事務，我們還沒來得及消化，沒來得及理解……」利瑪竇輕輕歎息道：「我又何嘗願意離開你們？我從義大利歷艱涉險來到中國為的什麼？可是有時候……你們中國不是有句古詩叫做『出師未捷身先死』嗎？……」徐光啟連忙打斷道：「那說的是三國時的諸葛亮，可那是戰爭時期，我們現在沒有戰爭。」利瑪竇反問道：「真的沒有嗎？」接著又自己回答道：「是的，沒有，暫時沒有。」徐光啟一邊收拾書案上面的稿紙，一邊以懇求的口吻道：「利師，您累了，先休息一下吧，我們今天就到這裡，好嗎？」利瑪竇輕輕點了點頭：「好吧，你回去再好好潤色一下，後天我們繼續，怎麼樣？」徐光啟答道：「就是後天。」

徐光啟和利瑪竇又繼續合作翻譯了幾個月，《幾何原本》終於在當年五月付梓出版。不久，徐光啟的父親在家鄉去世，他按照當時官場的規矩，回家守制三年。待他回京時，利瑪竇已經病故——這是後話。

徐光啟走後，利瑪竇坐在書案前面，桌上一摞稿紙的封面上寫著：《幾何原本》，泰西利瑪竇口授，吳淞徐光啟筆受。看著那娟秀工整的字體，不由得想起他和徐光啟翻譯這本書的一段淵源。

利瑪竇來到中國後，接觸的士人當中也有不少講求格致之學的人，自然有些也從事幾何學——中國人稱之為「形學」的著述。可是，他發現中國的形學大都是就事論事，而沒有一個完整的體系和結構，正好像一座房子沒有地基一樣。所以，那些講述對了的並不知道為什麼對，那些說錯了的人也不

知道錯在哪裡。於是，他早就有心將他大學老師丁先生的大作《幾何原本》翻譯成中文，也算是不辜負那些慕名而來拜訪他的文人學子對他的一片厚意和仰慕之情。他來中國多年，文章也寫過一些，可是一旦動起手來，才覺出「談何容易」！一方面中西文法迥然不同，而且科學表述又不同於日常會話，其中有著嚴格的邏輯性和縝密的說理性。無奈之下，他曾經試圖找個朋友幫忙，例如在廣東韶州時他就與瞿太素試著合作翻譯過。可是碰到一個投緣的同志談何容易，那瞿太素才華有餘而定力不足，整天只是風花雪月，再不就是秦樓楚館，兩人只合作不到一個月就繼續不下去了。還是來到北京後，有一次和徐光啟談起西洋學問，利瑪竇便把翻譯《幾何原本》的經過，以及幾次半途而廢的事情原原本本告訴了他。徐光啟道：「形學這門學問三代以前直至先秦也曾有人研究，只可惜毀於秦始皇的一把孽火。漢代之後，再講究這門學問的就不過多憑猜測揣摩了——正好像盲人射的，虛發無效；或者只比擬個差不多，也是持螢燭象，得首失尾而已。先師曾說過：『一物不知，儒者之恥』，今天這門學問既然失傳，與其暗中摸索，不如改投明師。如今遇到這本書，又碰到利師這樣的名師，不驕不吝，主動要傳授與人，再若失此機會，何日可再得？」利瑪竇委婉地告誡他說：「此事並非易事，以你四十多歲的年齡，要重新學習一門陌生的學問，談何容易。而且我不想因為這件事情，耽誤了你在翰林院的公務，你可要三思而行啊！」徐光啟道：「我知道此事對我有一定難度，要說困難這東西，你越是避開，他反而越長越大；你若是迎難而上，難事自然就消除了。我意已決，利師就不要懷疑了。」利瑪竇聽了徐光啟的話大有相見恨晚之意，從那以後，他一面教徐光啟幾何學的知識，一面準備翻譯《幾何原本》。如今總算皇天不負有心人，終於大功即將告成了。

　　欣慰之餘，利瑪竇就上床休息了，頭痛雖然輕了些，但以他的醫學知識，他知道這不是一般的小病。而且，這兩年他覺得自己衰老得特別快——鬚髮皆白，臉上爬滿皺紋。可是，連中西大夫都不知其然，自己又有什麼辦法？索性不去想，還是把精力集中在即將完成的《幾何原本》的翻譯上吧。他實在是太累、太疲乏了，他在這個正月裡幾乎沒有真正休息過，每天的訪客總有不下一百人，上至部院郎官、下至布衣秀才，甚至當朝的內閣大學士也派人送個帖子，算是禮到人到。訪客中，有的來探討學問，有的來談論時

《幾何原本》

事，不少人不過問候一聲扭頭就走。一天到晚地接待訪客已經席不暇暖，外地還經常傳來令人不快的休息，更使他食不甘味。新年元旦對別人來說是大塊朵頤，為肚子補足一年的油水；對他卻是精神和體力的極大透支。所以直到現在，他一聽到外面的爆竹聲音還有些心有餘悸。

　　從中國人的元旦，利瑪竇想起了義大利的耶誕節，那靜謐、溫馨、啟人遐思的節日。是啊，誰不懷念自己的家鄉呐？算了算，他來中國已經二十五年了。雖然他談話、作文時自稱「旅人」，但他天天和中國人打交道，說中國話，吃中國飯，穿中國衣，幾乎忘記自己在這裡是個外國人了。可是，畢竟有些東西是不會改變的，有些事情也是不會忘記的──他身體裡流淌的義大利血液是絕不能改變的，他也不會忘記養育他的馬切拉塔，那座落在小山之巔袖珍古堡式的小城。他依稀記得青松翠柏中隱約可見的鐘樓，城牆隨山勢蜿蜒上下，環城道路沿著城牆跌宕起伏，城裡的大街小巷時升時降，真像是童話裡的世界。尤其使他夢徊縈繞的是父母親的那座兩層石頭小樓，母親給他做的乳酪、比薩……。他還回憶起他兒時就讀的小學校，他在羅馬求學的羅馬大學，以及他踏上中國之旅的一幕幕……。

第一章

利瑪竇

中西交流第一人

利瑪竇（1552年10月6日─1610年5月11日）是義大利耶穌會傳教士，學者。他於明代萬曆年間來到中國，是天主教在中國傳教的開拓者之一。鑒於中國的實際情況，他開創了傳教士的「利瑪竇規矩」，即尊重中國的文化習俗和歷史背景，從傳播科學知識入手，使中國人對西方文化有一基本的了解。他廣交中國知識階層，傳播西方天文、數學、地理等科學技術知識，實乃將西方近代科學文化帶到中國的第一人。他為中國人開啟了一個觀看世界的視窗，改變了中國人以往閉關自守、自高自大的陳腐觀念。他也是第一位閱讀中國文學並對中國典籍進行鑽研，又將其介紹給西方的學者。所以利氏也是溝通中西文化的拓荒者。明清之際，教外人士有時就把天主教稱為「利氏之教」或「利氏學」，其他傳教士則是「利氏之徒」，將那時的西學也都一律歸為利氏所帶來，可見其影響之大、之深、之廣。

一、他做了他父親最不希望他做的事情

利瑪竇於1552年出生於義大利境內之教皇國（Church States）的瑪律凱州（Marche）馬切拉塔城（Macerata）。此地與文藝復興的發源地，佛羅倫斯相毗鄰；而且出了一個聞名遐邇，載譽千古的畫家拉斐爾。利瑪竇原名中文直譯為瑪提歐‧利奇（Matteo Ricci），利瑪竇是他自起的中文名字，又按照當時士人的習慣，起表字為西泰，又號清泰、西江等。他在中國頗受士大夫的敬重，尊稱其為「泰西」先生、「利先生」、「利子」、「利進士」等。

利瑪竇所誕生的教皇國乃是神聖羅馬帝國皇帝丕平於西元756年贈給教皇的領地，即所謂的「丕平贈禮」，一直存在了一千多年（756─1870）。在此濃重宗教氛圍的環繞下，利瑪竇從小立下獻身教會的志願，也就不是什麼奇怪的事情了。他的家族是當地的名門──其先祖曾被封為侯爵，他父親是個醫生，家裡經營利氏藥房，並曾經出任教皇國的省長。

利瑪竇的母親性情溫和，是個虔誠的基督徒。小時候的利瑪竇受母親影響很大，他稟承母教，積極參加教會的活動，培養了他虔敬的宗教信仰。從九歲起，童年的利瑪竇一直在家鄉一所耶穌會開辦的學校學習。上學時，他即有志修道，想加入耶穌會。可是，他父親最擔心的就是利瑪竇加入耶穌

會——因為不但耶穌會成員要過刻苦的教徒生活，而且傳教經常要去海外，去則有去無還。所以他父親的心態就好像中國一般的家庭不希望子女去當和尚、尼姑一樣。利瑪竇的父親希望他的長子將來能夠繼承祖業，也邁入官場。本來，利瑪竇可以在家鄉繼續求學，因為馬切拉塔有一所創立於1209年的大學。但是為了兒子的仕途著想，他父親將十六歲的利瑪竇送到羅馬去學習法律，為的是有機會結交權貴，將來有人提攜——朝內有人好做官嘛，外國也是如此。

可是，利瑪竇一到羅馬，就和耶穌會的教友們來往密切。那時的會首是耶穌會創辦人依納爵的弟子，聖方濟·波爾濟亞，他出身西班牙公爵，曾任總督，但卻辭去貴族爵位，布衣糙食，過起了苦行僧的生活。利瑪竇深受其精神的感召，他嚮往那種神祕而高尚的教徒生活，對海外傳教也充滿憧憬——總之，他覺得做一個俗吏實在違背自己的意願。

利瑪竇進聖安德列學院學習預科後不久，就於1571年8月15日的聖母升天節那天做了他終生最重要的一個決定——他決定加入耶穌會。

這個決定對他意味著什麼呢？那就是把一生獻給傳教事業，不得娶妻生子，不得過舒適的世俗生活，不得與父母家庭團聚，不得……，不得……。

這個決定對他的父母家庭又意味著什麼呢？那就是再也見不到自己的兒子，因為他已經是屬於神和神的事業了。生離死別，這對世界上任何的父母都是殘忍的，但是使他們始料不及的是，如果利瑪竇留在他們身邊，至多是義大利多添了一個凡官俗吏，而世界上卻少了一位偉大的東西文化的溝通者，中國也少了一位西方文化的傳播者。當然，這個任務終歸還會有別人完成，可那就不是他利瑪竇了。

利瑪竇的父親聽說兒子竟然不聽自己的一再告誡，進了耶穌會，便怒氣沖沖地前往羅馬，準備訓斥兒子一通，並令他退出。可是，正如俗話所說的那樣，「人算不如天算」，當他坐車行至半路時突然發病，不得不中途折回——似乎天意阻擋他去羅馬。利瑪竇的母親於是勸告丈夫，不要違背孩子的意願。利瑪竇的父親只好不再干涉兒子的事情。

1572年，利瑪竇在耶穌會主辦的羅馬學院學習哲學和神學。羅馬學院是耶穌前會首依納爵於1551年創立，因為當時正處在文藝復興時代，所以學院緊跟著時代的步伐，極重視科學和藝術。總之，羅馬學院是當時歐洲極優秀

的學校，薈萃了各方面的人才——伽利略曾是該學院的客座教授，有極完備的課程設置——自希臘、羅馬時代以來的重要哲學著作，所以成為青年們神往的聖地。事實上，由於通曉古代和近代知識，且有良好的學術素養，耶穌會士通常是歐洲最有才華的人。利瑪竇師從師數學家克拉維奧（Christopher Clavio）學習數學，克拉維奧神父是德國人，和伽利略、開普勒及其他歐洲最傑出數學家有密切的交往，被稱為「十六世紀的阿基米德」，著有拉丁文版的《幾何綱要》，後來，利瑪竇在中國與瞿太素、徐光啟翻譯的就是克拉維奧的這部著作。其時範禮安神父也是利瑪竇的老師。

五年的學習生涯裡，利瑪竇研讀了幾何學、應用數學、物理學、天文學原理、音樂理論、透視學、天文測量、行星原理、鐘錶製造、教會曆法、修辭學、人類學、哲學、邏輯學、辯論等課程。在這段時間裡，他還學會了拉丁文和希臘語，而且也會使用葡萄牙語和西班牙語。要感謝那時的通才教育，使利瑪竇具有多方面知識和技能。他不但會預測日食，還會繪製地圖，還能製造，修理鐘錶等——既能動腦，又能動口，又能動手。看了這份課程表，我們不得不嘆服這種博大、深邃的教育思想，反觀現在學校裡的狀況，研究牛的不知道馬，研究馬的不懂得豬，真成了專而又專的「專家」。

因為加入耶穌會時，就有過絕財、絕色、絕意，以及傳教地點聽從教皇命令的誓言，所以利瑪竇並沒有過多地考慮將來的安排。那時，耶穌會的傳教士們大多被派往美洲、或是印度、日本、菲律賓等地，但中國還是一個傳教的禁區。一心想要踏上中國本土的沙勿略神父就是在距中國一步之遙的海島上去世的，所以，利瑪竇大概從未想到過要去中國，可是天意卻偏偏安排他去了遙遠的中國。

二、九死一生到達印度

年輕人體內充滿了過剩的能量，於是乎外化為激情，表現為衝動——利瑪竇年輕時也是這樣。1577年，他獲准赴遠東傳教。虔誠、急迫去東方服務的熱忱，竟使他放棄了教會允許他臨行前回家探望的機會。誰知，這一決定竟使得他與父母天人永隔，再也沒有見面。

1578年3月24日，利瑪竇從里斯本出發乘船和其他14名耶穌會士一起前往

印度傳教。那時在海上長途航行並不像現在的豪華遊輪之旅，是件瀟灑、浪漫的事情——船是木帆船，船艙只有一米高，長度也不過三米，實際上只是個比棺材大一些的空間而已。一路上繞過好望角，途經莫三比克，都是熱帶地區，暑氣逼人，艙內更是如蒸籠一般。在這樣的條件下，很少有人不得病的，而且大多是傳染病。生病後，躺在船艙內洗桑拿浴，病只能加重，不會減輕。又因艙房緊緊相靠，一人得病，會很快與眾人共用；誰能夠闖過這道關口，就只有天知道了。只需看一下歷年耶穌會士去澳門的記錄，就可以知道那時的航海簡直如同以生命買彩票一般：1618年，22個傳教士動身前往東方，抵達澳門時只有8人活了下來。1634年，6人死了4人。1672年，13人竟死了10人。

利瑪竇經過六個月的航行，終於在1578年9月13日到達印度果阿（Goa）——葡萄牙在亞洲最重要的殖民地。果阿位於印度半島西部，天主教許多教派都在此派有代表，負責遠東的傳教事業，葡萄牙國王在這裡享有保教權。

利瑪竇在來到印度之前，由於沙勿略之前對印度的讚美以及教會的神化，他所聽說的印度是個非常令人神往的地方，在這裡傳教也比較容易。但是現實的落差令他大惑不解。1580年，他給耶穌會的歷史學家瑪菲，用葡萄牙語寫的信中說道：「查看一下有關印度、日本的注釋書和地圖類，會發現明顯的謬誤比比皆是。」但是耶穌會在日本布教非常順利，而且在印度還發現了聶斯托里教派（景教）的信徒。這使得利瑪竇他們在精神上感到非常振奮。

利瑪竇開始在果阿修院教授拉丁文和希臘文，後又去中南半島教書半年，1580年升任司鐸。其後返回果阿，在那裡的神學院繼續學習神學。或許是自小受到文藝復興時代人本主義思想的薰陶，利瑪竇在果阿神學院學習時，對於學院不接受印度當地學生的做法非常反感。他認為既然在印度傳教，就應該任用當地人，就應該允許當地人也學習哲學、教理和神學等歐洲文化。他於是寫信給耶穌會總部提出了這個問題。他擔心這種歧視政策是和傳教的目的背道而馳的，只能招致當地人的反感與仇恨。而耶穌會在印度的主要目的，感化異教徒使他們皈依神聖信仰的使命將會化為泡影。他的這種見解在他的一生中始終如一，這也是他進入中國後所持的態度。

三、芝麻，開門

1. 到達澳門，使自己中國化

由於明朝「片板不能入海」的閉關鎖國的政策，利瑪竇之前的西方傳教士都未能進入中國大陸傳教，而只能停留在澳門。

那時，澳門不過是個荒涼的小島，在嘉靖三十六年（1557）由明朝政府允許葡萄牙商人在此地落腳，存放貨物，作為通商居留地。澳門（Macao）的外文名稱即因為其上建有媽祖廟而得。於是，澳門也成為天主教在中國最早的一個基地——澳門教區，其管轄範圍包括中國、安南（越南）、日本、朝鮮、緬甸、柬埔寨等地。

十六世紀的澳門，這是出使中國的荷蘭使團中的畫家約翰・尼霍夫畫的速寫。

利瑪竇到達東方時，他在羅馬學院的老師範禮安（Alessandro Valignano，1538—1606，義大利人）作為耶穌會的遠東教區視察員正在澳門停留。範禮安認識到，如果耶穌會不進入中國這樣一個地廣人眾的國家簡直是荒謬的。他也覺察到，對於這樣一個歷史悠久的文化大國，若是強迫他們改變自己原有的習俗，去改奉西方傳統是困難的事情。因此，他明智地決定，傳教士們首

範禮安神父

先要學習中國語言文字，並和中國人溝通，然後才能談其他——這種務實的態度始終是耶穌會傳教的宗旨。

在澳門的神父羅明堅接受了這個並不輕鬆的任務，具有語言天賦的利瑪竇自然成了他最合適的幫手。因此，羅明堅神父向範禮安舉薦了利瑪竇。萬曆十年（1582），三十歲的利瑪竇應召前往中國，8月7日到達澳門。

傳教士們想通過漢語著述天主教義來吸引中國人，「練習用他們的語言寫作，作為一種吸引捕捉他們心靈的手段」，因此他們先在澳門努力學習漢語。開始學習漢語的利瑪竇對完全與西方拼音文字不同的方塊漢字感到很興奮，覺得非常不可思議——當然，其中艱難是不言而喻的。

這些西方傳教士們整天抱著類似今天《英語900句》之類的《中－葡對照句式》練習口語——不是廣東話，而是廣東腔的官話，例如，

客人問：師父到這裡幾年了？

神父：才有兩年。

客人問：如今都曉得我們這邊的官話不曉得？

神父：也曉得幾句。

客人問：也講得？

神父：略略學講幾句。

學過哲學的利瑪竇則採用了形象思維與抽象思維結合的方法來記憶這種神奇的文字，例如，他看到「武」字，頭腦中就浮現了兩個武士角鬥的場景；看到「要」字，就聯想起一個西洋婦女的樣子；通過一個抱著小孩子的

女人，他記住了「好」字等等。所以，利瑪竇學習中文進展神速，這首先要感謝他驚人的記憶力，自然，更重要的還是他的刻苦精神。利瑪竇在和羅明堅學習漢語過程中，還合作編了一部《葡漢詞典》，給五千四百多常用中文詞注音，以解決西方人準確拼讀漢字的困難，也可算是西方第一部漢語詞典了。

利瑪竇進入中國的第一站是肇慶，時稱端州。

2. 肇慶，世界地圖吸引了中國人

萬曆十一年（1583），最早到達肇慶的傳教士羅明堅和巴范濟，開啟了破冰之旅。他們想得到兩廣總督陳瑞的許可，進入廣州作為立腳點。

當時肇慶是廣東省會，兩廣總督陳瑞就駐蹕城內。

二人帶了一些當時在中國尚屬較為罕見的禮物，如三菱鏡、自鳴鐘、純絲衣料等去見陳瑞，請求他准許他們在當地居留。按照當時明朝的「移民法」，只有現職的外國使節、伴隨使節來的商人，或是仰慕中華政治文化的外國人才可獲得中國「綠卡」。於是，他們把傳教之事先放在袍子裡面隱藏起來，聲言自己是中國文化的仰慕者，並且附帶保證做大明皇帝的順民。被教士們判定為「貪官」的陳瑞，看在那琳琅滿目禮物的面子上，接受了他們的說法。並立即答應將郊外天寧寺旁邊的地方撥給他們作為立足之地，還可提供他們食物等物品。正當他們樂觀地以為中國大門已經向他們敞開的時候，因朝廷首輔張居正的病故（1582），以及接踵而來對他的清算，陳瑞也連帶去職，羅明堅和巴范濟只好垂頭喪氣地退回澳門。

正當他們近乎絕望的時候，事情又有了轉機。

新任總督郭應聘要查明前總督如何允許傳教士們入境，羅明堅和利瑪竇應召再次來到廣州。經過一番周折——自然，送禮，賄賂都是必不可少的，終於在萬曆十一年（1583），羅明堅、利瑪竇兩人獲准在廣東肇慶居住。他們為了達到定居目的，不惜給肇慶知府王泮下跪、磕頭；聲言是來自印度的僧人，因仰慕中國政治昌明，希望得到一塊淨土建造教堂，以終生侍奉天主。王知府頗為諒解，允許他們在肇慶崇禧塔旁邊建造教堂——為了入鄉隨俗，起名「仙花寺」。但是，官僚階層的接納並不代表百姓的認可，正當他們興沖沖準備建房時，引起當地居民的反感與抵制，閉塞的鄉人看不慣這幾

個大鬍子的外國人，而且對他們來到此地的企圖感到懷疑。小孩子們從高塔上面往他們教堂扔石頭，當教堂僕人抓住一個小孩後，引發了與當地居民的糾紛，以至鬧到公堂。雖然事情經過知府王泮調解平息下來，卻深深觸動了利瑪竇，他認識到要在中國立足，必須首先贏得中國人的尊敬，而最便捷的途徑莫過於通過學術來吸引和教化人心。

在肇慶知府王泮的支持下，一座小巧的歐式風格「仙花寺」終於建成，王知府還親筆題寫「仙花寺」和「西來淨土」兩塊匾額。他們起初的傳教工作進行得十分低調。神父們行事小心謹慎，主要精力都在學習漢語和中國的禮

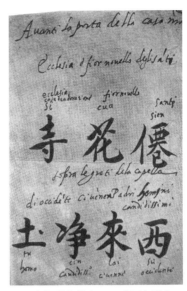

利瑪竇為「仙花寺」、「西來淨土」寫的音譯和義譯。

節習俗，以博得中國人尤其是官員們的信任。為減少麻煩起見，他們盡量弱化自己與中國固有文化的差異，對中國官員自稱來自「天竺」——事實上他們的確是從印度來的，這樣使中國人誤以為他們是佛教徒。為了避免引起不必要的誤解，他們也樂於裝扮成和尚的樣子——穿著僧袍，把頭髮、鬍子剃得一乾二淨，一副六根清淨的模樣，這也使中國人更加相信他們是遠道而來的僧人，稱之為「番僧」，背後稱其為「番鬼」。他們在「仙花寺」客廳裡面掛上了聖母瑪利亞的畫像，許多士人、官吏，甚至僧人都來跪拜，呼之為「天主聖母娘娘」；也有人以為那就是觀世音菩薩，更是頂禮膜拜甚恭，這使他們感到異常興奮。其實，從中國人的角度來講，這種舉動更多是出於禮節性的，而沒有多少宗教意義。後來，他們擔心中國人看了瑪利亞的畫像會誤認為他們的神是女性的，而改掛了基督像。利瑪竇向人們解釋來中國的原因：「我們是從遙遠的西方來的教士，因為仰慕中國文化制度，希望可以留下，至死在這裡侍奉天主。」他不敢直接回答傳教的目的，擔心那樣可能會遭到驅逐。

進入了中國的利瑪竇對中國文明非常讚佩，他覺得，除了還沒有沐浴「我們神聖的天主教信仰」之外，「中國的偉大乃是舉世無雙的」，「中國不僅是一個王國，中國其實就是一個世界。」他稱讚中國人的勤勞，南方一

利瑪竇帶來的《天主》圖像，這是被仿製過的。

年兩熟或三熟的作物，除了自然環境之外，重要的因素是中國人的吃苦耐勞。他讚歎中國人溫文有禮，尊重、體諒他人，尤其使他感動的是中國的孝道。他感歎：「柏拉圖在《共和國》中作為理論敘述的理想，在中國已被付諸實踐。」而且他還發現中國人非常博學，「醫學、自然科學、數學、天文學都十分精通」——雖然「在中國人之間，科學不大成為研究對象」。

但是，利瑪竇還發現，在中國祭祖，祭孔，民間宗教、巫術都是根深蒂固的。這和禁止偶像崇拜的一神教——天主教教義都是格格不入的。經過細心地觀察，他發現中國人的祖先崇拜不過是一種崇敬態度，並不代表宗教上的獻祭行為；而民間宗教、巫術等並非嚴格意義下的宗教，因此還不能說是異教徒。利瑪竇深知，在中國這樣的環境下傳教，必須尊重當地的風俗習慣，這樣可能會取得事半功倍的效果，否則，會一事無成。而且，他知道要感動中國人，首先要感動知識階層，要想感動知識份子，必須以知識征服他們。於是，利瑪竇開始了他的「學術傳教」的探索。

為了吸引中國人，他們從西方帶來了許多稀奇的器物，比如聖母像、地圖、星盤和三菱鏡等；還有許多燙金精裝的西方書籍，其中就有阿基米德的《幾何原本》。利瑪竇帶來的各種西方的新事物，的確吸引了眾多好奇的中國人。特別是他帶來的地圖，令中國人眼界大開。

中國學者在「仙花寺」中看見中廳張掛的地圖，與他們以往見到的《華夷圖》、《天下總圖》不同的是，中國並非在世界的中心；而且除了中國之外，還有許多大國。他們便向利瑪竇詢問。利瑪竇指著地圖告訴他們，自己在哪裡出生，從何處動身，經過哪些地方來到中國等等。中國人聽了之後，

瞠目相向，感到匪夷所思。他們從來不知道中國之外的世界是如此之大，在天朝上國以外還有這麼多國家，實在是從未聽說過的事情。他們請求利瑪竇將那幅地圖注明漢字，刻印出來。仙花寺中常常是來客盈門，過路的士人、官員很快把利瑪竇的名字傳播到全國各地——其中就有瞿太素、徐大任等。

萬曆十二年（1584），即到肇慶的第二年，在當地知府王泮的支持下，利瑪竇繪製了用中文標注的世界地圖，名為《山海輿地全圖》，上面注有世界各國的地形、氣候、物產、風俗等；至於該地圖的中國部分，則比當時歐洲出版的地圖更為精確。這比林則徐於十九世紀初年主持編譯的

早期中國天主徒所繪《聖母像》

《四洲志》，以及後來魏源的《海國圖志》還要早二百多年。如果說，林、魏是睜眼看世界的第一人，那麼利瑪竇早已把世界呈現在中國人面前了。

利瑪竇第一次向中國人揭示了地球是個球體的概念，並介紹了南北極、經緯線、赤道、極圈、熱帶、溫帶、寒帶等地理學知識。以前，中國人頭腦中還是「天圓地方」的觀念，認為中國就是世界的中心。而且，因為崇拜天地，效天法地的傳統，由天圓地方引申出了「智圓行方」等學說，超越了地理概念成了人們的道德規範。可想而知，利瑪竇帶來的震撼和衝擊是何等的巨大。

此外，利瑪竇還為中國人糾正了一個根深蒂固的錯誤觀念，即認為人的思想是由「心」來完成的。這還是被奉為亞聖的孟子最早定義的：「心之官則思，思則得也，不思則不得也。」（見《孟子·告子上》）以後的士人又加以發揮，如南朝的范縝在《神滅論》中，為了破除迷信思想，說：「五臟各有所司，無有能慮者，是以知心為慮本。」再次強調了心臟是思想的器

官。而利瑪竇告訴人們，是頭，是大腦，而不是心，才是思維的器官。

利瑪竇製作的《山海輿地全圖》是中國歷史上第一幅世界地圖，圖中使用的許多詞彙和地名至今仍在沿用，如北極、南極、亞細亞、地中海、尼羅河等等。該圖在中國先後十二次重印，而且問世後不久，在江戶時代前期也被介紹到了日本。該地圖也打開日本的封閉狀態，使日本人傳統的崇拜中國的「慕夏」觀念因此發生根本性的變化。對日本地理學的發展，有著很重要的影響。至今，日本仍稱17世紀至18世紀的地圖為「利瑪竇系地圖」。

當然，不是每個中國人都能夠接受利瑪竇帶來的新觀念，例如，當有人看到利瑪竇的地圖中，沒有把「中國」放在世界的正中，便大興「討伐之師」，義正詞嚴道：「利瑪竇以其邪說惑眾，……所著輿地全圖，……直欺人以其目所不能見，足所不能至，無可按驗耳。真所謂畫工之畫鬼魅也。毋論其他，且如中國於全圖之中，居稍偏西而近於北。試於夜分仰視，北極樞星乃在子分，則中國當居正中，而圖置稍西，全屬無謂。」還有一些保守的士人竟無端指責起利瑪竇的世界地圖來，例如，陳組綬（？—1637）指著《山海輿地全圖》說，中國何止那麼一點點？大學問家王夫之（1619—1692）也說，利瑪竇必是來到中國後，看了張衡的「渾天說」，才提出大地是圓形的理論；最後他得出結論道，西方的學問都是從中國學去的。可想而知，面對這許多無知而又狂妄的中國士人，利瑪竇該具有何等的耐心和容忍。

利瑪竇在肇慶還學習自己製造「自鳴鐘」。這個四四方方的東西到時候能夠知道是幾點，而且自動報時，這在當時真是極為新奇的事物。他將造好的鐘錶送給當地官員，引起他們的極大興趣。

利瑪竇利用解釋各種西方事物的機會，同時介紹了他們的天主教信仰。他們翻譯了《天主十誡》、《主的祈禱》和《聖母讚歌》，以及《教理問答書》等普及教理的書籍。很快亦有中國人對天主教產生興趣。於是利瑪竇開始將羅明堅撰寫的《天主實錄》散發給他們，以中文解釋天主教的教義。許多中國人都對這部書產生了很大的興趣。事實證明，學術傳教是成功的。同時，使他感觸良深的是，要想使天主教在中國紮根，必須實施天主教本土化的方針──即使天主教與傳統儒家學說結合起來，他稱之為「合儒」、「補儒」或是「趨儒」。

正像獵人欲獲取獵物，往往裝扮成獵物的樣子，先和它們混在一起，取得它們的信任之後再下手。利瑪竇也是想要先取得儒家的支持，再展開自己的教義。他將「天主」改稱為已見於中國古籍的「上帝」。他將天主教的「原罪」理論修改成近似儒家的「性善」學說，從而匯出人生而具有的「人性良能」，但此良能只有信奉上帝才能顯現，由此歸於天主教一途。他想取得了儒家的同盟地位後，再超越儒家學說。不過，利瑪竇也有許多不可克服的盲點，他自己也往往不能自圓其說，因涉及許多哲學問題，在此不再贅述。

利瑪竇在肇慶六年，一切似乎走上正軌。為此教皇西斯托斯五世允許耶穌會舉行慶祝，並為中國和日本的教團祈禱祝賀。但是無論如何，不管是「仙花寺」的創立，還是《天主實錄》的刊行，中國人始終是把它當作佛教流派而已，中國人對於天主教還沒有多少實質的認識。

當時，傳教士的地位頗不安定，隨時因官府的喜怒而轉移。為了改變這種狀況，耶穌會教士希望羅馬教廷能夠正式遣使北京。於是，熟知中國風土人情的羅明堅神父擔當了去歐洲聯絡的任務。其中，也涉及到利瑪竇和他在傳教方式上的意見分歧。羅明堅主張通過接近僧人達到傳播天主教的目的，而利瑪竇則認為他們必須爭取居社會主導地位的士大夫階層。因此利瑪竇請求上司範禮安允許改換儒服，並召回羅明堅。羅明堅於萬曆十六年（1588）自澳門出發，於次年抵達里斯本。但是適逢教廷內亂，教皇四易其主（1590—1591年間，西克斯特五世、烏爾班七世、格里高利十四世和英諾森九世先後任教皇），因此派遣使者這件事情就耽擱了下來，羅明堅於1607年在義大利的薩勒諾去世後，此事便擱置了起來。

不久，廣東省的官員又節外生枝，想把利瑪竇一行趕回澳門。

3. 韶州，結識了想學煉金術的瞿太素

傳教士們帶到中國來的新奇西方事物既為他們提供了方便，也給他們惹來麻煩。

萬曆十七年（1589）夏天，廣東總督死於任上，新總督劉繼文（節齋）到任。這是個貪婪、無知而又卑鄙的官僚。他嫌總督衙門死過人，不吉利，便將舊衙門拆掉重蓋；自己到梧州暫住。他見到歐洲風格的「仙花寺」富麗

堂皇，與中國式建築大異其趣，便想據為己有，異想天開要當作自己離任後的生祠。他先是藉口傳教士刺探中國情報，要將利瑪竇等人趕回澳門。又怕影響自己的名聲，於是出資60兩銀子，算是房價；迫令利瑪竇等移居韶州（韶關），暫時住在供奉禪宗六祖慧能真身的南華寺內。利瑪竇堅決不收銀子，但也不得不離開肇慶。韶州處於粵北山區，遠不如肇慶和廣州繁華、富庶，但因為地處交通要道，是廣東通往內地的門戶，利瑪竇反而覺得是朝著他最終的目標北京前進了一大步。不久，韶州兵備道允許他在韶州建教堂。利瑪竇吸取了肇慶的經驗，不再建歐式風格的建築，以免招搖，只是按照中國房屋式樣建了居室和禮拜堂各一。從此開始了他在韶州的傳教活動，並培養了兩個年輕的華人成為耶穌會士。

在韶州期間，使利瑪竇感到十分不幸的是，他的兩名部下相繼逝世。1591年麥安東神父逝世；1593年石方西神父也辭世了。而另外一名羅明堅神父則早已返回了歐洲，於是只剩下利瑪竇一個人從事在中國的傳教事業。使他感到欣慰的是，他在肇慶結識的士人瞿太素從南雄來看他，並成為了他的好友和弟子。

瞿太素（1549—1612）名汝夔，江蘇常熟人，其父景淳曾任禮部尚書。他的族侄瞿式耜，曾在南明永曆朝廷輔佐桂王抗清，兵敗被殺，是個極有氣節的人物。利瑪竇在肇慶時，瞿太素就與之有一面之緣。當他聽說利瑪竇來到韶州，便主動登門拜訪。瞿太素的本意是向利瑪竇學習「煉金術」的，據說只要有一種外國草藥就可以把水銀變成銀子——他父親遺下的家產大部分都被他在煉金爐中燒掉了，所以在家鄉待不下去，只好周遊各地，靠著向他父親的朋友、舊僚打秋風過活。但他畢竟是個有才情的人，很快就被利瑪竇帶來的西方科學知識所吸引，而忘掉了煉金術。瞿太素雖有浪蕩公子之名，卻十分虛心好學，初次晤談後，即拜利瑪竇為師。利瑪竇教他學習天算，即天文曆法方面的數學知識，那時中國人只會用算盤，還不懂得筆算呢。同時，利瑪竇也傳輸他有關的天主教義。瞿太素本想受洗入教，但利瑪竇得知他納妾後，拒絕為他施洗。後來，瞿太素終於遵從了一夫一妻的教義，於萬曆三十三年（1605）成了教徒，同時他的十五歲長子瞿式谷也領洗。瞿太素學習很認真，還幫助利瑪竇翻譯了阿基米德《幾何原本》的第一卷。利瑪竇藉著瞿太素的宣傳，以及將自己製作的天體儀、地球儀和計時用的日晷等西

洋物品贈送當地的官員們，他的名聲逐漸在當地的達官貴人中傳開。

萬曆二十年（1592），他被瞿太素的朋友邀請去了一趟南雄。那裡的居民聽說來了一個外國人，幾乎是傾城出動來看西洋景。利瑪竇不得不坐在轎子裡面以躲避人們的圍觀，可是居然有人掀開轎簾向裡邊探頭──想想我們在上個世紀七、八十年代圍觀外國人時的狀況，就不難想像當時的情景了。

萬曆二十年，利瑪竇因事去澳門途中路過肇慶時，與貶官至廣東徐聞的大戲劇家湯顯祖曾有一面之緣。

萬曆十九年，湯顯祖（1550—1616，江西臨川人，曾任禮部主事。其代表作為「玉茗堂四夢」，尤以「牡丹亭」膾炙人口。）因上書彈劾內閣首輔申時行，被貶為徐聞典史。徐聞位於雷州半島的最南端，與海南島隔海相望。他赴任途中經韶州、肇慶，一路南下。大概在路過韶州時，湯顯祖已經耳聞了利瑪竇的名聲，於是在肇慶迫不及待地會見了他。與利瑪竇一起與湯顯祖會面的還有石方西神父（Francesco de Petris，1563—1593，義大利人）。

利瑪竇非常重視中國的傳統戲曲表演，認為中國戲曲在民間的受歡迎程度遠遠超過了西方。而利瑪竇帶去的西洋樂器和演奏的異域音樂，也極大地吸引了湯顯祖，二人大有惺惺相惜，相見恨晚之意。湯顯祖還有《端州逢西域兩生破佛立義，偶成二首》的詩作。

畫屏天主絳紗籠，碧眼愁胡譯字通；正似瑞龍看甲錯，香膏原在木心中。

二子西來跡已奇，黃金作使更何疑；自言天竺本無佛，說與蓮花教主知。

詩中，畫屏天主指他看到的聖像，鑲在龍涎香木製成的鏡框中，故云香膏原在木心中。碧眼愁胡則是形容兩位傳教士，他們通過翻譯互相交談。利瑪竇顯然向湯顯祖宣講過天主教義，而對佛教採取了一貫的排斥態度，故有天竺本無佛之句。有意思的是，湯顯祖雖然一生談禪，卻從未受戒成為佛教徒，說不定其中有利瑪竇的影響呢。黃金作使，則反映了當時人們對傳教士

湯顯祖

的看法。中國人普遍認為，這些外國傳教士不事生產，卻吃穿無虞，他們肯定有「煉金術」無疑，所以瞿太素才會找到利瑪竇學習煉金術——其實，他們主要的財政來源是得自澳門總部；而且中國官方也資助他們一些。

湯顯祖可能受了利瑪竇的影響，對西方文化產生了極大的興趣。特意繞道澳門，參觀了那裡的天主教世界，順便飽覽了南國風光。值得提出的是，他的澳門之行對他以後的戲劇創作大有裨益。

作於萬曆二十六年的《牡丹亭》第二十一齣《謁遇》中，湯顯祖設計了一幕在香山嶴里巴寺（澳門大三巴教堂），番鬼（那時對外國人的稱呼，並無歧視之意，正如現在稱老外一樣。）獻寶的場面。劇中，有洋船、洋商、通譯等，還有外國人向朝廷使節獻上貓眼石、祖母綠等寶物，顯然是受了澳門傳教士，以及他們帶來的許多西洋器物的啟發。

作為傳教士，利瑪竇的收穫並不大，信教的人寥寥無幾，以至他的門徒鍾鳴仁修士（華人）建議他去日本傳教，受洗的信徒一定會很多。但是，利瑪竇的信念堅定不移，他以先知的話作為回答：「種下的葡萄將來一定會豐收。」

在韶州的時候，利瑪竇遇到了一次意外。他們遇上了強盜打劫，利瑪竇受了一點傷，石方西的頭被強盜砍破，幸好他們嚇退了強盜，而且很快這些強盜就被逮捕歸案。地方官準備嚴懲匪徒，但是利瑪竇怕如此一來，會引起當地人民的反感，特意出面為那些強盜求情，官員只得將他們釋放——利瑪竇的最高原則就是能夠在中國內地居住並傳教。

通過與瞿太素和其他許多中國上流社會人士的接觸，利瑪竇發現自己先前的佛教僧侶裝扮在當時的中國社會並不受到尊重，因為僧人的社會地位比較低下——雖然許多士人開口空色，閉口色空，卻瞧不起和尚，這也是一件很奇怪的現象。為了更方便與中國的官員交往，在徵得範禮安的同意後，從1594年起，利瑪竇開始蓄髮留鬚，並穿起了當時儒士的服裝。他之所以改換

大三巴教堂前壁

儒裝，不但是因為為了方便和中國的
士人接觸，而且此時他對中國的儒家
文化已經有了相當的了解。在韶州他
通讀了《四書》，並首次將之譯為義
大利文。

　　利瑪竇在韶州傳教五年，這時他
被任命為耶穌會中國教區的負責人，
也成了西方宗教界的中國通。雖然他
仍處在廣東一省，可已經幾乎是名滿
天下了。

　　但，這不是利瑪竇所追求的，他

著儒服的利瑪竇

的理想是去北京。

4. 南昌，表演「倒背如流」

利瑪竇很清楚，在未取得皇帝親自准許前，他在中國內地傳教的地位仍是十分的不穩。所以他也準備為自己多營造一些傳教的陣地，而最為重要的是要去北京落腳。萬曆二十年（1592），利瑪竇的一位舊識徐大任升任南京鴻臚寺侍郎，並邀請他也到南京走走。那時利瑪竇正為仙花寺與周圍居民的糾紛所纏繞，便耽擱下來。

萬曆二十三年（1595），正是日本豐臣秀吉侵略朝鮮的戰爭時期，朝廷急徵兵部侍郎石星進京。石星是廣西人，他兒子因科考落第發了瘋，此時石星正在家裡為兒子治病。當石星北上途中路過韶州時，得知了番僧利瑪竇的大名。中國人歷來相信「遠來的和尚會念經」，石星以為利瑪竇定有某種法術會幫助治好兒子的病症，順便為兒子能夠中舉而禱告上蒼——中國人信教無一不是帶有明顯的功利色彩的，便帶著他一起北上了。利瑪竇則想利用這個機會，準備隨同石星一起進北京。兩個人懷著不同的目的走到了一起。

從韶州北上的水路上，險象環生，兩次都幾乎喪命。但是利瑪竇一心只想進京，即忘掉了所有的艱難險阻，一股勁地勇往直前。但是，石星兩次遭險，半路上決定改走陸路。大概他心裡對這番僧的道行產生了懷疑——既然一路平安都難保，哪裡會解決他兒子中舉的大事？便想打發利瑪竇回韶州去。但是利瑪竇堅決表示了義無反顧的決心，石星只好把利瑪竇留在南京。

失望之餘的利瑪竇到了南京，便去找那位在肇慶認識的舊識徐大任。雖然徐對他也還熱情，可是現在的形勢大為不利——因為此時對日作戰中，中國連吃敗仗，所以是個非常敏感的時候。試想，誰願意在這種時刻和一個外國人打交道呢？所以徐大任也只好板起面孔下逐客令了。利瑪竇設法留在南京的企圖失敗了，他只好折返南昌。但是，暫時的挫折並沒有嚇倒利瑪竇，他堅信，他的願望早晚會實現。

南昌有一位王醫生在韶州時即認識了利瑪竇，見到他來到此地很是高興，經他的介紹，許多人都爭著來見識一下這個鬚長過腹的西洋人。而且，他的老朋友瞿太素和南昌也有諸多的聯繫。瞿的女兒嫁給南昌的宗室建安王的兒子，再有他父親和他本人在當地也以才學享譽甚隆。在瞿太素的揄揚

下，文人、官員，都來拜訪他。最後，連江西巡撫陸萬陔也知道了利瑪竇。巡撫請他到衙門相見，利瑪竇卻不知是福是禍，並不願意去造訪一個高官。最後實在推脫不了，才硬著頭皮去見陸巡撫。出乎意料，陸巡撫對他十分客氣。利瑪竇將一個再普通不過的三菱鏡送給陸。陸見到太陽光竟然變成花花綠綠的顏色，好不驚奇，果然是當官不打送禮的，不但設宴招待，並且主動批准他可以在南昌長久居住。

經過一段時間的交往，南昌士人發現他不但知識淵博，而且記憶力極強，說他「過目成誦」還不足以形容他的天分，不可思議的是他那「倒背如流」的本領。有人為了驗證他的記憶能力，還當場進行過測試，隨意寫下一首詩詞，讓他讀上幾遍，一會兒他就可以從前往後，或是從後往前背誦，竟無一次失敗。在那個時代，年輕的學子為了考取功名，往往要花費很長的時間去攻讀，背誦《四書》、《五經》──以便在考試中引用，「尋章摘句」嘛，可是能夠記住十分之一已經是很不錯了。江西陸巡撫看到利瑪竇的記憶能力如此之強，請求他把增強記憶力的方法編寫成書，以教育他的兒子。（又是兒子，石星、陸萬陔都是為了兒子才與利瑪竇交往，一群面目可憎的俗吏。）於是，利瑪竇撰寫了《記憶術》一書，並免費贈與眾人，引起了南昌城內的轟動。他還應陸巡撫的要求，為他製造鐘錶、地球儀等物。當然利瑪竇也沒有忘記來到南昌的使命，寫下了在天主教傳播史上佔有重要地位的《天主實義》。後來清康熙皇帝看了這部著作以後，知道天主教並非倡民作亂的邪教，隨即解除了天主教不准在中國傳播的禁令。

南昌城內住著兩個明朝宗室，即建安王和樂安王。他們和大多數宗室一樣，只管吃喝玩樂，不問政事──當然，朝廷也不許他們過問政事。他們聽說利瑪竇的到來，特意設宴歡迎他，而且還請他演示倒背詩詞的特殊功夫。利瑪竇為了答謝兩位王爺和陸巡撫，於萬曆二十三年（1595）寫了一本《交友論》的小冊子，又繪製一本《世界輿圖》，送給建安王。又造了兩個鐘錶、兩個地球儀送給建安王和陸巡撫。

利瑪竇在南昌立足之後，便購置了地皮建立了一座小小的教堂，以方便交友和傳教。

利瑪竇在南昌結識的朋友數不勝數，值得一提的是章潢。

章潢，字本清，南昌人，盧山白鹿洞書院山長、順天府（今北京市）儒

學訓導。他本是瞿太素之舊友，品行高潔，學問也好，與利瑪竇相識之後，時有往來。有一天，利瑪竇生了病，但是來拜訪他的朋友依舊絡繹不絕，章潢眼見他應接不暇，對身體的康復不利，出於善意的關心，要利瑪竇告訴傭人對來訪的客人只說不在。利瑪竇說：「天主不容許我們說假話，雖然是小事也是一樣。」此言一出，更是贏得了眾多朋友對他的尊敬。南昌城裡去拜訪利瑪竇的文人官吏，或與他探討學問，或是交流學習經驗。在與許多朋友交往的過程中，利瑪竇也感覺到了南昌較廣東文化氣息濃郁，文風極盛，以至當朝進士、翰林多出自江西。目前治理中國的三位大學士之一便是南昌人（即明代萬曆朝內閣首輔張位，可惜是個閹黨分子）。他還覺察到南昌人求知欲的強烈，尤其是他帶來的三菱鏡更是引起了人們的好奇心，利瑪竇趁此機會向大家傳授了基本的光學知識。

當南昌人知道了利瑪竇是從萬里之遙的義大利國漂洋過海而來的時候，他又介紹了地學知識，闡述了地球是圓球狀的道理，而並非如中國人歷來信奉的「天圓地方」——天像一把大傘罩在大地之上。利瑪竇還修訂了一幅《坤輿萬國全圖》，即《世界地圖》，為了照顧中國人的感情，他特意

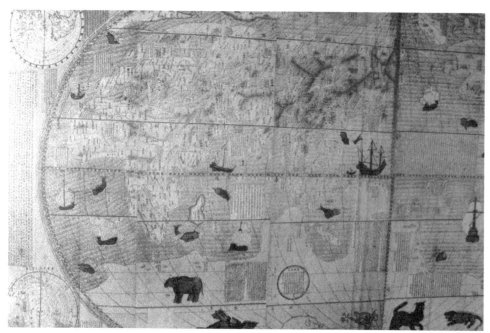

利瑪竇於萬曆三十年（1602）年繪製的《坤輿萬國全圖》

將中國放在了正中，而按照子午線的
劃分，中國是不可能在正中的。現在
中國出版的《世界地圖》，中國也都
在正中的位置，這種做法即始自利瑪
竇。由於當時南昌人和各地的人索要
地圖者甚多，他只得多次重版。為此
利瑪竇曾慨歎道：「這種地圖被印
製了一次又一次，流傳到中國各地，
為我們贏得了極大的榮譽。」以後，
利瑪竇也曾不斷地詳繪，增補，翻刻
《山海輿地全圖》、《輿地萬國全
圖》。

利瑪竇畫像

　　利瑪竇在南昌停留了三年，他發
現與他交往的人大致有五種類型：對
他感到好奇，想學煉金術，請他祈福消災，想學記憶術，再有就是對他的科
學知識感興趣的。可是，唯獨缺少對天主教義有渴求的人。這再次使他感
到，若是不去北京，不打動皇帝相信天主教，他在中國將一無所獲。

　　利瑪竇不安於南昌的生活了，他還要北進，直至北京。

5. 南京，住進了凶宅

　　萬曆二十四年（1596），利瑪竇被範禮安任命為耶穌會中國教區的負責
人，由利瑪竇全權負責在中國的傳教活動——這之前，全中國的事物由澳門
總會管理，因路途遙遠，很是不便。範禮安神父並指示利瑪竇想辦法到北京
去觀見中國的皇帝，以取得在中國傳教的有力保障，耶穌會士甚至幻想說服
皇帝能夠皈依天主教。為達此目的，還從澳門運去了許多準備送給中國皇帝
的禮物。

　　利瑪竇起先聯絡南昌的建安王，想以他的名義進京進貢，並把禮品請建
安王過目。但是建安王久久不予答覆，利瑪竇通過別人打聽，才知道明朝的
藩王沒有皇上的許可，不准輕易進京，怕他們交通朝官，干預朝政。他只好
打消這個念頭。

利瑪竇開始策劃另外的途徑，籌畫他的北京之行。沒過多久，他就聯繫了由海南北上的南京禮部尚書王忠銘一起帶他進京。王忠銘本想利用京察大計的機會活動入內閣，聽說利瑪竇有西洋禮物貢獻給皇帝，想趁機沾點光，便慨然同意帶他一起去北京。於是，1598年6月25日，利瑪竇與另一位郭居靜神父（Lazzaro Cattaneo，1560—1640，義大利人）同王忠銘一起離開南昌奔赴南京。7月初他們一行到達南京，9月7日利瑪竇抵達北京。本來，他以為一到北京即可見到皇帝，可是待他到了北京城外，望見高大的城牆時，才知道事實遠非如此。不但有寬且深的護城河，有高且厚的紫禁城，更有成千上萬的太監圍繞著皇帝。利瑪竇只好暫時落腳住在王忠銘家，當他剛剛安頓好，馬上就有宮裡的太監前來看望他，見到他帶來的禮品表示很欣賞，可是詳細詢問之下，他並不會「煉金術」——原來他們以為這西洋人會「點鐵成金」的，更重要的是，這個洋和尚居然一點兒「表示」都沒有，便冷笑著離去，並不向皇帝啟奏。而王忠銘那裡不但沒能入閣，連北京禮部尚書都沒有當上，仍然留任南京禮部尚書，只好興味索然地離開北京。

當時因為日中戰爭的關係，對於形跡可疑的人，都有日本間諜的嫌疑。朝廷大員怕招惹是非，竟無一人願意接見利瑪竇。太監們答應幫忙卻索要饋贈，這是利瑪竇不願意做的，所以終於未能見到皇帝。他作為外國人無法在北京久留，而且又遇到了經濟上的困難，僅住了一個多月便只好返回江蘇。利瑪竇在丹陽一座破廟中找到瞿太素，愁面對愁腸，大歎世事不盡人意。他大病一場後，於次年2月6日回到南京。

不久，豐臣秀吉病故，日本撤兵，朝鮮戰爭自動停止。在較為輕鬆的環境下，利瑪竇可以隨便與官員、士人來往，不用擔心有人懷疑他是日本間諜了。

利瑪竇和郭居靜最初住在承恩寺，後來就想購房建教堂。這時恰巧南京的工部大堂蓋好後經常鬧鬼——住進去的人不是生病就是自殺，被人們視為「凶宅」，都避之唯恐不及，所以低價出售。利瑪竇為了破除這種迷信觀念，藉機宣揚天主教義，便買來和郭居靜住了進去。過了一段時間他們居然都安然無恙，這使那些迷信的人們大為驚異，遂認為這些西洋教徒果然有些本領。利瑪竇將本來準備進貢皇帝的禮品展示在新居裡，利瑪竇利用這個機會，向這些中國的知識份子們講解西方的科學知識。這樣，來聽講的人越來

越多，利瑪竇就在講學的同時，夾雜著介紹西方文化、風俗和天主教義。不料，一傳十，十傳百，惹得南京的官員、士人、百姓們都來參觀。人們看到琳琅滿目的西洋製品，都驚得目瞪口呆，說不出話來。他的住宅裡擠了滿坑滿谷的人，迫使他不得不關門大吉。但是還是擋不住群眾的熱情，有人竟然想破門而入。

在南京居住期間，利瑪竇通過瞿太素的幫助，結交了不少名士，如南京禮部侍郎葉向高、思想家李贄、徐光啟等。

當然，結交他的人們多是出於對他自然科學知識的傾慕，他的天文、地理、曆法等知識，在當時的士人中可說是無出其右者。有個道士曾來與他辯論，結果被他說得心服口服而去。

南京大理寺卿李汝禎崇尚佛教，時有詆毀儒家的言論。當他知道利瑪竇乃西洋來的學者卻信奉儒家學說，便想要見識一下這位洋人。屢次催請之下，利瑪竇只好來到李汝禎的府邸不料一場辯論大獎賽正等著他。原來，李汝禎請來了南京大報恩寺的三淮和尚（雪浪），準備刁難一下這西洋的儒生。三淮和尚先談到人性善惡的問題，客人也都紛紛發表議論，利瑪竇卻沉默不語。眾人以為他不懂漢語，投來鄙視不屑的目光。三淮挑戰似地問利瑪竇有何高見，利瑪竇不慌不忙，先是將眾人的觀點一一加以分析。這時眾人的鄙視神情變成了欽佩，三淮和尚臉上的笑容也收斂了起來。最後，利瑪竇指出：「萬物既是上天所造，人性也得自於上天，上天為至善，剛才三淮大師也說人性與上天性理相同，人性自然也是善的，這還要懷疑嗎？」利瑪竇憑藉其科學性的思辨，以及嚴格的邏輯推理明顯佔了上風。接著，三淮縱談「萬物皆有佛性」的理論，認為人人皆可成佛，所以天地主宰並無特殊地位可言。利瑪竇抓住他的破綻問道，既然這樣，那麼請你當場造一個普通的爐子，讓大家見識一下如何？此處無意品評佛、耶兩教的高下，但是利瑪竇嚴謹的邏輯素養顯然使他佔盡上風。辯論後，李汝禎的門生紛紛來請教利瑪竇。南京禮部尚書王忠銘也承認，原先以為是蠻夷之道的，實際並不如他們想像的那樣野蠻。

利瑪竇還在正陽門（今光華門）內洪武崗西崇禮街（今尚書巷）建造了內地第四座天主教堂，他在城西羅寺轉彎的住址後來也成為著名的天主教堂——石鼓路天主教堂。這些活動使南京成為中國天主教史上最重要的傳教

中心之一。

　　雖然利瑪竇在南京結識了許多高官大吏，可是他仍然擔心他的傳教活動缺乏保障。每想到這裡，他愈加感到去北京的必要。南昌的建安王聽說利瑪竇仍然想去北京，主動地介紹一個太監可以做他們的嚮導。利瑪竇大概有了上次與太監打交道的經驗，婉謝了建安王的好意。瞿太素建議他去找南京禮部給事中祝石林，祝和利瑪竇本來認識，便介紹他跟著押送禮品進京的劉太監一起北上──可見明朝太監的權勢之大，幾乎是躲也躲不開的。利瑪竇無奈，為了達到進京的目的，只好隨同劉太監上路。

　　他哪裡會想到，這趟北京之行，卻使他遭受了平生未曾遇到的牢獄之災。

6. 北京，給皇上帶來了活神仙

　　萬曆二十八年（1600）5月18日，利瑪竇帶著龐迪我神父和準備獻給皇帝的禮物，從大運河乘船再度赴京。誰知，在路過濟寧的時候遇到了稅監馬堂。所謂稅監是皇帝派往各地收稅的特使，照例由太監擔任。他們巧立名目，敲詐勒索，欺詐百姓，無惡不作。馬堂尤其是惡中之惡，公然扣留了劉太監的船隊，索要賄賂。那個劉太監也是個狡詐的傢伙，為了盡快離開濟寧，他對馬堂透露了利瑪竇帶有進貢的西洋禮物，實際上是挑唆馬堂趁機劫奪。馬堂本想把禮物留下，但是利瑪竇堅決不放，便故意以等候聖旨為由，將利瑪竇等扣留在天津衛的一座寺廟裡。年底的一天，馬堂忽然帶著二百餘名士兵將羈押利瑪竇的寺廟包圍起來，要搜查他隱藏的寶物。如同強盜般的士兵們翻箱倒櫃，發現了釘在十字架上的耶穌像，暴怒的馬堂硬說這是鎮魘之物，是用來謀害皇帝的。雖經利瑪竇否認、解釋都是無用，馬堂最後把一些玻璃瓶、日晷、布匹之類拿走，命令利瑪竇等人繼續等候。利瑪竇一行在天津耽擱了有半年之久，對能否進入北京幾乎絕望了，誰知皇帝讓他們進京的聖旨終於來了。

　　1601年1月24日，利瑪竇一行抵達北京。原來，那個昏聵、糊塗又經常處於半退休狀態的萬曆皇帝早已接到利瑪竇來京的奏報，卻一直不聞不問，直到有一天他突然想起貢物中好像有個自鳴鐘，便神經質地問起太監：「那座鐘在哪裡？我說，那座自鳴鐘在哪裡？就是他們在上疏中所說的外國人帶

給我的那個鐘？」太監回答他說：「陛下還沒有給馬堂的信回話，外國人怎麼能未經陛下許可就進入皇城呢？」萬曆這才下旨，令利瑪竇立即進京。

利瑪竇到了北京後，進呈自鳴鐘、聖經、聖母像、《萬國圖志》、大西洋琴等方物。萬曆皇帝見到耶穌受難十字架，驚奇地高聲說：「這才是活神仙！」他還保留了一個最小的十字架放在自己經常去的房間裡。因此，這些神父被人稱為「給皇上帶來活神仙的人」。不過，皇上最感興趣的是那一大一小兩架自鳴鐘，鐘擺不停地擺動，到時自動鳴響報時——這比那龐大的滴壺計時既準確又有意思。可是，自鳴鐘進入皇宮之後的第八天就不動了，急得這位皇帝圍著大鐘轉圓圈，趕緊下令宣利瑪竇進宮。利瑪竇大概故意賣了個關子，他左看右看了一番，最後拿出鑰匙將發條上緊，自鳴鐘又行走如常了。萬曆帝的生母李太后聽說後也想見識一下這自鳴鐘，這位三十九歲富有四海的皇帝忽然犯了小家子氣，他唯恐老娘留下自鳴鐘不還給他，便叫太監不要給鐘錶上弦，等鐘擺停了之後才給老太后送去。結果李太后見那自鳴鐘的鐘擺既不動，也不

萬曆皇帝朱翊鈞畫像

利瑪竇貢獻給萬曆皇帝的自鳴鐘。原物於嘉慶二年乾清宮大火時被焚毀，這是嘉慶三年按照原件複製的。

清朝初年宮廷製造的自鳴鐘

打點，心裡不以為然，遂叫太監拿回去了。萬曆皇帝這才放心，連忙讓太監為那小自鳴鐘上好弦，放在自己住的內殿；並特意為那大的自鳴鐘建了一座木塔，供於皇壽殿。

自認為是天下之主的萬曆皇帝是不屑親自接見來自番邦的傳教士的——其實他三十多年不上朝，連內閣首輔都見不到他。他便派心腹田爾耕招待利瑪竇——這個田爾耕後來成為魏忠賢的「五彪」之一。可是，萬曆皇帝又想知道這些番僧長得什麼樣，便派宮廷畫師將利瑪竇和龐迪我的形象畫出。中國畫家對人物肖像向來是不大在行的，所以畫得很蹩腳。當萬曆皇帝見到畫像上面兩個長髯抵腹的西洋人時，脫口道：「這是回回！」——大概長期自我禁錮在宮禁之內，不接觸社會和人

群，這位萬曆皇帝已經有些神經兮兮的了。太監提醒皇上道，他們是吃豬肉的。這更激起了皇上的好奇心，想知道這幾個番僧所來的夷國到底什麼樣？他們的國王究竟穿戴如何？住在哪裡？於是又派太監去打聽；那些太監更是好奇，也乘機亂問一通。利瑪竇遂簡單寫了一份說明，另外還把一幅畫有宮廷人物的油畫，讓太監給皇上帶去。當萬曆皇帝知道歐洲國王一般都住在樓上的時候，竟大笑起來，說，既使上樓，下樓沒有危險，那也很不方便啊！皇上還嫌圖畫太小，看不清楚，便令宮廷畫家將其放大。可是，中國畫家不懂得畫陰影、景深等技術，於是利瑪竇、龐迪我特意向他們講解這些油畫基本知識。所以看來，利瑪竇是將西方繪畫介紹給中國的第一人。

貢品中的大西洋琴實際是一架鋼琴，乃是17世紀義大利製造的一種長方形琴身的慶巴羅古鋼琴，進貢時名為「鐵弦琴」，又稱西琴、雅琴或72弦琴。古鋼琴那清脆、激越的聲音迥異於中國的絲竹管弦，引起了萬曆皇帝的興趣，他派了在宮內樂隊演奏絃樂器的四名太監來見利瑪竇，要求學習彈奏

古鋼琴。與利瑪竇同時來京的西班牙傳教士龐迪我曾經學習過彈奏古鋼琴，於是他每天出入皇宮，去給這四名太監去上課。這四名太監還正式向龐迪我行了拜師禮，而且在行拜師禮的同時，也向這台古鋼琴行了禮。如此說來，這四名明朝太監應該是中國有文字記載的最早的鋼琴學習者，而西班牙傳教士龐迪我則是最早在中國教授鋼琴彈奏的外籍教師了。

這裡介紹一下龐迪我神父。

龐迪我（Diego de Pantoja，1571─1618，西班牙人）。他於萬曆二十七年（1599）來華，漢語說得極流利，成了利瑪竇的得力助手。萬曆三十八年十一月朔發生日食，欽天監推算多有錯誤，皇上批准龐迪我、熊三拔等參與編曆。萬曆四十四年（1616）禁教令下，龐迪我等被驅逐至廣東，龐曾經上疏自辯，未獲准，怏怏而去，不久病故。龐迪我著有《七克》一書，討論了凡人容易犯的七宗罪，即「由愛虛榮而生驕傲；由愛財而生慳吝；由愛身體而生迷食；迷色；懈惰於善；所愛未得則生憤怒；自己未得，他人得之，則生嫉妒」。這七種感情實為萬惡之源，萬禍之胎。他並給出克服的方法，「傲如猛獅，以謙伏之；妒如濤起，以恕平之；慳如握固，以惠解之；忿如火熾，以忍熄之；迷飲食如壑受，以節塞之；迷色欲如水溢，以貞防之；怠如駑疲，以勤策之。」因此名之為「七克」。乾隆年間，《七克》還被收入《四庫全書》的「子部」之中。

再說一個多月後，四個太監各學會了一首樂曲的演奏，他們大概是根據在宮廷演奏時邊唱邊奏的慣例，多次要求傳教士們為他們演奏的樂曲配上歌詞。於是利瑪竇根據他所熟悉的「道語數曲」，「譯其大意」，用古代漢語寫下了八首歌詞，並集成冊，以中文命名為《西琴曲意》。八章樂曲的題目是，吾願在上、牧童遊山、善計壽修、德之勇巧、悔老無德、胸中庸平、肩負雙囊、定命四達。有人認為，《西琴曲意》八章是最早中譯的天主教讚美詩的歌詞。

接著，利瑪竇、龐迪我又被皇帝指令教給太監們如何管理自鳴鐘，於是他們暫時居留在北京似乎不成問題了。

誰料不久，禮部來找麻煩，說他們進京沒有經過他們，強行將他們帶到「四夷館」──專為朝貢使者居住的地方軟禁起來，認為他們不過和那些番邦進京貢獻的使節一樣。那時，中國的屬國經常有使者進貢，多的時候達

利瑪竇畫像

上千人。他們貢獻一些當地的方物，說是刀，其實不過是劣等的鐵片；說是盔甲，只是用麻繩將鐵片連接在一起；獻的馬，已經骨瘦如柴，有的乾脆死在賓館裡面。可是，朝廷為了顯示上國的威權，賞賜他們的東西卻要豐富得多，金銀珠寶、綾羅綢緞，而且在中國吃住等等的一切費用都是政府統包了。所以有的屬國一年要派使進貢好幾次。這樣的「貢使」自然被視為怪物，四夷館也就好不到哪兒去，又髒又亂，使利瑪竇不堪忍受。

利瑪竇一再說明，他們不是進貢的番使，不要求賞賜。

禮部不理他們，而且上疏皇帝，要求給他們幾個錢打發回去。萬曆皇帝自然不願意，遂採用他一貫的辦法，將奏摺「留中不報」，來了個不理不睬。這樣，僵持了半年多，皇上不能容忍別人挑戰他的權威，通過太監下旨道：「叫他們放心住在京城裡」。禮部也覺得再僵下去不是辦法，也就就此機會下了臺階——允許他們自己在外租房居住。這樣看來，雖然馬堂百般刁難利瑪竇，但是他走太監的門路還算是對了，若是通過禮部的正常管道進入北京，簡直要比登天還難。

雖然利瑪竇多次給皇帝上書，意思是請求皇上給予接見。可是那個萬曆皇帝幾十年不上朝，連重要朝政都懶得理會，怎麼會把他一個傳教士放在眼裡，所以他的奏疏一直沒有得到答覆，他也始終與皇上無一面之緣。利瑪竇擔心自己隨時會有被趕出京城的危險，便想方設法託他認識的大臣幫忙。另外，還藉著教給幾個太監保養自鳴鐘和鋼琴的機會，向他們暗示，這些西洋玩意兒如果壞了，很不好修理。那些太監生怕這鐘錶、鋼琴出毛病，大概也在皇上跟前吹過風。總之，利瑪竇等人長居北京被默許了——這正是利瑪竇所夢寐以求的。朝廷在宣武門內撥予土地一塊，建起北京第一座天主教教

堂，人稱南堂。並每月發給相當歐洲八個金幣的銀兩祿米──算是不少了。

　　當然，使利瑪竇感到興奮的不是俸銀的多少，而是他在中國傳教的願望得到了皇上的默許。正如西諺所說：「當你發跡時，就會有很多朋友」──中外都是一個樣。很快，京城內有頭有臉的人們，從皇親國戚、大小官員，以至布衣百姓都來登門拜訪，有請教學問的，有請客送禮的，一個個的飯局使他忙於應付，他曾自嘲地說，幸虧我有一個健康的胃。在中國人的眼裡，利先生是個「拳鬚碧眼，聲若洪鐘」，長面，隆準，氣宇軒昂的西洋夫子。利瑪竇拜訪了內閣首輔沈一貫，贈給他一些西洋禮品，其中沈一貫最喜歡的是一個精緻的烏木日晷。沈為表示答謝宴請了利瑪竇，利向他介紹天主教的教義和教規時，談起教徒們必須實行一夫一妻制，既使是國王也不得違反。沈一貫向其他大臣說：「只此一點已足以說明該教是多麼神聖的宗教，別的也就不須多問了。」經過刑部尚書蕭大亨的介紹，利瑪竇認識了禮部尚書馮琦，因此，馮琦為他提供了許多方便，諸如按月發給他們糧米及津貼等。

　　利瑪竇明白，光靠皇上的恩寵和官員們的捧場，只能風光一時；要真正征服人心，還要靠自己的道德學問。不過，中國從不缺少道德文章，士人向來奉孔孟之道為修身養性的最高原則。利瑪竇也知道，若是一開口就談修身之道，很難引起人們的興趣，士大夫們至多說他懂得不少而已，不會真正服膺於他。利瑪竇用來征服人心的是他的科學知識。

　　其中，他著重利用西方的地理知識來擴大自己的影響。

　　早在廣東肇慶時，利瑪竇的《山海輿地全圖》就很快傳遍全國，雖然地圖不大，注釋也有一些錯誤。以後，在南昌，在南京，都陸續有人翻刻──畢竟那是當時了解世界的唯一視窗啊。到了北京，供職於工部的李之藻見到利神父的世界地圖時，深感世界之大和自己的淺薄。李之藻立即與利神父結交，學習地理知識，並且建議利瑪竇重新繪製新的世界地圖。利瑪竇於萬曆二十九年（1601）又繪製了《坤輿萬國全圖》，新圖改正了原來圖中的一些錯誤，增加了許多注釋，如，國家地方風俗，天文曆法知識等等。三十年（1602）由李之藻雇工刻版，共有六幅，幾乎高過人的身體。李之藻印好之後送給朋友，朋友的朋友又自出紙墨，再行印刷，就這樣成千上萬的散發出去。當刻版工人製作時，自己暗地裡又刻了一副木版──可見那時即有盜版的問題。可還是供不應求，另外一個教友又製作了更大的一幅地圖，共有八

幅。於是，北京出現了三個版本的《坤輿萬國全圖》。

萬曆三十六年（1608）八月，皇上突然召利瑪竇進宮。待他來到紫禁城，才知道皇帝要他進獻六軸十二幅綢印《坤輿萬國全圖》。可是，李之藻刻印的那套版本已被他帶回原籍，而刻工私自製的版又毀於房屋倒塌中。利瑪竇提出要重新繪製一幅更大、更詳細的地圖，但萬曆皇帝不願意再麻煩他，也可能是等不及了，就下旨用李之藻刻印的版本加印。不久，宮廷內外到處掛滿了世界地圖。

與地理知識銜接的科學是數學和天文。李之藻在向利瑪竇學習的同時，又翻譯了許多天文、數學方面的書籍；製造了許多天文儀器。李之藻的家裡到處都是儀器，有各式各樣的日晷，有渾蓋通憲圖等。李之藻在利瑪竇的口授下，翻譯了利神父的數學老師克拉維奧的《實用算數概念》，起名為《同文算指》。中國歷來的計算方法都是利用籌算或算盤，而不懂得列算式，用筆算。《同文算指》系統地介紹了整數、小數的四則運算，及開方等方法。雖然今天看來是小學生都會的知識，但在當時卻是了不起的創新。

利瑪竇在北京以他豐富的東、西學識，結交中國的士大夫，如禮部尚書馮琦、刑部侍郎王汝訓、刑部尚書蕭大亨、吏部尚書李戴，甚至還有內閣大臣趙志皋及首輔葉向高、沈一貫。利瑪竇常與賓客談論天主、靈魂、天堂、地獄等話題，同時編撰新書，包括以中文寫成的《二十五言》等，得到不少中國知識份子的尊重。

值得提出的是，利瑪竇在北京的時候，正值東林黨人活躍於政壇，與齊楚浙三黨分歧日增的時候。東林一派的馮琦、葉向高、曹于汴、馮應京等與利瑪竇等傳教士來往密切，他們讚賞西學，吸收其新鮮知識和思想。葉向高在《贈諸國西子》詩中道：

> 天地信無垠，小智安足擬。爰有西方人，來自八萬里。
> 言慕中華風，深契吾儒理。著書多格言，結交皆賢士。
> 淑詭良不矜，熙攘乃所鄙。聖化被九埏，殊良表同軌。
> 於儒徒管窺，達觀自一視。我亦與之遊，冷然得深旨。

但對於天主教義，葉向高表示了審慎的保留態度。他對傳教士們多有詰

難，例如，既然造物主能夠創造世界，為什麼不能拯救世界？等等。許多東林黨人對於奉行天主教也是持懷疑態度的，他們認為中國固有的儒家學說遠比天主教義要來得深刻而博大。鄒元標在寫給利瑪竇的信中說：「足下二三兄弟欲以天主學行中國，此其意良厚。僕嘗窺其奧，與吾國聖人語不異。吾國聖人及諸儒發揮更詳盡無餘。」東林黨人與西方人士的接觸，大多出於願意了解西方，並欽佩西方的先進科學技術。曹于汴曾為《泰西水法》作序，對徐光啟介紹西方的水利設施極為稱讚。葉向高在《西學十誡初解序》和《職方外記序》中，對西方的地圖測繪與技藝給予高度評價。

　　同樣值得指出的是，與東林對立的三黨份子，以及後來的閹黨份子卻對西方文化採取了仇視與排斥的態度。因此發生了萬曆四十四年（1616）的「南京教案」。

　　浙黨成員、吏部侍郎、南京禮部尚書沈㴶本是江南蓮池和尚的弟子，中進士後曾任皇宮內書房教習，教太監們識字，因此與魏忠賢有師生之誼。據說他與基督徒原有宿怨，對原本也是佛教徒的楊廷筠改奉天主教極為不滿。大概又受了僧人們的賄賂與慫恿，遂於萬曆四十四年先後三次上《參遠夷疏》，反對西人在中國傳教，要求取締外國傳教士。他攻擊傳教士「不祭祖」，「私習曆法、天文」，「男女雜處，有傷風化」等，甚至無中生有說基督徒圖謀不軌，將天主教列為白蓮教之類的「邪教」。萬曆皇帝向來不問政，浙黨內閣首輔方從哲勾結魏忠賢，便於這一年的12月28日發布《禁教令》，隨之，引發了中國有史以來第一次教案。耶穌會教士被押解到廣州、澳門等地；南京的鎮壓行動最為嚴厲，天主堂及教士住所被拆毀；大半傳教士避往杭州楊廷筠家中。一直到1621年葉向高任首輔，罷了沈㴶的官後，教案才逐漸平息──此時，魏忠賢忙於迫害東林黨人，滿洲勢力又不斷侵犯邊境，當局也顧不上這些事情了。

　　自然，攻擊天主教的人對與利瑪竇來往密切的徐光啟、李之藻也是必欲除之而後快。天啟五年（1625），閹黨份子竟彈劾徐光啟「騙官盜餉」，「以朝廷數萬之金錢供一己逍遙之兒戲，越俎代庖其罪小，而誤國欺君之罪大。」結果，徐光啟落職閒住，李之藻不僅去職，名字還上了《盜柄東林夥》的黑名單。

　　再說，利瑪竇到北京四年之後，即萬曆三十三年（1605），北京已有

二百多人信奉了天主教，其中有數名更是朝廷的公卿大臣。這當中最著名的，也是後來影響最大的是進士出身的大學士徐光啟。

四、立下了利瑪竇規矩

中國在唐朝時曾一度流行天主教的聶斯脫利派（景教），但是到了明朝建立以後，中國基本上已沒有基督徒。利瑪竇可以說是天主教在中國傳教的開創者之一。他成功地在北京建立了傳播天主教的基地，並在士大夫中建立良好聲譽和關係，開啟了日後其他傳教士進入中國之門，而且也開創了日後二百多年傳教士在中國的活動方式：一方面用漢語傳播天主教；另一方面用自然科學知識來博取中國人的好感。

利瑪竇對中國傳統文化和民間習俗持一種尊重、寬容的態度。他容許中國的教徒繼續傳統的祀天、祭祖、拜孔等儀式。據他的理解，這些只屬尊敬祖先的儀式；只要不摻入祈求、崇拜等迷信成分，本質上並沒有違反天主教教義。利瑪竇主張以「天主」稱呼天主教的「神」（英語的「God」或拉丁文的「Deus」）；但他亦認為天主教的「神」早已存在於中國的傳統思想中，因為中國人的「天」和「上帝」本質上與天主教所說的「唯一真神」沒有分別。利瑪竇本人更穿著中國士人服飾，飲食起居一如中國人。利瑪竇的傳教策略和方式，一直為之後跟隨他到中國的耶穌會傳教士所遵從，稱為「利瑪竇規矩」。

利瑪竇等耶穌會傳教士在中國取得了很大的成功。天啟皇帝的第二個皇后王皇后、南明永曆帝的王皇后、永曆帝父親的次妃馬太后等人都受洗入了教。在清軍入關時，王皇后曾寫

外國畫家筆下的利瑪竇和徐光啟

信請求教皇支援（此信尚保存在梵蒂岡）。清朝的康熙帝開始仍然重用傳教
士。但後來歐洲其他天主教各修會忌妒耶穌會在中國的成功，故意挑起「禮
儀之爭」。從此中國皇帝和羅馬教廷關係急劇惡化，禁止了西方傳教士在中
國的活動，並進一步嚴格的實行了閉關鎖國政策。而祭祖祀孔的禁令直到數
百年後的1939年12月8日，才由教宗庇護十二世（Pius XII）解除，這也側面
顯示出了利瑪竇對中國文化的了解。

　　利瑪竇神父最大的貢獻是在中西「文化交融」的領域上。他以中文精編
了一套天主教神學和禮儀術語，使中國人得以認識耶穌基督，讓福音喜訊與
教會能在中國文化裡降生。由於利瑪竇神父如此道地的「做中國人中間的中
國人」，使他成為大「漢學家」，這是以文化和精神上最深邃的意義來說
的，因為他在自己身上把司鐸與學者，天主教徒與東方學家，義大利人和中
國人的身分，令人驚嘆地融合在一起。

　　利瑪竇還在無意中解決了長久存在於西
方的一個錯誤觀念——即認為中國北方另有
一個契丹國。

　　馬可·波羅在其著作中反覆提到「契
丹」這個地方，於是，歐洲人一直以為，契
丹是個東方國家，離印度的莫臥兒王國不
遠；那裡住著許多基督徒，有許多教堂和教
士。利瑪竇原來也是這樣以為的，但是當他
初進北京，住在「四夷館」中時，聽到那些
進貢的波斯人都稱中國為契丹，把北京叫做
汗八里——都是元朝時蒙古人的稱呼。利瑪
竇這才明白，所謂的契丹不過就是中國的舊
稱罷了。於是，他把這一發現告訴了耶穌會
東印度視察員。可是，這位視察員卻不相
信，他幻想著把天主教勢力擴展到契丹，便
派遣一個懂得波斯語的葡萄牙教士，鄂本篤
（Benoit de Goes，1562—1607），帶著同伴
和僕從，前往「契丹」探測一番。1602年10

天啟皇帝第二個皇后，王皇后，她後來
受洗成了天主教徒。

月，他們一行從印度出發，經過阿富汗的喀布爾，穿過帕米爾高原，經過龜茲、鄢耆、烏魯木齊、吐魯番等地，於1605年9月到達嘉峪關。經過三年多的長途跋涉，他們終於來到肅州，即今天的酒泉，這個漢回雜居的地方。鄂本篤早在印度就聞知利瑪竇的大名，便託人帶信與他聯繫。他告訴利瑪竇：「……我現在相信沒有契丹這個國家，因為我橫越亞細亞，沒有發現這個國家，而這個我們歐洲人稱為中國的國家，中亞細亞的人都稱為契丹。」他請求利瑪竇幫助他從海路回到印度，因為一路上他已筋疲力盡。1606年11月，利瑪竇收到鄂本篤的信之後，立即派鍾鳴禮去肅州接鄂本篤來京。可是當鍾鳴禮於次年三月抵達肅州後，鄂本篤已經患病不起，十一天後去世。據說是被當地回民毒死，因為許多人曾經借貸於他，而且鄂本篤死後，又搶走了他的日記，那裡面有欠款人的姓名。不過，鄂本篤以其生命糾正了一個歷史的誤會，也算是有價值的。

利瑪竇還發現河南開封住著猶太人，而且是在西元前猶太教形成之前，就離散出來的猶太人。

萬曆三十三年（1605），一個叫艾田的猶太人後裔從開封來到北京，原來，他已經有舉人的功名，但是仕途蹭蹬，想要到京師託託關係，找找門路，無意中被利瑪竇遇見。利瑪竇為這意外的發現驚喜不止，他一面向西方報告這驚人的消息，一面派人去開封做實地考察，想要弄清楚猶太人來華的來龍去脈。只可惜所派非人，未能完成他交給的任務。但是，他的報告引起西方的注意，以後不斷有人來華考察，使這一段極有意義的歷史事件不至湮沒無聞。

《利瑪竇傳》一書的日本作者平川佑弘稱利瑪竇是「人類歷史上第一位集歐洲文藝復興時期的諸種學藝，和中國四書五經等古典學問於一身的巨人。」他還將利瑪竇看作是「地球上出現的第一位『世界公民』」。美國《生活》雜誌也將利瑪竇評為西元第二個千年內（1000—1999）世界上最有影響力的百名人物之一。

五、利氏之學的中國傳人

1. 徐光啟

學過數學的人，都知道有一門數學叫作「幾何學」。其實，在中國古代，這門數學分科並不叫「幾何」，而是叫作「形學」──形狀之學也。而「幾何」二字，在中文裡原先也不是一個數學名詞，不過是「多少」的意思。比如三國時曹操那首著名的《短歌行》詩，有這麼兩句：「對酒當歌，人生幾何？」這裡的「幾何」就是多久的意思。那麼，是誰首先把「幾何」一詞作為數學的專業名詞來使用的，用它來稱呼這門數學分支學科的呢？這是明末傑出的科學家徐光啟。

徐光啟（1562─1633）字子先，號玄扈，上海縣法華匯人（即今徐家匯），其家原為兼營小商販的農家。徐光啟小時候讀書，就很留心觀察周圍的農事，對農業生產有著濃厚的興趣。二十歲考中秀才，以後的鄉試中卻屢試不中。他曾到廣東韶州（韶關）設館授徒，白天給學生上課，晚上常常默對孤燈，廣泛閱讀古代的農書，鑽研農業生產技術。由於農業生產同天文曆法、水利工程的關係非常密切，而天文曆法、水利工程又離不開數學，他又進一步博覽古代的天文曆法、水利和數學著作。1594年，在韶州教書的時候，認識了一個來中國傳播天主教的耶穌會士郭居靜。在郭居靜那兒，他第一次見到了世界地圖，知道在中國之外竟有那麼大的一個世界；又第一次聽說地球是圓球狀的，有個叫麥哲倫的西洋人乘船繞地球環行了一周；還第一次聽說義大利科學家伽利略製造了天文望遠鏡，能清楚地觀測天上星體的運行。所有這些，對他來說，都是聞所未聞的新鮮事。從此，他開始接觸西方近代的自然科學，知識更加豐富了。在同郭靜居交往的時候，徐光啟聽說到中國來傳教的耶穌會會長利瑪竇精通西洋的自然科學，就到處打聽他的下落，想當面向他請教。萬曆二十五年，徐光啟舉順天鄉試第一，他已經三十五歲。

萬曆二十八年（1600），徐光啟進京參加會試，當他得知利瑪竇正在南京傳教，即特意前往拜訪。徐光啟因為行色匆匆，來不及與利瑪竇深談，但在短暫的談話中已經認定，這是當前「海內博物通達君子」，對他表示了仰慕之情，希望向他學習西方的科學知識。這次會試，徐光啟出師不利，名落

孫山。萬曆三十一年（1603），徐光啟再次到南京時，利瑪竇已經北上，他遇見了羅如望（Joan de Rocha，1566—1623，葡萄牙人）神父，領洗成為教徒，取教名保祿。加入天主教的第二年（1604），四十二歲的徐光啟考中進士，任職翰林院，在北京住了下來，這使他和利瑪竇有了交往的機會。

徐光啟在未中進士之前，在長期輾轉苦讀中；在破萬卷書、行萬里路之後，深知流行於明中葉以後的陸王心學，主張禪靜頓悟，反對經世致用，實為誤國害民。徐光啟也曾學習過聲律知識，練習過楷隸書法，後來悉數棄去，專門學習天文、兵法、屯、鹽、水利等有利於國計民生的實用技術，旁及工藝數學，務可施用於世者。徐光啟思想上的如此轉變，使他的後半生走上了經世致用、崇尚實學的道路。徐光啟是明末清初學術界、思想界興起的實學思潮中的一位有力的鼓吹者、推動者。徐光啟中進士後即被考選為翰林院庶吉士，入翰林館學習，在館所撰課藝，如《擬上安邊禦敵疏》、《擬緩舉三殿及朝門工程疏》、《處置宗祿邊餉議》、《漕河議》等，表現了他憂國憂民的思慮和淵博的治國安邦的謀略，大都是一些切實可行的方案，與那些空泛不實、紙上談兵的時文是不可同日而語的。萬曆三十五年（1607）散館，授翰林院檢討，不久喪父，返鄉守制。在此期間，他與利瑪竇經常來往，研究學問。待他服滿將回北京時，利瑪竇已經病逝。他們在北京相處了大約三年的時間，結成了莫逆的朋友和事業上緊密的夥伴。

還是來到北京後，一次和徐光啟談起西洋學問，利瑪竇便把翻譯《幾何原本》的經過，以及幾次半途而廢的事情原原本本告訴了他。徐光啟道：「形學這門學問三代以前直至先秦也曾有人研究，只可惜毀於秦始皇的一把孽火。漢代之後，再講究這門學問的就不過多憑猜測揣摩了——正好像盲人射的，虛發無效；或者只比擬個差不多，也是持螢燭象，得首失尾而已。先師曾說過：『一物不知，儒者之恥』，今天這門學問既然失傳，與其暗中摸索，不如改投明師。如今遇到這本書，又碰到利師這樣的名師，不驕不吝，主動要傳授與人，再若失此機會，何日可再得？」利瑪竇委婉地告誡他說：「此事並非易事，以你四十多歲的年齡，要重新學習一門陌生的學問，談何容易。而且我不想因為這件事情，耽誤了你在翰林院的公務，你可要三思而行啊！」徐光啟道：「我知道此事對我有一定難度，要說困難這東西，你越是避開，他反而越長越大；你若是迎難而上，難事自然就消除了。我意已

決，利師就不要懷疑了。」利瑪竇聽了徐光啟的話大有相見恨晚之意，從那以後，他一面教徐光啟幾何學的知識，一面準備翻譯《幾何原本》。

利瑪竇自從來到中國後，即有把西方天文、數學知識介紹給中國人的願望。可是他的中文寫作水準又不足以著書立說，想找一個中國幫手，卻始終沒有找到合適的人選。在韶州時，瞿太素曾幫助他翻譯過《幾何學》第一卷，瞿太素的學養雖然可以勝任，可身上的名士氣太重，不肯踏踏實實地坐下來。當利瑪竇遇到徐光啟後，才找到真正幫助他的人。

從此，徐光啟在公餘之暇，幾乎天天去拜訪利瑪竇，利瑪竇詳細地給他講解《幾何原本》。利瑪竇每兩天講授一次，徐光啟總是準時到達，不論是朔風怒吼，還是大雪紛飛，從不間斷。經過一段時間的學習，徐光啟完全理解了阿基米德這部著作的內容，深深地為它的基本理論的明瞭和邏輯推理的嚴謹所折服，認為這些正是中國古代數學的不足之處。他感到，中國的古代數學雖然也取得了極其輝煌的成就，但千百年來一直受到經驗實證的限制，未能很好地運用邏輯推理的方法。如果能把阿基米德的這部著作介紹過來，對中國數學的發展將是很有好處的。這正與利瑪竇的想法不謀而合。

《幾何原本》是利瑪竇的老師丁氏（Dlavio——拉丁文意思是釘子）所著的教科書。從1606年的冬天開始，他們兩人開始了緊張的翻譯工作。每天晚上，他們坐在燈燭之下，先由利瑪竇用中文逐字逐句地口頭翻譯，再由徐光啟草錄下來。譯完一段，徐光啟再字斟句酌地做一番推敲修改，然後由利瑪竇對照原著進行核對。遇有譯得不妥當的地方，利瑪竇就把原著再仔細地講述一遍，讓徐光啟重新修改。如此反覆數次，直到認為滿意了，再接著譯下一段。徐光啟對翻譯非常認真，常常是到了深夜，利瑪竇休息了，他還獨自坐在燈下加工、修改譯稿。有時為了確定一個譯名，他不斷地琢磨、推敲，不知不覺地就忙到天亮。

《幾何原本》原文是拉丁文，不但語法和中文迥異，許多名詞也是聞所未聞，利瑪竇和徐光啟經過嘔心瀝血的反覆推敲，才逐一用漢語確定下來。利瑪竇撰寫的《天主實錄》以及和徐光啟等人翻譯的阿基米德《幾何原本》等書不僅帶給中國許多先進的科學知識和哲學思想，而且許多中文詞彙，例如點、線、面、平面、曲線、曲面、直角、鈍角、銳角、垂線、平行線、對角線、三角形、四邊形、多邊形、圓、圓心、外切、幾何、星期等等以及漢

徐光啟畫像

徐光啟朝服像

字「歐」等都是由他們創造並沿用至今的。

《幾何原本》付印之前，徐光啟又獨自一人將譯稿加工、潤色了三遍，盡可能把譯文改得準確。然後他又和利瑪竇一起，共同敲定書名的翻譯問題。這部著作的拉丁文原名叫《阿基米德原本》，如果直譯成中文，不大像是一部數學著作。如果按照它的內容，譯成《形學原本》，又顯得太陳舊了。利瑪竇說，中文裡的「形學」，英文叫作「Geo」，它的原意是希臘的土地測量的意思，能不能在中文的詞彙裡找個同它發音相似、意思也相近的詞。徐光啟查考了十幾個片語，都不理想。後來他想起了「幾何」一詞，覺得它與「Geo」音近意切，建議把書名譯成《幾何原本》，利瑪竇感到很滿意。

萬曆三十五年（1607），《幾何原本》前六卷正式出版，引起有興趣者的巨大迴響，成了明末清初從事數學工作的人的一部必讀書。《幾何原本》的問世不但對發展中國的近代數學起了巨大的作用，而且更重要的是引進了一種全新的思維模式，即

演繹推理的方法。這與中國傳統的說理方式是走的兩個方向。這種推理方法影響了整個的有清一代，其意義，套用一句現代詞——無論怎麼評價都不過分。

徐光啟在朝時，適逢明末朝廷政爭最尖銳的時期。他無論在政見上還是在感情上，無疑都是支持和同情東林、復社一派的；但他始終沒有參與其中。由於他性格的軟弱，在黨爭的夾縫中討生活，所以並無光輝的政績可言。在周延儒、溫體仁等奸臣當道之時，也無所建白。但是，他對中國早期的科學事業貢獻極大。

明朝末年，宦官專權，政治黑暗，人民的生活非常痛苦，農民起義到處發生；正在東北崛起的滿洲貴族，又不時對明朝發動進攻，整個社會處在動盪不安的狀態。像所有正直的知識份子一樣，徐光啟希望能夠利用科學技術幫助國家富強起來，使天下的黎民過上「豐衣食，絕饑寒」的安定富裕的生活。因此，他認為不僅應該認真總結中國古代的科學成就，還應該認真地學習西方先進的自然科學，取長補短，使中國的科學技術得到進一步的發展。

徐光啟於萬曆三十八年（1610）回京復職後，除幾次臨時性差事之外，一直擔任較為閒散的翰林院檢討。和當時一般文人官吏熱衷於筆墨應酬不同，徐光啟則是用較多的時間進行天文、演算法、農學、水利等科學技術研究，從事了不少這方面的翻譯和寫作。

向傳教士學習科技知識的同時，徐光啟對他們的傳教活動也進行了協助，幫他們刊刻宗教書籍，對傳教士的活動也有所庇護。徐光啟的這許多行為，多被朝臣誤解，加上與其他官員的一些意見不合，因此他辭去工作，在天津購置土地，種植水稻、花卉、藥材等。萬曆四十一年至四十六年（1613—1618）間，他在天津從事農事試驗，其餘時間則多是往來於京津之間。

徐光啟重視實際中得來的知識，他早年曾考察過黃河上游地區的地形、地貌，記錄過當地的蝗災，親自嘗過草木的滋味。他在上海、天津和北京等地都有自己的實驗農場，對於選種，施肥，嫁接，以及南種北移、北種南移等都做過科學實驗，並有詳細記錄。在積累了大量的第一手資料後，他與他的學生陳子龍於崇禎元年（1628）編寫了《農政全書》。全書六十卷，五十多萬字，分為農本、田制、農事、水利、樹藝、蠶桑、蠶桑廣類、種植、牧

養、製造、荒政等十二部分。他在水利卷中，除了論及西北黃河流域的水利資料外，在東南水利中討論了太湖四周的蘇、松、常、杭、嘉、湖六府的水利情況，還在浙江水利卷中談及紹興的鏡湖、上虞的夏蓋湖、寧波的東湖、廣德湖、東錢湖等蓄水工程。《農政全書》對後世的影響很大，從明末至民國多次重印。

萬曆四十六年（1618）後金政權向中國北方發動進攻，邊事緊急，經人介紹推薦，明廷召徐光啟於病中。他不但自己立即赴命，同時還感召別人放棄安適生活，共赴國難。至天啟三年（1623）的三年多時間裡，徐光啟從事召集逃兵、練兵的工作。這時他雖已年近六十，而保國守土的愛國忠心，昭昭可鑒，不讓壯年。

萬曆四十七年（1619），徐光啟以詹事府少詹事兼河南道監察御史之銜，在通州督練新軍。他主張「用兵之道，全在選練」，「選需實選，練需實練」。這期間他寫了各種軍事方面的奏疏、條令、陣法等等，後來大都由他自選編入《徐氏庖言》一書之中。練兵期間，他曾通過李之藻派張燾到澳門購得四門西洋火炮。但是由於財政拮据、言官掣肘等原因，練兵計畫並不順利，徐光啟也因操勞過度，於天啟元年（1621）三月上疏回天津「養病」，五月遼東兵敗，他又奉召入京。徐光啟和李之藻再次上疏，請求置火炮，建炮臺，引進西方技術，得到東林黨人，特別是鄒元標的支持。他購置的四門火炮運回北京——天啟六年正月，袁崇煥在寧遠轟死努爾哈赤所用的「紅夷大炮」，即是其中的第二門。但終因製造兵器和練兵計畫不能如願，十二月再次辭歸天津。

不久，明朝廷由於魏忠賢閹黨擅權專政，政局黑暗。為廣樹黨羽，籠絡人心，閹黨曾擬委任徐光啟為禮部右侍郎兼翰林院侍讀學士協理詹事府事的官職，但徐光啟不屑與閹黨同朝拒絕就任，引起閹黨不滿。天啟五年

天啟皇帝

（1625）閹黨份子，貴州道御史智鋌彈劾徐光啟練兵為「孟浪無對」、「騙官盜餉」、「誤國欺君」等等，皇帝命他「冠帶閒住」，於是他回到上海（1624）。在上海閒住期間，他進行《農政全書》的寫作（1625—1628）。徐光啟自編的軍事論集《徐氏庖言》，也於此時刊刻出版，對閹黨彈劾的不實之詞做了義正詞嚴的回答。

崇禎帝即位，殺魏忠賢，閹黨事敗。崇禎元年（1628），徐光啟官復原職，八月，充日講官，經筵講官，為天子師。崇禎二年，他又升為禮部左侍郎，三年升禮部尚書，已是朝廷重臣。

這期間，徐光啟對墾荒、練兵、鹽政等方面都多所建白，但其主要精力則是用於修改曆法。前此，自從與傳教士接觸之後，徐光啟即留心天文曆法。他在萬曆二十八年（1600）成功地預報過一次日食，所以當萬曆四十年（1612），欽天監預報日食不準，有人即提出請徐光啟、李之藻來主持修改曆法。但當時朝廷內黨爭激烈，浙黨大學士沈㴶指責西洋傳教士「不祭祖」、「私習曆法、天文」等，排斥與利瑪竇交往密切的徐光啟，所以修曆的建議未能獲准。崇禎二年（1629）五月朔日食，徐光啟按西法推算，其結果較欽天監為準，九月，朝廷決心改曆。在徐的主持下，先後聘請了鄧玉函、龍華民、羅雅谷、湯若望等教士參加修曆工作。徐光啟從編譯西方天文曆法書籍入手，同時製造儀器，精心觀測，自崇禎四年（1631）起，分五次進呈所編譯的圖書著作。歷經近六年的時間，新的曆書──《崇禎曆書》終於編制完成，全書共46種，137卷。在曆書中，他引進了球形地球的概念，明晰地介紹了地球經度和緯度的概念。他為中國天文界引進了星等的概念；根據第谷星表和中國傳統星表，提供了第一個全天性星圖，成為清代星表的基礎；在計算方法上，徐光啟引進了球面和平面三角學的準確公式，並首先做了視差、蒙氣差和時差的訂正。《崇禎曆書》的編纂對於中國古代曆法的改革是一次飛躍性的突破，它奠定了中國近三百年曆法的基礎。徐光啟的編曆工作為中國天文學由古代向現代發展奠定了一定的思想理論和技術基礎。徐光啟還曾製造天文儀器，如望遠鏡等，用來觀測天象，他在近古稀之年曾親自觀察天象，因失足跌壞腰部，可見他對工作的認真負責精神。別人親見並記述了他的這段生活，說他「掃室端坐，下筆不休，一榻無帷……冬不爐，夏不扇……推算緯度，昧爽細書，迄夜半乃罷。」這時，徐光啟已七十歲

崇禎皇帝畫像

了，但其研究熱情不減，親自實踐，目測筆書，融會中西，不愧為一代科學家的風範。

崇禎五年（1632）六月，徐光啟以禮部尚書兼東閣大學士入閣，參予機要。「每日入值，手不停揮，百爾焦勞」，「歸寓夜中，籌燈詳繹，理其大綱，訂其細節」，這正是他宰相兼科學家繁忙生活的寫照。如此繁忙，不久，他就病倒了。這年十一月，加徐光啟為太子少保。徐光啟在忙碌的公務中，還極為重視對後代的教育，他在北京時，曾寫信告訴家裡，有可能的話盡量搬家到南京或者杭州，為的是「避去海上薄惡風習」，可見在明末時上海風氣已經浮薄，不適君子居住了。

崇禎六年（1633）八月，再加徐光啟太子太保、文淵閣大學士兼禮部尚書，至此，他已是位極人臣了。十一月病危，仍奮力寫作曆書，並囑家屬「速繕成《農書》進呈，以畢吾志」。可謂為科學研究，直至生命的最後一刻。十一月七日，一代哲人逝世，終年七十二歲，謚「文定」，墓地現存於上海徐家匯徐墓公園。

徐光啟在數學、天文、曆法、軍事、測量、農業和水利等方面都有重要貢獻。

（1）天文曆法

徐光啟在天文學上的成就主要是主持曆法的修訂和《崇禎曆書》的編譯。由於中國古代數學歷來重視實際計算並以此見長，歷來重視和曆法編制之間的關係，因此與世界上其他國家和地區相比，中國古代曆法準確的程度是比較高的。但是到了明末，卻明顯地呈現出落後的狀態。一方面是由於西歐的天文學此時有了飛速的進步，另方面則是明王朝長期執行不准私習天

文，嚴禁民間研制曆法政策的結果。明沈德符《萬曆野獲編》所說「國初學天文有曆禁，習曆者遣戍，造曆者殊死」，指的就是此事。

《崇禎曆書》採用的是第谷（Tycho）體系。這個體系仍然認為地球是太陽系的中心，日、月和諸恆星均做繞地運動。而五行星則作繞日運動。當然，這比利瑪竇所介紹的托勒玫（Ptolemy）體系稍有進步，但對當時西方已經出現的更為科學的哥白尼（Copernicus）體系，傳教士則未予介紹。《崇禎曆書》仍然用本輪、均輪等一套相互關聯的圓運動來描述、計算日、月、五星的疾、遲、順、逆、留、合等現象。對當時西方已有的更為先進的行星三大定律（開普勒三定律），傳教士也未予介紹——畢竟傳教士還不是專業的科學家。儘管如此，按西法推算的日月食精確程度已較中國傳統的《大統曆》為高——《大統曆》還是明朝初年，劉伯溫所訂，已使用二百多年。

上海徐家匯天文臺的舊影

（2）數學

徐光啟在數學方面的最大貢獻當推《幾何原本》的翻譯。《幾何原本》以嚴密的邏輯推理的形式，由公理、公設、定義出發，用一系列定理的方式，把初等幾何學知識整理成一個完備的體系。《幾何原本》所代表的邏輯推理方法，再加上科學實驗，是世界近代科學產生和發展的重要前提。換言之，《幾何原本》的近代意義不單單是數學方面的，更主要的乃是思想方法方面的。徐光啟就正確的指出：「此書為益，能令學理者祛其浮氣，練其精心，學事者資其定法，發其巧思，故舉世無一人不當學。……能精此書者，無一事不可精，好學此書者，無一事不可學。」直到20世紀初，中國廢科舉，興學校，以《幾何原本》為主要內容的初等幾何學方才成為中等學校必修科目，實現了三百多年前徐光啟「無一人不當學」的預言。

（3）農學

徐光啟出身農家，自幼即對農事極為關心。他的家鄉地處東南沿海，水災和風災頻繁，這使他很早就對救災救荒感興趣，並且講究排灌水利建設。步入仕途之後，又利用在家守制、賦閒等各種時間，在北京、天津和上海等地設置試驗田，親自進行各種農業技術實驗。

徐光啟一生關於農學方面的著作甚多，主要的代表作有《農政全書》（大約完成於1625—1628年間，死後經陳子龍改編出版於1639年）。其他還有《甘薯疏》（1608）、《農遺雜疏》（1612，現傳本已殘）、《農書草稿》、《泰西水法》（1612）等等。徐光啟對農書的著述與他對天文曆法的著述相比，從卷帙來看，數量雖不那樣多，但花費時間之長、用功之勤，實皆有過之而無不及。

《農政全書》共分12門，即農本、田制、農事、水利、農器、樹藝、蠶桑、蠶桑廣類、種植、收養、製造、荒政，60卷，70餘萬言。書中大部分篇幅，是分類引錄了古代的有關農事的文獻和明朝當時的文獻；徐光啟自己撰寫的文字大約有六萬字。正如陳子龍所說，《農政全書》是「雜采眾家」又「兼出獨見」的著作，主要包括農政思想和農業技術兩大方面，而農政思想約佔全書一半以上的篇幅。徐光啟的農政思想主要表現在以下幾個方面：

① 用墾荒和開發水利的方法來力圖發展北方的農業生產，以改變南糧北調的局面。

② 備荒、救荒政策。提出「預弭為上，有備為中，賑濟為下」的以預防為主的方針。

徐光啟在農業技術方面，也有很多貢獻：

① 破除了中國古代農學中的「唯風土論」思想。因地制宜，引進物種，改變作物單一的局面。

② 進一步提高了南方的旱作技術，例如種麥避水濕、與蠶豆輪作等增產技術。他還指出了棉、豆、油菜等旱作技術的改進意見，特別是對長江三角洲地區棉田耕作管理技術，提出了「精揀種、早下種、深根短幹、稀稞肥壅」的十四字訣。

③ 推廣甘薯種植，總結栽培經驗。

④ 總結蝗蟲蟲災的發生規律和治蝗的方法。

2. 李之藻

李之藻（1565—1630）字振之、我存，受洗後，字涼庵，號存園寄叟，浙江杭州人。李之藻於萬曆二十二年（1594）中舉，二十六年（1598）中進士，授南京工部員外郎，次年進京任職工部。兩年後，得識利瑪竇。李之藻博學多才，他所學極廣，天文、地理、軍事、水利、音樂、數學、哲學、宗教都有涉及。

李之藻少年時即寫過地理方面的著作，並附有地圖。後來，他看到利瑪竇帶來的世界地圖，才知道中國和天下相比，不過佔很小一部分。利瑪竇又向他講解了地球為球形，懸在虛空之中，太陽和恆星都比地球大等天文知識。這些在當時別人難以置信的說法，李之藻幾乎立即就相信了。所以，他和利瑪竇等人成了莫逆之交，閒暇之餘，就來聽利瑪竇講解科學知識。他雇工把利瑪竇帶來的世界地圖重新製版刊印，接著又向利瑪竇請教

一個基督徒在用上海方言抄寫經文。

天文、數學，凡是他認為新奇的東西，都如饑似渴地學習。

後來，因小人進讒，李之藻被貶職，退居田園五年，不願再邁入仕途。還是在利瑪竇等朋友的勸說下，他才再次出任潭州（河南濮陽）知州。在等待任命文書的三四個月裡，他繼續到利瑪竇那裡學習。

一次，李之藻的一個僕人得了痢疾，發著高燒，李家人怕傳染，且臭氣難聞，大家遂棄之於地上，都不願意管他。因為這個僕人曾經向利瑪竇等表示過願意領洗的意願，龐迪我神父就替他打掃房間，將他安置在床上，在房間裡撒香料，驅除異味。李之藻聞知後很受感動，立即向龐迪我神父道謝，並責備家人缺乏愛心。幾天後，僕人死去，臨死前，一再稱謝天主的慈愛。通過此事，李之藻受到極大的感動，雖然儒家的「仁」也講究愛人，但是，還有一個「禮」的束縛——「君君，臣臣，父父，子子」的秩序是不能打破的，而天主教的愛卻是無條件的，是遍及上下的。

李之藻因為納妾，所以一直未能受洗。萬曆三十八年（1610）二月，李之藻忽然患病，他的親屬都不在北京，利瑪竇親自為他調護，照料他如親人一般。在他病重時，自以為大限已到，又看到利瑪竇神父如此地關愛，遂痛下決心將妾休掉，利瑪竇為他在病床上施洗，成了教徒。李之藻還捐獻了一百兩銀子，為修建北京的第一座教堂盡力。利瑪竇一再寬慰他，看破生死，只要心安。在利瑪竇神父的精心照料下，李之藻居然痊癒。可是，利瑪竇神父卻一病不起。

萬曆四十一年（1613），李之藻上奏「西洋天文學論十四事」，請開館局翻譯西法，未果。崇禎二年（1629）五月初一日食，《大統曆》、《回回曆》均有預測，而以徐光啟根據《西洋新法曆書》預測最為精確。七月，詔開曆局，命徐光啟、李之藻督修，於是有別於以前的曆局，又成立了新的一局，人稱西局。徐光啟聘請傳教士龍華民、鄧玉函、湯若望、羅雅谷等參與西局。他們首先翻譯一些西方天文學著作，又吸收歐洲曆法優點，補《大統曆》之所失，編撰137卷的新曆《崇禎曆書》（李、徐先後去世，由李天經於崇禎七年最後完成），奠定中國現行農曆基礎。

李之藻與利瑪竇同譯《渾蓋通憲圖說》二卷，《圜容較義》一卷。《同文算指》十一卷，與徐光啟合譯《幾何原本》六卷。與葡萄牙人傅汎際合譯亞里斯多德名著《寰有詮》六卷、《名理探》十卷，是為邏輯學在中國最初

之譯本。此外尚有譯著《經天蓋》、《簡平儀說》、《坤輿萬國全圖》、《天文初函》等十餘部，撰有關於數學、曆算等的序、跋、奏、疏三十餘篇，對介紹西方科學作出重要貢獻。

3. 楊廷筠

楊廷筠（1557—1627）字仲堅，號淇園，別號有井寒子、鄭圃居士、泌園居士等。楊廷筠是浙江杭州人，萬曆七年（1579）中舉，萬曆二十年（1592）中進士，曾任江西安福知縣、監察御史等，為官期間多善舉，頗有政聲。萬曆三十年（1602），楊廷筠在京見到利瑪竇，但並沒有認同他的天主教義。

萬曆三十九年（1611），李之藻回籍守父喪，並且邀請教士郭居靜、金尼閣等到杭州開教。楊廷筠去李家弔唁時，見到李家並沒有請僧侶唪經超度，而且將佛像全都毀掉，感到十分詫異。當他聽說李父臨終前皈依天主教，又仔細詢問了天主教的信仰，似有所動，並請兩位神父到自己家裡講

上海一處福音堂

福音堂的內景

道。楊廷筠因為夫人沒有生育，曾納妾生二子，當他決心入教受洗時，卻因此遭到拒絕。楊廷筠曾私下對李之藻說：「這些西洋先生真是奇怪，我以御史身分侍奉天主有什麼不可，何必容不得我的一個小妾呢？要是佛家絕不在乎這些。」同樣因為納妾不得受洗的李之藻歎息道：「這正是西洋教士和僧人不同的地方啊！一夫一妻是教規，遵守乃是本份，違反就是犯規，這不是很明顯的事情嗎。如果您想要教育別人，自己哪能不遵守呢？您若想要扭轉風俗，就尊奉教規吧！」楊廷筠凜然受教，將妾安置他處，欣然領洗。

楊廷筠原來信奉佛教，對佛寺頗多貢獻，他改信天主教後，引起僧人的不滿，曾著書詆毀他，但是楊廷筠不為所動。後來，他的全家都領洗入教。

萬曆四十四年（1616），發生了南京教難事件。禮部郎中徐如珂、侍郎沈㴶、給事中晏文輝、禮科給事中余懋孳等人聯合上奏請求禁教，他們的理由是「疑為佛朗機假託」，「公然夜聚曉散，一如白蓮、無為諸教。且往來壕鏡（即澳門），與澳中諸番通謀。」皇帝相信了，十二月禁教令下。楊廷

筠與徐光啟、李之藻盡量保護傳教士們的安全，並著書立說，為教會辯護。萬曆四十五年（1617），楊廷筠將自己的宅邸奉獻給教會作為教堂。天啟二年（1622），他又將祖塋獻出作為教士墓地，因此帶動了許多杭州人加入教會。

不知是否因為受到西方思想的影響，凡是接觸傳教士的士人的政治態度，無一不是站在當時的東林派一邊。天啟四年（1624），東林書院在無錫成立，徐光啟、李之藻和楊廷筠都曾到書院講學，明確地表示了他們支持東林黨人的態度。傳教士們對書院也非常重視，並想藉機宣揚教義，發展教徒。魏忠賢閹黨掌政後，楊漣、左光斗等六君子慘死獄中，正直朝臣去位者三百多人，徐、李、楊三人都去職歸籍，不與閹黨合作，那時楊廷筠已經六十八歲，任順天府丞。鄒元標讚揚楊廷筠不吝不貪的為人，說他「委千金之寶如讓搏黍，其識度迥人遠甚」，二人保持友誼達幾十年。

天啟六年（1626），楊廷筠在杭州捐資設立學校。

天啟七年（1627），楊廷筠與徐光啟、李之藻，以及教士多人一起審定有關天主教的漢譯名詞。楊廷筠盡其所有捐建教堂、修道院、教士住所等。

楊廷筠的著作有《西釋辯明》、《西學十誡注釋》，及為科學書籍作序多篇。

4. 與利瑪竇交往的其他士人

與利瑪竇交誼極深的另一個人是馮應京。

馮應京，字大可，號慕岡，安徽盱眙人，是鄒元標的門生。利瑪竇在南昌時，馮應京即非常景仰他的道德學問。利瑪竇到南京後，馮應京遣學生劉元珍向利瑪竇學習數學。利瑪竇到北京後，恰逢馮應京被遞解進京。

萬曆二十九年（1601），擔任武昌兵備僉事的馮應京不滿稅監陳奉的胡作非為——因搜刮民財，竟扒墳掘墓，剖孕婦，溺嬰兒，逮捕了陳奉的爪牙，並向神宗上疏，彈劾其九大罪狀。陳奉反誣馮應京「撓命凌敕命」。昏庸的萬曆皇帝只相信太監的一面之詞，貶馮應京至邊遠地方充當雜職。朝中正直大臣上疏援救，不料更激怒了皇上，連雜職也給免了。還有官員上疏指責陳奉的暴行，請求赦免馮應京，萬曆乾脆把馮應京逮至京師，下在獄中。當緹騎到武昌捉拿馮應京時，引發武昌百姓的暴動，陳奉逃到楚王府，人

們把他的六個爪牙扔到江裡面。又斥罵湖廣巡撫支可大包庇陳奉，將其住宅燒毀。馮應京不願意抵抗王命，自願坐著囚車跟隨緹騎進京。馮應京的學生劉元珍也跟隨來京，劉見到利瑪竇，即奉上馮應京的見面禮，並表示願意拜利瑪竇為老師。利瑪竇在馮應京尚未入獄前，即去探望，並表示了心中的悲憤。兩人只談了一個小時，卻無所不談，像是多年的老友。在馮應京坐牢的三年裡，利瑪竇和他一直保持聯繫，互相通信，饋贈禮物。利瑪竇形容說：「他辦我們神父的事，就好像辦他自己的事，我們神父辦他的事，也好像我們自己的事。」馮應京在獄中向利瑪竇借讀《天主實義》手稿，並建議付梓出版。利瑪竇起先以為文字尚不成熟，馮應京則說：「好像一個垂死的病人，急需藥物治療。如果還計較藥物的包裝，病人可能會等不及了。」利瑪竇只好接受他的意見，將《天主實義》與《二十五言》一併刊印。馮應京在為《天主實義》寫的序中稱讚該書「歷引吾六經之語，以證其實，而深詆空譚之誤」。正因為馮應京不喜空談，所以不信佛教。他在獄中仔細鑽研了天主教理，乃寫信給家裡的人，叫他們領洗入教。馮應京於萬曆三十二年（1604）出獄，在利瑪竇處住了幾天，整天都有朝廷官員探訪他，神父們雖然不及為他施洗，但心裡早已認為他是個天主教徒了。他回鄉後不久去世，所以終於未能受洗。利瑪竇卻「只當他算是領了洗」。

李贄畫像

利瑪竇與明末離經叛道的思想家李贄也有過交往。

李贄（1527—1602）號卓吾，福建泉州晉江人。嘉靖三十一年（1552）中舉，曾任河南輝縣教諭、南京國子監博士、北京國子監博士、禮部司官等職。他年輕時曾一度贊成王陽明學說，而不以朱熹為然。後來則徹底否認儒家倫理。他在萬曆五年任雲南姚安知府時，剃去頭髮，坐在大堂上處理公事，因此被迫辭官去職。後來，李贄落腳湖北麻城龍潭湖寺廟中，更以反

潮流的異端形象出現，剃髮留鬚，穿僧袍，卻不忌葷腥，召徒講學，其中一半是婦女。種種不合時宜的行徑引起世人的非議，萬曆二十八年（1600），馮應京任湖廣僉事，搗毀了李贄寄身的寺院，李贄不得不去北通州依靠朋友。萬曆三十年，禮部給事中張問達彈劾李贄誹謗聖人學說，因此繫獄，在獄中自刎身亡。

可是，一向狂狷驕人的李贄極為佩服利瑪竇，認為他是「我所見人未有其比，非過亢則過諂，非露聰明則太悶悶瞶瞶，皆讓之矣」，並稱讚他是一位極有風度文采，明澈事理的人。對於天主教義，李贄也表示了某種程度上的贊同，服膺利瑪竇的道理是「唯一真正的生命之道」。他還將利氏的《交友論》抄寫下來，送給其弟子，並曾有《贈利西泰》詩給利瑪竇：

> 消遙下北溟，迤邐向南征。刹利標名姓，仙山記水程。
> 回頭十萬里，舉目九重城。觀國之光未？中天日正明。

李贄曾三次與利瑪竇會面，兩次在南京，一次在利瑪竇進京路過濟寧時。後來，李贄自刎於獄中，利瑪竇對於李贄的遭遇表示了同情和欽佩，他評價李贄是「中國人罕見的範例」，並且因為未能為他做些事情而感到內疚。可是，利瑪竇對士大夫中的佛教徒印象卻不甚佳，因此也把佞佛的李贄視為「偶像崇拜」的異教徒，譏諷他有野心，是沽名釣譽，他的理論是「不光彩的學說」等等。

當時的名士與利瑪竇交往的還很多，例如，李日華也有贈詩給利瑪竇：

> 雲海蕩落日，君猶此外家。西程九萬里，東泛八年槎。
> 躑潔尊天主，精微別歲差。昭昭奇器數，元本浩無涯。

汪廷訥贈利子詩：

> 西極有道者，文玄談更雄；非佛亦非老，飄然自儒風。

六、打開了一扇門

當時名士吳中明曾這樣描述利瑪竇：

> 山人淡然無求，冥修敬天，朝夕自盟，以無妄念，以無妄動，以無妄言。

利瑪竇在中國的幾十年中，面對陌生的環境，繁重的工作，無法逆料的困難，處處表現了極堅強的意志，無畏的犧牲精神。更為重要的是，他還要忍受心靈上的孤寂——他在寫給弟弟的信中，說：

> 我們好像自動充軍的流徒一般，生活在此遙遠的地方，不但和我們的親人，父母、兄弟、親友分離，而且還和天主教世界、自己的祖國分離。有些區域，有時十年、二十年都看不到一個歐洲人……，說實話，我的日子不多了，頭髮和鬍鬚都白了。中國人都驚訝像我這樣的年齡不應當白得這麼快。但他們不知道，他們才是我頭髮變白的原因哪！

他說的不錯，他把自己的一生都獻給了中國人民。

自從利瑪竇定居北京之後，終日和公卿士人們交往周旋，每天來訪的客人平均算起來竟有二十人之多，在節日裡甚至可達百人；而且他還要走訪、回訪，已經有些不堪。萬曆三十八年（1610）是朝覲之年，又是會試之年，幾千名地方官員和幾千名舉子雲集京城，許多人慕利瑪竇之名而來拜訪於他。更使他有些疲於應付了。可是，他認為這是一個宣傳西方文化和天主教教義的大好機會，所以來者不拒，並將他帶來的儀器展示於人，將他所著的書籍散發給人。這集中轟炸式的訪客終於將利瑪竇神父轟倒了。

他實在是太累、太疲乏了，他在這年的正月裡幾乎沒有真正休息過，每天的訪客總有不下一百人，上至部院郎官，下至布衣秀才，甚至當朝的內閣大學士也派人送個帖子，算是禮到人到。訪客中，有的來探討學問，有的來談論時事，不少人不過問候一聲扭頭就走。一天到晚地接待訪客已經席不暇暖，外地還經常傳來令人不快的休息，更使他食不甘味。新年元日對別人來

說是大塊朵頤，為肚子補足一年的油水；對他卻是精神和體力的極大透支。所以他一聽到外面的爆竹聲音就有些心有餘悸。

夜裡，躺在床上，疲憊已極的利瑪竇反而不能入睡。從中國人的元旦，他想起了義大利的耶誕節，那靜謐、溫馨、啟人遐思的節日。是啊，誰不懷念自己的家鄉吶？算了算，他來中國已經二十五年了。雖然他談話、作文時自稱「旅人」，但他天天和中國人打交道，說中國話，吃中國飯，穿中國衣，幾乎忘記自己在這裡是個外國人了。可是，畢竟有些東西是不會改變的，有些事情也是不會忘記的——他身體裡流淌的義大利血液是絕不會改變的，他也不會忘記養育他的馬切拉塔，那座落在小山之顛袖珍古堡式的小城。他依稀記得青松翠柏中隱約可見的鐘樓，城牆隨山勢蜿蜒上下，環城道路沿著城牆跌宕起伏，城裡的大街小巷時升時降，真像是童話裡的世界。尤其使他夢徊縈繞的是父母親的那座兩層石頭小樓，母親給他做的乳酪、比薩……。他還回憶起他兒時就讀的小學校，他在羅馬求學的羅馬大學，以及

簡易教堂的內部

他踏上中國之旅的一幕幕……。

前面說過，這年的二月，李之藻在京患病，利瑪竇日夜守護在其旁邊，精心照料。李之藻感動不已，決心割捨愛妾，領洗入教。領洗後，李的病竟奇蹟般地痊癒了。隨後他奉獻了四十兩銀子給正在建造的教堂。利瑪竇又為新建教堂而奔波忙碌，教堂在當年四月落成。五月，過分透支體力的利瑪竇卻病倒了。

5月3日，利瑪竇拜客回來，忽然頭痛不止。本來，這是他的老毛病，所以當時並未在意，以為休息一下，就會自然好起來。可是，到了晚上，頭痛不減，而且伴隨著發燒。這時，利瑪竇感到有些麻煩，以他的醫學知識，他知道這不是一般的小病。而且，這兩年他覺得自己衰老得特別快──鬚髮皆白，臉上爬滿皺紋。

李之藻聞知利師病倒之後，特意託一位宮廷御醫為他診脈，御醫說他不過是偶感風寒──就是感冒，留下藥方，並囑咐他多加休息。可是吃了藥之後，病情並未見輕。於是又請來三位醫生會診，三人各執一詞，各開一方。人們將三付藥都取來，一時難以決定用哪一副？

教友們聽到他們平素敬愛的利瑪竇神父有病，都來探望。他們在神壇前面祈禱，並且願意將自己的壽數捐給利神父。人們又將三副藥放在基督像前，請求神意指示到底用哪副。最後眾人選定第一副藥。但是服用之後仍不見效。

當熊三拔神父看望他時，他對熊神父說：「我很難衡量，究竟是即將見到天主的快樂多，還是拋棄我的同伴和事業的痛苦多？」5月8日，利瑪竇向熊三拔神父行懺悔儀式。次日，利瑪竇領受臨終聖體，雖然他已經病體難支，仍然從床上掙扎著爬起來，跪在地上，畢恭畢敬地領受了聖體。此後，利瑪竇一直昏睡，直到10日下午才清醒過來。他要求領終傅，神父行禮，他回答經文。同居的四位耶穌會友跪在他床前，請求祝福，並留下遺囑。

一位神父道：「利神父，你多年愛護我們，我們怎樣報答你呢？」

利瑪竇回答道：「請善待新來的會友們吧，他們離鄉背井，來到人地生疏的異國他鄉，你們不但要好好接待他們，而且要加倍地愛護他們，使他們從你們每個人的身上，找到人間所有的友情！」利瑪竇逝世前指定龍華民接任教會中職務。

龍華民（Nicolas Longlbardi，1559—1654，義大利人）字精華，出身於義大利貴族家庭。萬曆二十五年（1597）來華，在中國居住了五十八年。他於1603年在韶州附近的靖村建立中國第一座教堂。1609年被召至北京，次年，利瑪竇於死前指定他為中國教區的會首。他對利瑪竇在華的傳教方式一直多有異議，利瑪竇死後，他隨即提出一個所謂的「禮儀問題」——其中包括中國古籍中的「上帝」是否與拉丁原文的（Deus）含義相同？敬天、祭祖、祀孔是否合於天主教教義等？後來羅馬教廷專門為此，曾兩次派遣特使來華調查。以至引發所謂的禮儀之爭，導致康熙皇帝的禁教——在此先不詳細討論。

利瑪竇病重，探望他的人絡繹不絕，大家都露出焦急的神色，可是利瑪竇神父面帶微笑，和每個人打著招呼。萬曆三十八年，即1610年5月11日傍晚6點，利瑪竇病逝於北京。臨終前，他對身邊的龐迪我、熊三拔神父，以及兩個中國修士游文輝、鍾鳴仁說：「我給你們打開一扇大門，從這門進去，可以建立許多大功勞，當然你們要煞費苦心，也有很多危險的。」利瑪竇去世後，面色如生，紅潤如常，旁邊的學生、徒眾都驚呼：「聖人，真是聖人啊！」雖然時在初夏，其遺體放置兩天竟不腐壞。李之藻聞知後，花了十五兩銀子，為他買了棺木；雖然他尚未痊癒，卻負起操辦喪事的責任。

利瑪竇死後，其他傳教士和利瑪竇施洗的教徒都希望可以得到皇帝的恩准，讓利瑪竇安葬於北京，藉此來認可教會和天主教在中國的合法存在。為此，耶穌會士龐迪我神父向萬曆皇帝上呈奏疏，希望能破例賜地埋葬利瑪竇。

龐迪我在奏章裡稱：「利瑪竇以年老患病身故，情實可憐，況臣利瑪竇自入聖朝，漸習熙明之化，讀書通理，朝夕虔恭，焚香祝天，頌聖一念，犬馬報恩忠赤之心，都城士民共知，非敢飾說。生前頗稱好學，頗能著述，先在海邦，原係知名之士，及來上國，亦為縉紳所嘉？臣等外國微臣，悲其死無葬地，泣血祈懇天恩，查賜閒地畝餘，或廢寺閒房數間，俾異域遺骸得以埋瘞，而臣等見在四人，亦得生死相依，恪守教規，既享天朝樂土太平之福，亦畢螻蟻外臣報效之誠。」

雖然朝廷中有人反對，但此事在內閣大學士葉向高等人的多方努力下，還是很快得到了萬曆皇帝的照准。葉向高請人託付了順天府尹，李之藻在

回籍守父喪前，也遍託好友代為幫助。終於相中阜城門外二里溝的「滕公柵欄」作為利瑪竇的墓地。所謂滕公柵欄原是一個太監修建的佛寺，那太監自然不願意放棄，曾多方阻攔，可是因為有皇帝的御批，終於無法阻擋。此處佔地二十餘畝，原有房屋三十八間，全部改為教士墓地。

1611年4月，由新任耶穌會中國教區長老龍華民主持，為利瑪竇舉行了安葬儀式。當天，北京的教友聚集在宣武門附近的教堂中，彌撒後，遷移靈柩的儀仗隊出發，最前面的是捧十字架者，其後，教友分兩隊，手執香燭，緩行於後。萬曆皇帝特派大員致祭，徐光啟率領北京教友參加了葬禮。徐光啟並親執曳棺繩索，親手鏟土埋棺，並保留一段下棺的繩索作為紀念。

墓地正門上面有《欽賜》匾額，京兆尹王應麟撰有碑記。墓碑上刻「耶穌會士利公之墓」，兩邊是漢文和拉丁文的碑文。清康熙年間，尤侗（西堂）寫有「外國竹枝詞」道：

> 天主堂開天籟齊，鐘鳴琴聲自高低。阜城門外玫瑰發，杯酒還澆利泰西。

至19世紀末，安葬於「滕公柵欄」的歐洲傳教士已逾百名。1900年墓地被義和團砸毀。墓穴被掀，碑石被砸。其後清政府依《辛丑合約》出資重修了被毀墓地，而且還立了一塊道歉的石碑。20世紀初此地已經成為天主教的公共墓地。墓地面積也不斷擴大，成為明清以來西方傳教士在東方安息的一個最為集中的所在。

如今公墓東邊墓碑數十塊。西邊有墓碑三塊：面向墓穴，中間為利瑪竇，左右首分別為湯若望、南懷仁。利瑪竇的墓碑上刻著「耶穌會士利公之墓」，有拉丁文和中文兩種文字：

> 利先生，諱瑪竇，號西泰，大西洋義大里亞國人。自幼入會真修，明萬曆壬午年航海首入中華行教。萬曆庚子年來都，萬曆庚戌年卒，在世五十九年，在會四十二年。

七、利瑪竇的貢獻

1. 第一次西學東漸

有人把漢唐時代佛教的傳入看作是第一次外來文化的輸入，不過，那只是東方國家之間的交往，而且只限於宗教、哲學方面。利瑪竇等西方傳教士雖然也是以傳播天主教為宗旨，卻帶來了西方先進的科學技術、與東方文明迥異的價值觀，這對中國文化發展所起的作用，絕非宗教可以比擬。利瑪竇在北京只住了十年，大部分時間都用在講授、傳播科學知識。在中國學術史上，利瑪竇佔有重要的一席之地。臺灣的方豪先生說他「實為明季溝通中西文化之第一人。自利氏入華，迄於乾嘉厲行禁教之時為止，中西文化之交流，蔚為巨觀」。

《明史・列傳・義大里亞篇》評價傳教士「自誇風土人物，遠勝中華。……其所言風俗物產，多誇。」可是，卻絕口不提利瑪竇講授的天文數學，或他的著作為虛妄誇大。中國儒家士大夫自以為天下第一，不願意向西方學術低頭，又不能詆毀為虛妄，只好緘口不言，採取迴避政策。

其實，自明代中葉起，作為當時主導思想的王（陽明）氏心學，過分強調自省，並且借用佛家禪宗的頓悟功夫，已經走入主觀唯心主義的死路。再者，因為八股取士的科舉制度，使得士風浮躁，只尋捷徑，不問實際，造成了一種尚虛背實的惡劣學風。正是利瑪竇帶來的多門類西方科學技術，促使中國有識之士認識到，這樣的實際學問才是強國富民之道，修齊治平之術。

利瑪竇的著作大多以中文寫就，其中有：

《天主實錄》，是翻譯羅明堅編《新編西竺國天主實錄》，起名為《天主實義》，亦名《天學實錄》。這本書第一次系統地向中國人論證了上帝的存在、人的靈魂不朽大異禽獸和死後必有天堂地獄之賞罰，報世人所為善惡的天主教教義。《天主實義》亦是最早把星期制度引進中國的。《天學實義》後來被乾隆皇帝收錄在四庫全書中，並有蒙、滿、朝鮮、越南及日文譯本。

《畸人十篇》，是利瑪竇同十位中國士大夫的對話集。

《交友論》，收入了古羅馬西塞羅至文藝復興時期人文主義大師愛拉斯謨等人論友誼的格言上百則。也有利瑪竇根據他對中國人的思想了解而編寫

的。這是他所寫的第一部華文著作。

《幾何原本》，是利瑪竇與徐光啟合譯其師——當時歐洲著名的數學家克拉維烏斯神父的講義。萬曆三十三年（1605）刻於北京，康熙帝曾令人將其譯為滿文。以後，方以智之子方中通、曾國藩等都曾翻刻。利瑪竇死後賜葬於京，有人反對，內閣首輔葉向高說：「僅其所譯《幾何原本》一書，即宜欽賜葬地矣。」可見當時人們對該書的推崇。

《坤輿萬國全圖》，即世界地圖。從萬曆十二年至三十六年（1584—1608）的十四年間，曾在肇慶、南昌、蘇州、南京、北京、貴州等地，翻刻了十二次之多。

《西字奇蹟》，（今改名《明末羅馬字注音文章》），是中國漢字拉丁化道路之始。

《二十五言》，關於天主教道德信念、準則和修養的書。

《西國記法》，乃是一本介紹利瑪竇本人如何能有過目不忘的能力的書。

《辯學遺牘》，萬曆三十七年（1609）出版，收錄了利瑪竇以天主教觀點與明末淨土宗袾宏和其門生虞淳熙的佛教觀點交流的信件。民國後，大公報、英斂之等曾多次重刊。

《同文算指》，介紹歐洲算術，根據克拉烏維斯所著的《實用算術概論》（Epitome arithmeticae practicae，1583年）譯成。內容由基本四則運算、分數至比例、開方、正弦餘弦等三角幾何理論。由李之藻筆錄，清朝時錄入四庫全書。

《測量法義》，關於應用幾何、測量，由徐光啟筆錄，附《勾股義》。

《圜容較義》，李之藻筆錄。

《渾蓋通憲圖說》，天文學知識，李之藻筆錄。

此外，他還寫過或參與寫過《西琴曲意》、《齋旨》、《乾坤體義》、《理法器撮要》等著作。利瑪竇用義大利文寫的日記後經比利時耶穌會士金尼閣整理翻譯為拉丁文，出版於1615年，取名《天主教遠征中國史》，漢譯名為《利瑪竇中國札記》。

在利瑪竇的著作中，首次使用並延續至今的中文詞彙即有：

數學：半圓、報時、邊、比例、大廈、點、度（「角度或弧度」的

「度」）、鈍角、多邊形、複製、割線、弧（「圓弧」的「弧」）、角、界說、幾何、金剛石、面、面積、平面、平行、平行線、強（「1/4強」中的「強」）、切線、曲面、曲線、銳角、三角形、三菱鏡、數字、四邊形、體積、推論、線、虛線、直角、直線等。

曆法：西曆、陽曆、陰曆、古典、秒（「五秒鐘」中的「秒」）、分（「一分鐘」的「分」）、刻（「一刻鐘」的「刻」）、羅經、時（「一小時」的「時」）等。

天文：火星、金星、水星、天狼星、天球、木星、土星、座（「星座」的「座」）、儀器等。

地理：測量、赤道、北半球、極（「北極南極」的「極」）、北極、地平線、地球、度（「經度或緯度」的「度」）、分（經度或緯度中「度」下面的單位）、經線、秒（經度或緯度中「分」下面的單位）、南半球、南極、緯度、緯線、月球、子午線等。

宗教：上帝、聖經、聖母、審判、十字架、天國、天主、天主教、耶穌、造物主、主（天主教徒對上帝的稱呼）等。

在上面所列的詞彙中，大部分詞語的使用現在還十分活躍，似乎並無消亡的跡象。而且其中的部分詞語很早就傳到了日本（如「地球」、「幾何」、「上帝」、「天主」、「審判」、「三角形」、「三菱鏡」、「子午線」等），對日語詞語的發展也起了促進作用。

雖然在《幾何原本》中，利瑪竇介紹的是純科學，但他並不囿於純科學的討論，他在《譯幾何原本引》中，就突出強調了幾何學在軍事上的應用，在火器技術和國防中的重要作用，強調軍官學習幾何學的必要性，並且引申到必須重視先進武器的研製和應用。

中國古代兵器製造一直沿襲著「君臣佐使」，「陰陽五行」之類的理論，對燃燒的化學反應缺少本質的探討，所以火藥純度不高，威力不大。利瑪竇深感中國軍事防衛力量的薄弱，曾將所攜帶的西方書籍中，關於兵防、兵器的著作，向徐光啟、李之藻等有識之士出示過；在和他們的交談中也多次談及西方軍事現狀的話題，向他們介紹了當時歐洲最先進的武器「紅夷大炮」。李之藻曾在天啟元年上疏《為制勝務須西銃乞敕速取疏》，請求添置這種火器。

利瑪竇的遺願由徐光啟承續下來，他於萬曆四十六年（1618）薩爾滸戰敗後，受命練兵。天啟元年（1621）他向皇帝建議宣召傳教士進京訓練炮手，翌年，龍華民、陽瑪諾、羅如望等多人被聘為炮師。徐光啟、李之藻等還從澳門購得四門大炮，但由於天啟四年試炮時，一門大炮爆炸，便將其束之武庫之中。崇禎元年（1628），徐光啟又第二次購炮十門。傳教士陸若漢負責翻譯，並訓練炮手二百名。陸若漢又協助山東登萊巡撫孫元化造炮練兵。崇禎六年（1633），孫元化部將孔有德、耿仲明投降後金，大炮被擄走，徐光啟和傳教士們十幾年的心血付之東流。

利瑪竇、徐光啟等人的遭遇，使人感歎，沒有一個清明的政治環境，再先進的科學技術也發揮不了作用。

2. 讓西方認識中國

十七至十八世紀，在歐洲曾經掀起一股文化上的「中國化」浪潮，這股浪潮的宣導者正是來華傳教士們。他們一方面把西方文化介紹給中國，同時也把中國文化回饋給西方，從而在歐洲形成一門新興的學科——中國學，或稱漢學。早期來華的傳教士們正是西方漢學的奠基人，人稱「近代文明的哥倫布」。

1615年，利瑪竇的《天主教中國傳遞史》在歐洲出版，以後的十年中先後被譯為法、德、英、西、義五種文字，並再版了五次，還曾被選作大學教科書。書中介紹了他如何利用中國的典籍來詮釋天主教，以及如何利用天主教義來比照中國文化——書中充滿了對儒家學說的尊重。利瑪竇首次將《四書》翻譯成義大利文，後由人譯成拉丁文在巴黎出版。有意思的是傳教士著作所引進的儒家觀點，後來成了歐洲啟蒙思想家反神學的利器。

利瑪竇之後，這股熱潮仍舊方興未艾，耶穌會教士們翻譯了大量中國著作，從儒家典籍到市井小

清代的大將軍炮，即紅夷大炮。

說。其中也不乏學術力作，如1685年出版的衛匡國《中國早期歷史》，他根據中國古籍，建立了從伏羲開始直至紀元初這長達兩千年的編年史。雖然他身為基督徒，卻置《聖經》於不顧，承認了在《創世記》之外尚有另外一個真實的世界。他用拉丁文寫的《韃坦戰紀》是研究明末清初戰爭史的第一手資料。同時，衛匡國被歐洲人稱為「中國地理學之父」，他所編繪的《中國新地圖集》於1655年出版，其中包括了中國當時的十五個省份，注有精確的經緯度，敘述了各省的名稱來源，地理位置，建省沿革，氣候物產，名勝古蹟，掌故逸聞，風俗習慣等等，堪稱一部簡要的中國百科全書。

時過四個多世紀，再回頭審視利瑪竇，不得不為其精神之偉大而感動，也不得不為其貢獻之廣博而讚歎。雖然，以利瑪竇為代表的耶穌會士來中國的目的不外是為了傳教，是想要以天主教歸化中國人；但是，他們尚能夠尊重中國的文化傳統，與中國士人和平對話，甚至挖掘中國典籍中與天主教相近的思想理論，堪稱是不同民族進行平等交流的典範。利瑪竇帶來的「天學」開啟了明末以來的「實學」，以西方科學中的邏輯思維方法、定量分析方法，滌蕩著中國固有的玄虛學風，所有這些都是具有劃時代意義的破冰之旅。雖然康熙末年天主教被禁，切斷了中西交流，但是利瑪竇帶來的觀念、思想、方法都潛移默化地滲透到中國主流思想之中，其影響至為深遠，以至直到清末，中國知識份子的變法思想中仍然包含了若干受「利氏之學」啟發的成分。

中國人不應該忘記利瑪竇。

利瑪竇墓碑，現位於北京西城區阜外北京行政學院內。

第二章

湯若望

順治皇帝稱瑪法

　　湯若望（1591—1666），德國科隆人。他於1619年，28歲時來到中國，先後服務於明朝萬曆、天啟、崇禎三朝，又歷經了清朝的順治、康熙兩個朝代。他為明王朝制訂曆法，製造火炮、天文儀器等；他出任清朝第一任欽天監監正，修訂曆法，觀測預報天象。但是由於小人陷害，幾乎慘遭磔刑。公正的歷史終於還他清白。

一、一個走後門的學生

　　湯若望（1591—1666）的德國原名是Johann Adam Schall von Bell，即約翰・亞當・沙爾・馮・貝爾，湯若望是他到中國之後，入鄉隨俗起的中國名字。亞當・沙爾生於德國科隆，其家族在12世紀起即為當地的望族。其父先後三娶，他的母親育有三子，其兄長約翰・萊茵哈特為天主教神職人員，亞當・沙爾也把一生奉獻給中國，只有另外一個兄弟成為他們家族的傳宗接代者，可是這位兄弟只生了一個女兒，於是沙爾一族的直系竟至絕嗣。現在德國的湯若望親屬即為他的這位姪女的後代。

　　亞當・沙爾的孩提時代就讀於科隆的三王冠學校，這是耶穌會所辦，為當時遠近聞名的一所貴族學校。少年的亞當・沙爾不但學業優秀，而且性格活躍，曾是「天使兄弟會」、「聖母會」的成員，並任助理員。校長列昂見他可堪造就，便建議他去羅馬的日耳曼學院學習。1608年4月，亞當・沙爾離開家鄉，前往天主教聖地——義大利的羅馬。當時十六歲的亞當・沙爾可能還沒有想到，這竟是他與故鄉，與父母的永別。

　　當時，羅馬有一座「日耳曼學院」，專為德國子弟所設，是歐洲極有名氣的學校，乃是為了培養既忠於教會，學業上又出類拔萃的貴族子弟。因此入學條件也是相當嚴格，需要幾名神父的推薦，然後由教區負責人簽字——當然，中學成績單之類是必不可少的。這些，亞當・沙爾都是具備的，但有一點，他似乎差了點兒，就是他不符合年滿20歲的要求。在他強烈的要求下，科隆副主教暨巴伐利亞公爵斐迪南給耶穌會總會長寫了一封求情信，極力推薦亞當・沙爾，日耳曼學院校方才於1608年7月破格錄取了他——說起來，亞當・沙爾是靠著巴伐利亞公爵斐迪南的一封信才進的日耳曼學校，也可說是走後門進去的。

學生入學前須填寫一系列表格，需要簽字畫押，要遵守學校一切的規章制度，服從學校的紀律，還要集體宣誓，堅守自己的諾言──須知，在西方，言而無信、欺騙是極不道德的事情。

在心靈導師努斯鮑姆的循循善誘之下，亞當・沙爾從一個稚氣的少年逐步成長為意志堅定、境界高尚的青年，並於1611年10月21日加入耶穌會。加入耶穌會除了需要像神職人員立誓三絕之外，還要附加第四誓，即絕對服從教皇的意志。試想，一個二十歲的青年正是對未來充滿幻想，對前途滿懷憧憬，對愛情如饑似渴的時候，要他們絕財（也即絕宦）、絕色、絕意，談何容易？沒有堅定的信仰，沒有頑強的毅力，沒有超強的智慧，一般的凡夫俗子是辦不到的。此後，亞當・沙爾開始了見習修士的生活，諸如募捐、照顧病人、為犯人做神事等等。結束了日耳曼學院的學習，亞當・沙爾又轉往羅馬學院。

和利瑪竇一樣，亞當・沙爾在羅馬學院學習了許多科學知識，為他將來到中國傳教打下堅實的基礎。自中世紀始，教育就成為神職人員的專利，知識份子大多是供職教會者；自然，奉獻給神的人必須是知識份子。這就是為什麼那時神職人員享有極高威望的緣故，也是許多人嚮往為神效力的原因。亞當・沙爾在羅馬學習時，專注學業，甚至無暇回鄉省親，遂順利晉升為神父。

1616年新年伊始，亞當・沙爾向耶穌會提交了去中國傳教的申請。使他萌發去中國傳教的願望，不能說與利瑪竇無關。當時，利瑪竇在中國取得的成就，在羅馬早已廣為傳播，因此掀起了一場「中國熱」。人們紛紛議論，利瑪竇不但得到中國皇帝的禮遇，建立教堂，傳播福音；而且躋身中國士大夫行列，與中國士人翻譯西方經典。對於羅馬的青年神職人員來說，神祕的東方極有吸引力，所以，在遞送了申請書之後，亞當・沙爾已經整裝待發，急不可耐地要登上駛往東方的航船了。

適逢金尼閣（Nicolas Trigault，1577－1629）神父受中國教區總負責人龍華民之派遣，回羅馬向教皇報告在中國的傳教情況，並要求將《聖經》譯為中文，以漢語做彌撒，增設教區等事宜；順便籌集了七千餘冊圖書帶往中國，同時帶領矢願去中國傳教的志願者到中國傳教。亞當・沙爾便隨同金尼閣等22人，以及其他乘客、船員、水手共六百三十餘人，於1618年4月16日在

葡萄牙的里斯本登上了《慈悲耶穌號》。與亞當・沙爾同行者中，金尼閣、傅汎濟、鄧玉函、羅雅谷、伏若望、祁惟材、瞿洗滿等七人都是終生奉獻給在中國的傳教事業。

年輕的傳教士們在船上並非無所事事，他們利用有利的條件，觀測海風、海潮，晚上則在甲板上觀察星象。有數學專長的鄧玉函神父還給會友們上數學課，金尼閣神父則給他們做漢語的啟蒙教育。自然，祈禱、神學等是他們每天必不可少的功課。

如同在上一章提到的，海上航行並非是件愜意事情，暈船、嘔吐、頭昏、失眠都是很折磨人的，為了減輕這些折磨，他們有意識地將思路集中到某件事務上面。如果說這些還都是可以克服的話，那麼疾病和死亡就是無法逆料的災難了。船上有四十餘人，其中五名傳教士都在這漫長的航程中被非洲瘧疾奪去了生命，他們也只有以「海葬」的方式埋葬他們的同伴了。他們終於在1618年10月4日，經過幾乎半年的時間才到達印度果阿。經過短暫的休整後，亞當・沙爾又於1619年5月乘船去中國，兩個月後到達澳門。

二、湯若望在明朝

1. 給徐光啟留下深刻印象

亞當・沙爾來到中國後，吸取了利瑪竇的成功經驗，採取了將自己儒家化的方式，以便取得國人的理解和認同。他首先為自己取了一個中國名字——湯若望，因為Adam，音近湯，而Johann，那時都譯為若望；另外取了個別號「道未」，也是自謙的意思吧。他於1619—1622年間，在澳門努力學習漢語，以做好去內地傳教的準備，不料，恰好碰到了荷蘭人對澳門的攻擊。

為說明荷蘭人攻打澳門的緣由，這裡，先把當時歐洲各國的形勢簡單介紹一下。

16世紀初，正是西班牙國王卡洛斯（Carlos）一世當政時期，同時他又獲得神聖羅馬帝國皇帝的稱號，在德國稱查理五世。他的帝國包括了西班牙、那不勒斯、西西里、撒丁、荷蘭、盧森堡，以及美洲、非洲的殖民地。卡洛斯的龐大帝國被稱為「日不落帝國」，那時的英國尚未出道呢。但卡洛

斯一世不滿足於此，還要謀求整個歐洲的霸權，並把全世界統一在天主教的十字架之下。因此，他堅決反對宗教改革。雖然在路德宗教改革時，荷蘭人就已改奉新教的加爾文宗，但作為西班牙的一個行省，政治上和宗教上都受到壓迫。為擺脫西班牙的統治，荷蘭人展開了長期的鬥爭，終於在1581年宣布獨立，成立尼德蘭共和國。善於航海的荷蘭人不能再通過里斯本與東方貿易，便開始了獨自開闢航線的探索，毋庸諱言，其野蠻的行徑簡直就是海盜。17世紀初，荷蘭人佔領南太平洋的爪哇島，驅逐了其上的葡萄牙人，設立了巴達維亞首府，即今日的雅加達。以此為中心，擴展他們在亞洲的商務活動和勢力範圍。不久，他們想故伎重演，奪取地勢尤勝的澳門，於是爆發了1622年的戰鬥。荷蘭駐巴達維亞總督下令奪取澳門，這年的6月，十餘艘荷蘭艦艇向澳門發起進攻。葡萄牙人與之短兵相接，戰鬥打得十分激烈。

那時，恰逢湯若望、布魯諾、羅雅谷等耶穌會士在澳門停留。出於對入侵者的仇恨，對新教徒的敵視，他們也拿起武器，參加了這場攻防戰。這些耶穌會士們個個都是有勇有謀，多數還有一技之長，他們佔領了一處居高臨下的陣地，在上面架設火炮，布魯諾神父堪稱神炮手，百發百中，把荷蘭人打得丟盔卸甲，狼狽逃竄。耶穌會士們則緊追不放，湯若望還活捉了一個荷蘭軍隊的上尉隊長。荷蘭人敗退下來，又不甘心這樣損兵折將，歸途中順便佔據了毫無防備的澎湖，到了1624年又強佔了臺灣。這是題外話，先放下不講。

打退了荷蘭人的進攻後，夏秋之交，湯若望與李瑪諾神父等人進入中國，並於天啟三年（1623）1月到達北京。因為利瑪竇等人已經在北京建立了傳教的基地，所以湯若望等盡可坐享其成地在北京落腳，安居。這時，他一方面繼續學習中文，開展他的傳教活動，同時也不斷地與中國上層士人交往，擴大他們的影響。由於徐光啟的關係，湯若望一到北京就參與了欽天監曆局的工作，他曾非常準確地測算了三次月食的時間，贏得了戶部尚書張問達的賞識。因此其名聲很快就在官員中間傳播開來，也給徐光啟留下深刻的良好印象。

2. 西安的疑問：耶穌是神子嗎？

天啟五年（1625），被譽為世界四大石刻的《大秦景教流行碑》在陝西

西安西南的周至縣出土。碑文中大量使用佛教名詞，稱「教士」為「僧」，稱「教堂」為「寺」，稱「耶穌」為「世尊」等，使人以為景教不過是佛教的一個支派。還是當地一個曾與利瑪竇有過交往的舉人，覺得碑文所記與利神父所言有些類似，遂將其拓下，寄給了杭州的李之藻，李仔細研究一番才揭開景教的謎底，這對當時每個耶穌會士都是一個特別的鼓舞。人們從碑文中得知，早在唐太宗貞觀九年（635），天主教的聶思脫里派的阿羅本氏來到中國傳播天主教——這也反映了盛大的唐朝對外來文化相容並蓄的博大胸懷。聶思脫里（380—451）是東羅馬帝國君士坦丁堡的主教，因對聖經解釋的不同，他的教派被西方教會視為異端，通稱為敘利亞教會或波斯教會。自主教阿羅本來華後，在唐太宗、高宗、玄宗、肅宗、代宗和德宗諸帝的優待下，得到一定的傳播和發展。耶穌會教士們自然想到的是，既然早在唐朝天主教已經在中國出現，那麼在千年之後的明代自然應該得到更加廣泛的重視和認可了。

天啟七年（1627），湯若望被委派去西安管理陝西教務，在西安停留了三年。湯若望雖然肩負傳播教義，發展教徒的重任，但他一刻也未停止對天文學的研究。

儘管西安在唐朝曾經有過一度的輝煌，但畢竟那是一千年前的事情了。現實中的西安閉塞、落後、貧窮，已是今非昔比了。由於人們思想的保守，而且沈㴭掀起的「教難」風潮尚未過去，都給湯若望的傳教工作帶來許多的困擾。當地的平民百姓對這西方來的宗教，首先從外在的形象上就不接受，中國人從他們簡單的邏輯推理上，不禁發出這樣的疑問——既然耶穌是天主的兒子，怎麼會讓他釘在十字架上？中國人是現實的，可見這天主是靠不住的！湯若望到了西安連下榻之處一時也找不到，所遇到的都是冷言冷語，不但百姓如此，士人也不稍假以顏色。湯若望在絕望中感歎道：「南京的監獄也比西安的環境要好些！」

但是，顯然這些艱辛都在湯若望的意料之中了，他謙卑地對待周圍的冷眼，誠懇地向群眾解釋他們的疑問。終於，反對他的人被感動了，他們知道這樣的好人是不會教人學壞的。湯若望在西安打開局面，還得力於原籍陝西的天主教徒王徵。

王徵（1571—1644）字良甫，號葵心，陝西涇陽人。他24歲中舉，52歲

這是道光皇帝於1845年2月解除禁教令之後,外國傳教士到邊遠農村去傳教的情形。

中進士。王徵在44歲時讀到了龐迪我神父的《七克》一書,深為嘆服,便在京師參加會試的時候會見了這位神父,並受洗成為教徒。在王徵的幫助下,湯若望在西安建造了一座小小的教堂,使他的佈道有了根據地。人們逐漸被這新穎的理論所吸引、懾服,終於有五十多人在湯若望的見證下受了洗。在教內外熱心人士的贊助下,湯若望居然又修建了一所大些的教堂──即塘坊街天主堂的前身。原來的小教堂改為女堂。

3. 不是什麼人都可以研究天的

崇禎三年(1630),在北京欽天監的鄧玉函神父去世。

鄧玉函(Johann Schreck,1576─1630,德國人)字涵璞,他堪稱是當時西方傳教士中最博學的一個,他研究的領域涉及醫學、哲學、數學;他會希伯來、加爾代、拉丁、希臘、德、法、英、葡萄牙等國文字,另外,他的博物知識,如動物、植物、礦物、魚類、爬蟲、昆蟲都有相當的造詣,因此他的繪畫也極工。鄧玉函來華前,曾在歐洲行醫,其醫術為王公貴族所

傳教士準備下鄉傳教。

稱道。另外，他是伽利略的至友，自然，他的天文學知識不可等閒視之。為此，鄧玉函於1611年5月3日被推舉為教廷科學院（Pontificia Accademia delle Scienze）前身靈塞科學院（Accademia dei Lincei，也稱猞猁學會，取義於猞猁目光遠銳）的院士，也是該院的第七名院士。是年的11月1日，鄧玉函加入耶穌會，停止外界的一切俗務。伽利略只比鄧玉函早八天成為該院第六名院士，當他得知鄧玉函加入耶穌會之後，很是惋惜，認為是科學界的一大損失。

鄧玉函跟隨金尼閣，於1621年到達澳門。他在澳門期間也曾行醫，是第一個在中國做解剖手術的西方人。不久，他到杭州住在李之藻家裡，翻譯了《泰西人身說概》上下二卷，系統地介紹解剖學原理。天啟三年（1623），他奉命來到北京。在尚未參加修曆之前，他曾潛心研究機械學，與王徵合譯了《遠西奇器圖說》，介紹了機械原理和製作技術。出於他對醫學的興趣，

對中國的醫藥也表現了極大的關注，曾親自品嘗草藥，以證實中藥的療效。

鄧玉函注意到中國朝廷對修訂曆書的重視，而日食又是修曆中極重要的事情，所以他曾經通過他人向伽利略求教，希望能夠得到他們用新法計算日食的技術，但是伽利略卻沒能幫助他。鄧玉函轉而謀求過德國天文學家開普勒的幫助，可惜他沒有來得及得到開普勒的答覆就去世了。那時，鄧玉函已經拋棄了亞里斯多德的理論，採用了第谷理論，即太陽、月亮圍繞地球旋轉，而其他五大行星圍繞太陽旋轉。雖然比起托勒枚的學說進了一步，可仍然不是最科學的。當時哥白尼已經提出新的理論，認為不是太陽圍繞地球轉動，而是相反，是地球圍繞太陽旋轉。但是，在當時巨大的正統理論的壓力下，哥白尼一直不敢公布自己的學說。而且，認同哥白尼學說的伽利略受到羅馬宗教裁判所的審判，遭禁錮多年。

崇禎二年（1629），徐光啟向朝廷上疏，推薦龍華民、鄧玉函參加「曆局」——其址在宣武門的「首善書院」舊地，從事修新曆，以訂正舊的《大統曆》中的錯誤。同時，由他們二人督造天文儀器，及望遠鏡、自鳴鐘等。但是，鄧玉函的健康狀況不佳，在澳門時即為疾病所苦，在北京又不辭勞苦地工作，終於在崇禎三年（1630）病逝，年僅55歲。

徐光啟早在七八年前就曾接觸過湯若望，深知他的學術和能力，便毫不猶豫地選擇了湯若望、羅雅谷兩人接替了鄧玉函的工作。羅雅谷（Jacques Rho，1593—1638，義大利人），字味韶，貴族後裔。天啟四年（1624）來華，初往山西傳教，崇禎三年進京參加修曆。他與湯若望分工合作，他負責觀測行星，日夜觀察其距離，測算其方位，翻譯書籍，製造儀器，還要對那些誹謗他們的官員們給以答辯。

在講究「天人合一」的中國，歷朝歷代的統治者無不重視天文曆法，觀測、推斷天象稱為「天算」。據傳，黃帝時代，設有春官、夏官、秋官、冬官和中官，分管四季。帝堯在位的時候，派人駐在四境的極端，觀測太陽在四季中的標準位置。東方的曆官找出晝夜平分的一天，作為春分。南境的曆官找出白晝最長的一天，是為夏至。西境夜間與白晝相等時為秋分；北境白晝最短則為冬至。傳說帝舜不只派遣曆官，自己還親自用璿璣玉衡（球形和管狀的儀器）觀察日月和五星的運行。至商代，曆法已經基本完備。以29或30天為一個月，十二個月為一年；並有閏月，放在年終，這時一年則有十三

個月。一年有四季，一二三月為春季，依次類推。那時的曆法雖然簡單，但卻是官民極關心的一件事情，因此乃全國上下共同需要的「工作進度表」也——生活以其為準繩，宗教活動及初期的農業更是離不開曆法。

重視曆法，這還與中國人的敬天傳統有關，而敬天正是封建皇權神授的理論支柱。皇帝自稱天子，他是代天管理天下，每年冬至到天壇祭天，都是彰顯這一理論。掌握天文曆法，觀星象，占天象，不只為了頒曆書，授民時，也是皇權的重要象徵。而且天上的一切變易都和世上的禍福相關，如果大家都知道了天的祕密，那還了得？所以這門學問不是什麼人都可以研究的。於是，研究天文成了皇家的御用特權，欽天監專司其事，平民是不得染指的。所以那些欽天監的官員們對一個外國佬來測天，是很不以為然的。

可是，明朝所用的《大統曆》乃元朝郭守敬參照《回回曆》制定，所依據的理論還是地心學說。分秒的誤差積累到了明代中期的成化年間，已經顯而易見，體現在日月食的預測往往不準。利瑪竇到北京進奉西曆後，更突顯舊有曆法的缺欠。

湯若望畫像

崇禎四年（1631），湯若望第二次來到北京，參加曆局，協助徐光啟、李天經編修《崇禎曆書》一百三十七卷。其中，湯若望完成的篇目有《交食曆指》、《交食曆表》、《交食諸表用法》、《交食蒙求》、《古今交食考》、《恆星出沒表》等十七卷。這些著作都是他和徐光啟、李之藻、李天經等人夜以繼日地工作，反覆切磋琢磨完成的。

湯若望除了編譯有關天文、曆法方面的專著外，還注意到普及科學知識來破除當時普遍存在於中國的迷信觀念。例如中國的曆書中，對於婚、喪、嫁、娶，以至出門探

親、訪友、沐浴、剃頭、夫妻敦倫都要挑選吉日。人們一天清晨起來，想要做什麼事情，先要看看曆書，再決定其行止。在湯若望看來這實在是極可笑的事，他針對此，寫了一本《民曆鋪注解惑》，詳細地剖析了某些迷信觀念的謬誤之處。自然，作為有神論者，他本身也有迷信思想，但是他在注重民俗的同時，又著眼於實際民生，究竟有些實用價值。

崇禎五年（1632）5月4日，徐光啟因觀察月食，跌傷腰部，從此身體大不如前，湯若望曾多次前往探望，並搬到徐的家中陪伴他。徐光啟也以後事託付於他，諸如曆局的工作安排，臨終的聖事等等。在由湯若望為徐光啟做完終傅禮之後，1633年11月8日徐光啟平靜去世。在去世前一天晚上，徐光啟還給崇禎帝上疏，一方面高度評價了湯若望、羅雅谷在曆局的工作──撰譯書表，製造儀器，講教監局官生，數年嘔心瀝血，幾於穎禿唇焦，功應首敘；一方面對日後的安排向皇帝提出建議，並建議皇上獎勵他們房產田地，作為將來安身養老之需。

崇禎初年，在徐光啟的極力主張下，崇禎帝也傾向於修改曆法。可是，守舊的也大有人在──有的純屬是思想頑固，有的則是為保住自己飯碗，忌賢害能就更等而下之了。崇禎十年（1637）正月初一的日食，是考驗新舊曆

湯若望修訂的《崇禎曆書》

法的關鍵時刻。因為，中國人一向認為日月食是不祥事件，所以極為重視其出現的時間。《大統曆》和《回回曆》對這次日食的預測的誤差很大，而西曆預測則要準確得多。崇禎帝決定廢《大統曆》，而用新法，可是頑固守舊的官員，以及他們策動的皇宮內的宦官們，交章彈劾新法。在這些人的影響下，新曆遲遲得不到頒布推行。崇禎十六年（1643）三月初一的日食，又是西曆預測準確，八月崇禎帝下詔真的要實行新曆了，可是第二年大明國就顛覆了。

湯若望除了著述之外，他還向朝廷進獻了他和同事們從歐洲帶來，或是在中國製造的儀器。如崇禎七年（1634），他進奉望遠鏡、天體儀、日晷等。據說，崇禎皇帝命令造臺，放置儀器，自己還親自上臺觀望，所以皇帝對西方教士們的學問還是極表欽佩的。為此，崇禎十一年（1639），皇上題寫「欽褒天學」的匾額賜給湯若望。禮部也向湯若望、羅雅谷各贈送一塊「功堪羲和」的匾額。崇禎皇帝是個有理想又勤於政事的君主，只可惜，他生性躁急，而且面臨著岌岌乎將傾的天下，許多該做的事情已經來不及做了。

湯若望致力於欽天監曆局的工作外，也努力於他的傳教事業。崇禎十一年4月，他前往河北獻縣傳教，親自為五十多人施洗，從而使獻縣成為中國北方農村最早成立的天主教基地之一，包括主教坐堂、圖書館、醫院等。

崇禎十三年（1640），崇禎帝忽然想起利瑪竇獻給萬曆皇帝的那架西洋琴來，可是多年束之高閣的這架鋼琴需要重新調弦，遂將湯若望找來。一心想要以天主教理對皇上施加影響的湯神父，在給皇上演奏西洋音樂的同時，趁機給皇帝獻上兩件禮物，一是《進呈書像》羊皮紙書，上面繪有耶穌經歷和事蹟；一是三王朝拜聖嬰像。這時，皇宮中已有不少太監與宮女，宗室中也有親王、誥命夫人信了教。後來，宮中還建了一個小教堂，使宮中領洗的人可以去做彌撒。

這一年，湯神父升任北京傳教區區長。

4. 為了天主的大炮

湯若望來到北京後，接觸了許多士人、官員，除了傳播天主教義之外，他以其廣博的知識吸引著眾人。其時，任翰林院檢討的方以智與之交往密

切。方以智的愛好廣泛，對天文、地理、文學、曆書、醫學、物理、音韻、宗教都有涉獵。因此對湯神父帶來的西方知識殊感興趣。他和湯神父探討的問題涉及了醫學、天文、人體解剖、臟腑經絡等。湯若望對方以智的影響還波及了下一代，方以智的兒子方中通也到北京遊學，師從湯若望及波蘭籍神父穆尼閣（Jan Mikolaj Smogulecki，1610—1656）學習算學，後來在清廷的欽天監曆局任職。方中通有詩《與西洋湯道末先生論曆法》：

> 千年逢午會，百道盡文明。漢法推平子，唐僧重一行。
>
> 有書何異域，好學總同情。因感先生意，中懷日夕傾。

　　湯若望對待朋友一貫是真誠相待，頗有幾分俠義心腸。崇禎四年（1631），孔有德攜耿仲明、李九成叛明投清，並率兵攻打登州城。山東登萊巡撫孫元化急命手下參將張燾救援，因事屬突發，措手不及，登州居然陷落。孫元化、張燾受牽連，被逮進京，都被判處死刑。孫元化（1581—1633），江蘇嘉定人，師從徐光啟，著有《幾何體論》、《幾何用法》等書，並善用火炮技術，因此被徐光啟推薦為登萊巡撫。張燾則是李之藻的門人，在利瑪竇手中受洗。徐光啟、湯若望為挽救二人的性命多方奔走，不能奏效。在臨刑前，湯神父為能給他們兩人做臨終祈禱，遂不顧個人安危，化裝成「煤黑子」，潛入死牢。在牢中，湯神父陪伴二人一起誦讀《聖經》中有關章節，使其在臨刑前精神得到安撫。

　　湯若望的成就是顯著的，可是崇禎皇帝在內憂外患之下，無暇顧及他的工作，也並沒有重用他的意思。自崇禎皇帝即位以來，後金在關外的不斷騷擾就已經使他頭痛不已，後來又爆發了李自成、張獻忠的農民軍起義，更使他寢食不安。崇禎十五年（1642），御史楊若橋鑒於戰爭需要，推薦湯若望製造火炮禦敵。可是吏部侍郎劉宗周卻不以為然：「唐宋時，也沒聽說使用大炮，再說湯若望一個西洋人懂得什麼？他在曆局編曆即非春秋尊中國之意，還是令他回國去吧！」這劉宗周其實是個不折不扣的東林派忠臣，不但在魏忠賢時期和閹黨作不懈的鬥爭，南明小朝廷時和馬士英、阮大鋮也是誓不兩立，最後在清軍佔領中國大部領土的情況下，絕食而亡。可是，其思想的迂腐卻也是驚人的。

　　其實，早在天啟初年，徐光啟鑒於邊防需要，就曾上疏要求添置西洋大炮。熹宗皇帝就命葡萄牙神父陸若漢（Jean Rodriguez Tcuzzu，1561─1634）帶領二十多洋人鑄炮，並命名為「紅夷大炮」。後來，朝廷又從澳門葡萄牙人手中進口了一批西洋火炮，卻將之束於兵器庫之高閣，從未派上用場。直至天啟六年（1626）努爾哈赤率軍進犯寧遠城，遼東巡撫袁崇煥奏調紅夷大炮，將其布置在寧遠城的四面城牆之上。這紅夷大炮火力極強，需在旁邊掘一掩體，點火後立即翻入掩體，才可避免傷害。努爾哈赤憑藉其兵力眾多，向寧遠發起輪番猛攻。袁崇煥命令手下唐通判親自點火放炮，唐通判不知道紅夷大炮的威力，竟被炮火震死。不過，炮火也將努爾哈赤擊傷，不久亡於瀋陽。這是明朝唯一一次以少勝多的大捷，那門大炮被封為「安邊靖虜大鎮國將軍」。自此，始於萬曆四十四年的「教案」才暫告停止，洋人傳教士的地位也隨之改善許多。

　　再說，此時邊疆一再告急，崇禎九年（1636），錦州失守，皇帝不顧眾人反對，決定任用湯若望鑄造火炮。但他並不知道湯若望到底有多大的本領，於是他派人事先察訪一下。那人並沒有亮出身分，只是談到內外形勢的緊迫，並假裝好奇地東問西問。湯若望是個健談的人，遂說出自己的看法，中間提到可以用火炮對付敵人的進攻；並述及鑄炮的原理，所需的材料，具體的步驟等等。來人聽罷，忽然出示了皇帝的聖旨，以無可商量的口吻令湯若望負責督造火炮。湯若望這時才發現墮入對方的圈套，只好告訴那人，他只是從書本上面了解一些基本知識，並無實際經驗。來人不聽他的解釋，告訴他聖旨已下，是絕無迴旋餘地的。湯若望甚至還給皇上上疏一道，也沒挽回皇上的旨意，事情就算定了下來。

　　可是，在腐敗的明末政局下，要想有所作為談何容易。內監、外官朋比為奸，請客、送禮時大把的銀子毫不吝惜，真要做事時卻拿不出錢來，湯若望氣憤地說：「難道不用花錢，就靠法術，念個咒語，就可以把槍炮變出來嗎？」幾經周折，費盡口舌，終於有了眉目。崇禎八年（1636），湯若望在紫禁城內開闢出一塊空地作為實驗場，三十多個太監成了他手下的學徒工。在鑄炮過程中，崇禎帝在焦急等待的同時，時而也不斷地詢問火炮的大小、樣式、射程等問題。湯若望為了使皇上對他所造火炮有一直觀的了解，特意造了一個木製模型。模型的構造一如實物，有的構件還以銅鐵製成，且莫以

為這小小的木模簡單，實乃集中了木工、金工、鑄工等多種工藝，顯示了德國人的心靈手巧的技藝和一絲不苟的作風。

不得不佩服那時西方的通才教育，很快湯若望把書本上學來的知識變成了實際的產品，他造出了20門火炮，可發射40磅的炮彈。不久又造出輕型火炮，只需兩人，或是一頭牲口就可攜帶。崇禎皇帝親自觀看了實彈演習，對火炮的威力大加讚賞，於是又拿出他的慣伎──賜贈匾額兩方，一方頌其功勞，一方讚其教義。皇上又令湯若望加些緊，再造五百門輕便小炮。

湯若望不但成功地鑄造了大量火炮，而且因之寫出相應的理論著作《火攻挈要》二卷和《火攻祕要》一卷，為當時介紹西洋火槍技術的權威著作。該書論述了火器的歷史、現狀、西洋火器的優點、製造火器的方法、製造火藥及燃放方法等。同時書中論及武器與人的關係，指出「寶劍必傳烈士，奇方必須良醫」的道理。可能，湯若望已經看出，腐朽透頂的明朝政權行將滅亡，大廈將傾，使用任何先進武器也無濟於事的。

實際上，傳教士何嘗不想為挽救大明帝國出力，崇禎十二年（1639），耶穌會士畢方濟（Francesco Sambiasi，1582—1649，義大利人）曾上疏皇帝，稱：「臣蒿目時艱，思所以恢復封疆，而裨益國家者：一曰明曆法，以昭大統；二曰辦礦脈，以裕軍需；三曰通西商，以官海利；四曰購西銃，以資戰守。」崇禎帝還於十六年（1643）曾命湯若望協助辦礦，但都無濟於事。

威力巨大的紅夷大炮也未能挽救明朝垮臺的命運。李自成的農民軍也學會了造炮，而且經常可以從那些腐敗透頂的官軍手中奪取大炮，以其人之道，還諸其人之身。崇禎十七年（1644）三月十九日，李自成兵臨城下，崇禎皇帝先是令皇后、嬪妃們全部自盡，打發三個兒子逃出宮廷，然後從皇宮後門逃往煤山，自縊於後山的槐樹下。身上留有遺書一份，道：「朕無顏見先帝於地下，將髮覆面，任賊分裂朕屍，決勿傷我百姓一人。」

在農民軍攻入北京之時，舉城惶恐不安，有的大臣殉崇禎帝而死，有的南下逃亡，與朝廷關係密切的外國人多半也不敢滯留北京。湯若望卻仍然守在宣武門內的教堂中，那裡有他視為聖物的聖壇、聖像，還有許多珍貴的天文儀器，及修訂曆書的刻版。有人勸湯若望暫時避一避的好，生命都成了疑問，還能顧及其他嗎？一位與之過從甚密的人警告他：「皇上的恩典不是永世長存的。」可是湯若望冷靜地回答道：「如果這個皇帝不在了，會再來一

崇禎皇帝殉國處

個，對我們也許會更好。」他似乎已經覺察出，改朝換代是歷史發展的規律，他更關心的是他的事業——作為一個外國傳教士，自然不能以儒家的禮義去衡量他。還好，在宣武門內一帶房屋多半燒毀的情況下，農民軍沒侵犯教堂。教堂居然奇蹟般地保存了下來，天主堂、聖母堂，還有幾間小屋都完好無損。他所牽掛的那些圖書、曆書刻版也都沒有損壞。

農民軍以驚人的速度腐敗著。李自成進京後第三天，幾個下級軍官來找湯若望，說，二大王有事找他。湯若望跟著他們來到原來吳三桂的府邸，見到了二大王劉宗敏。只見這個鐵匠出身的農民領袖與一幫屬下，正在大廳裡欣賞女伶們唱戲——陳圓圓很可能也在其中。見湯若望到來，劉宗敏匆匆把伶人們趕散——原來他是請湯若望來為李自成登基挑選好日子的。湯若望見到劉府上下亂哄哄，有人在拷打明朝投降官員勒逼財物，有人從外面抬著強

索來的箱櫃進來。湯神父嘴上不說，但是心裡不禁疑惑——這些人能長久麼？很快清兵入關，形勢丕變。在清軍大兵壓境的情況下，李自成坐了一天的龍廷後，匆匆西逃。臨走時，一把火將北京點燃，不管是皇宮還是民房。只聽得房屋倒塌聲、爆炸聲、難民的哭嚎聲連成一片。北京房屋多半被焚毀，整個城市變成一個火場，其熱度之猛，連城外可以看見的樹木的枝葉全都烤焦了。矮小的植物盡都枯死，初春的天氣竟與嚴冬別無二致。在此嚴酷的形勢下，湯若望並不是只關心他的小天地，而是外出救助傷患，安慰他的教民。所幸教堂安然無恙，可是他為宮廷造的各種天文儀器全都燒毀了。

趁火打劫的亂民也不放過他。在李自成撤走的第三天，一夥人將教堂團團圍住，他們手持鐵棍、木棒，把第一道大門撬開之後，又設法打開第二道大門。有些人則爬上屋頂企圖翻牆進入室內。湯若望鬧不清他們的目的是什麼，便手持倭刀，雄糾糾地站在大廳的門前，似乎有一夫當關，萬夫莫開的氣概。那些爬到房頂上的人見到這個長鬍子老外擺出一副拼命的架勢，立即軟了下來，連忙說，他們是來捉拿匪人的，既然沒有匪人，也就不必再進去了。湯若望看到為首的是附近住著的兩兄弟，幾個月之前曾向他借錢，遭到拒絕，因此糾集一群歹徒想要發國難財。

5. 釋迦牟尼勝了耶穌一局

六歲的順治皇帝在北京坐了龍廷之後，四個南明政權又苟延殘喘了十幾年。

最先在南京繼位的弘光帝朱由崧，在大敵當前之下，照樣吃喝玩樂，終於把國家玩丟了。朱由崧在大兵壓境的情況下，也曾通過耶穌會士，求助於天主教會。原來，朱由崧在河南藩邸時，就與畢方濟神父相識。稱帝後，他即派人請畢方濟入朝襄助，詔書中稱畢「誠事於天，端於修身，信義素孚」等等。清軍南下後，弘光帝見那些軍閥們抵擋不住，派畢方濟到澳門，想借一支葡萄牙軍隊幫他抵抗滿洲人。畢方濟於1645年3月由南京出發，走到半路，就聽說南京失陷了。

南京失守後，唐王朱聿鍵稱帝於福州，建年號隆武。畢方濟也是朱聿鍵的舊識——這些傳教士都是慣於走上層路線的，於是被請到隆武朝廷。唐王也不是和他談論天主教義，還是請他去澳門搬兵。同時，魯王在紹興自稱監

國，一年後，被清軍所迫，投靠鄭成功，最後死在臺灣。唐王在清朝大軍入閩後，被俘，自縊而死。

接著，瞿式耜、丁魁楚等奉萬曆帝之孫桂王在廣東肇慶為帝，史稱永曆帝。永曆帝也重用畢方濟，而且瞿式耜，太監龐天壽都是天主教徒，永曆帝的皇后，嬪妃五十餘人，官員四十餘人，以及天啟帝的遺孀——現在升格為太后，都是基督徒。除了永曆帝沒有入教外，永歷朝廷幾乎可算是準天主教朝廷了。太后甚至派了卜彌格神父去羅馬教廷，請求教皇、耶穌會會長幫助他們「保佑我國中興太平」。畢方濟也曾從澳門借來一支三百人的葡萄牙軍隊，帶著大炮，替永曆帝收復了一些失地。可是，不爭氣的朝廷官員們忙於黨爭、內訌。所以，當卜彌格帶著教皇的信件回到中國南境時，這個南明小朝廷已經壽終正寢了。

事實上，澳門的葡萄牙當局已經看出南明的幾個政權都成不了大氣候，而且清軍節節取勝，為了避免開罪新朝廷，也不敢真的幫助這些行屍走肉般的腐敗者。

這也是當時中國政局的一個有趣現象，幾個同時存在而又相互敵對的政權中都有耶穌會士的影子。

三、湯若望在清朝

1. 觀象臺變成了擂臺

在一片燒焦的瓦礫中，清廷接收了北京城。大批的滿洲、蒙古的八旗勇士們潮水般地湧了進來，住房成了一個頭痛的問題。執政的睿親王多爾袞（1612—1650）下令漢人一律搬到外城——可以想見一個偌大的北京城，千萬戶人家扶老攜幼，帶著鍋碗瓢勺……該是一幅怎樣淒慘的景象啊。湯若望聞知這一消息，立即上書給多爾袞，介紹了自己傳教和修曆的工作，表明了願意為新朝服務的意願，請求給予特殊的關照。多爾袞的謀士范文程十分重視他的上疏，以儒家政治的角度，他自然明白天文曆法和王朝興替的關係，特意接見了他。多爾袞批准了他的請求。湯若望再次保護了他的教堂，他的文獻。

對於中原的爭戰者來說，西方傳教士無疑是局外人，他們不想參與政權

的角逐，也無意這裡的財富，地位十分超然。雖然湯若望曾經為明朝服務過，可那甚至連雇傭關係都說不上，自然中國儒家的倫理道德對他們並無約束力。他們忠於的是教會、教皇，他們服務的是中國人民。誰能夠穩定中國的局面，為他們提供傳教的有利條件，他們就與之合作——這個道理是再淺顯不過了。

多爾袞畫像

　　清朝統治者面對滿目瘡痍的龐大國度，百業待興，急需的是人才。多爾袞不但招降納叛，甚至用刀劍逼著前朝的士人出任新職，所以對於湯若望的自動上門是求之不得的。再說，明朝的曆法不準，也是失去天下的一個原因——多爾袞就這樣認為，現在大清國定鼎之初，天運開新，正需要新曆，這方面的專家真是打著燈籠都難找啊！

　　湯若望為取得新朝的信任，進獻了一份圖表，預告了將要發生在當年八月的日食和明年正月的月食；他還呈獻給清廷三件儀器，計有渾天星球儀、日晷、望遠鏡各一。對於儀器，官員們笑納了，可是預測的日、月食卻是要證實的，這裡是絕無情面可以通融的。順治元年（1644）八月初一，大學士馮銓率領欽天監官員，以及湯若望等人一起登上觀象臺。信奉大統曆、回回曆的天算學家對此也有預測，但時間上稍有差別，到底孰是孰非，將在此一比高下。結果，還是

現代的多爾袞畫像

湯若望的西曆預測的分秒不差。

攝政王也懂得實踐是檢驗真理的唯一標準的道理，於是清廷決定採用湯神父編訂的新曆，命名為《時憲書》。接著，又任命湯若望為欽天監監正，即欽天監的總負責人。湯若望表示堅決不受，因為他入耶穌會時曾發過四誓，絕財即是絕宦；再說他來中國的目的是傳教，研究天文不過是為傳教服務；更何況他來中國多年，熟知中國人情世故，在中國做官不單靠本事，主要是關係。可是，他的推辭朝廷屢次不准。關於他任監正及修訂曆書一事，在耶穌會中也引起兩種相反意見的爭論，有些人堅決反對他出任中國政府的官員。最後耶穌會中國教區首領奧里瓦（Oliva）於1664年徵得教皇亞歷山大七世的同意後，准許他擔任該職。於是，湯若望只好勉為其難地做了有史以來中國第一位欽天監洋人監正，並加太常寺少卿銜。但是，他提出了唯一的條件，就是他只負責觀察星辰、日月、季節等自然現象，至於曆書中間的吉凶日子的判斷，事涉迷信，他是不能參與的——不過，由於強大的習慣勢力，欽天監時常向皇帝進呈一些「觀候」、「占卜」之類的報告，大概即使湯若望不盡同意，也是無可奈何的事情。之後，他為了諷諫皇帝，也不得不採用了「天象示警」之類的老套，更是違心的了。

後來，朝廷又加其通政使銜，官秩正一品。其地位是在中國的洋人絕無僅有的。湯若望向所有傳教士們宣布，彼此見面，不可因為他的官職地位而行禮，因為他仍然把自己看成是個普通教士。朝廷給予的俸祿，他一概辭謝不收，以前欽天監監正所享受的待遇也全部摒絕。

2. 順治帝與湯若望的純真友誼

順治皇帝即位時只有虛齡六歲，軍國大事由他的叔父，攝政王多爾袞掌管。同時，不可忽視的另一個權力中心人物就是他的母親——孝莊太后。

孝莊太后（1614—1687）出身於蒙古科爾沁部的博爾濟吉特氏，十三歲成了皇太極的妃子，長久在宮廷中生活，練就了她深謀遠慮的政治手腕。她為了兒子帝位的穩固，竭力周旋於多爾袞。雖然關於太后下嫁，史家尚有爭論，但她與攝政王的情感糾葛則是一致公認的。自然，這其中大部分的考慮可能還是著眼於兒子，可是做兒子的未必理解她的苦心，反而因此生出一些嫌隙，使得母子關係並不融洽。

早在順治登基之前，孝莊太后就為將來的皇后煞費苦心。最終，她和攝政王多爾袞選中了她哥哥吳克善的女兒博爾濟吉特氏。順治八年（1651），吳克善提前把女兒送到宮中，讓她熟悉宮中生活和禮節。但是，順治帝並不領情，拒絕大臣請他完婚的請求，推遲了婚期──這也反映了對多爾袞和母后替他訂婚的不滿。不料，這位未來的皇后突然生病，怎麼醫治全不見效。孝莊太后想起了湯若望是個博聞廣知的人，便派三位宮女──其中有那著名的蘇麻拉姑，去他那裡求醫問藥。宮女們隱瞞

順治皇帝朝服像

了病人與自己的身分，來到湯若望處，只說出病人的年齡和病症。湯若望抱歉地對那宮女說，他不是醫生，手裡也沒有藥物可以治療這種病。在宮女們一再請求下，他送給宮女一個十字架，並說，將其放在病人身上，祈求天主保佑，或許可以治癒。湯若望可能根據宮女們說的病症，推測不過是感冒之類的小病，隔幾天自然會不治自癒，故意賣了一個關子。孝莊太后按照湯若望所說的做了，博爾濟吉特氏居然奇蹟般地痊癒了。過了幾天，宮女們攜帶許多貴重禮物向湯若望表示謝意，湯若望卻堅決不收。宮女只好對他說明，閣下救了太后的侄女，即是未來的皇后！太后送閣下的禮物若是被拒，將置太后的臉面於何處？湯若望一聽，把禮物問題提到如此高度，只好恭敬不如從命了。

孝莊太后為此事十分感謝湯神父，又見他是如此一個謙謙君子，便讓宮女轉達她的敬意，並表示願意像對待父親那樣，禮敬他；也希望湯神父把她當作自己的女兒，因此便有了孝莊太后認湯若望為義父的說法。據說，湯若望送給孝莊太后一個十字架，三十多歲的太后拿著當了裝飾品，毫無顧忌地佩於胸前。因此，有人說太后在湯的手中受洗，皈依了天主教，並認湯若望為教父。其實，孝莊出身蒙古皇族，歷來篤信喇嘛教，即使她曾經參加過某

些天主教的宗教儀式，也是認不得真的。再說，既然太后與湯神父有了這一層關係，順治皇帝福臨對湯若望也另眼相看，格外地敬重。順治帝是在大學士范文程的引見下，見到湯若望的。第一次談話，就對他的溫和、慈愛和坦誠留下深刻的印象。

順治即位之初，皇族內部充滿了鬥爭，當然為的是那至高無上的權力。攝政王多爾袞集權力於一身，國家大事就在自己的府邸中決定，甚至連玉璽也放在他那裡。他排除了宗室諸王，控制了三個旗（正白、鑲白、正藍），比皇上還多了一個旗。可想而知，他根本不把未成年的小皇上放在眼裡，甚至連他的手下也沒把這乳臭未乾的九五之尊當回事。一次，眾人隨同他打獵，故意引他上了一條陡峭的山間小路。福臨只好下馬步行。隨從們遂冷言冷語譏諷他道：「小時候不練習騎射，大了怎麼能行？這樣的路就下馬步行嗎？」還有一次打獵時，福臨正在追趕一頭狍子，一隨侍竟迎面射來一箭，差點兒射到他。順治心裡明白，這些人敢於如此囂張，是因為有多爾袞做他們的後臺。多爾袞名義上是攝政王，後改稱「皇叔攝政王」，又上尊號「皇父攝政王」，乃是實際上的皇帝。多爾袞頤指氣使，出入皇宮，執掌天下生殺大權，朝野內外唯知攝政王，不知有皇帝。福臨雖然年幼，但也對這位皇叔的專擅極為不滿。順治受到充分的漢文化教育，正史、小說都有瀏覽，甚至佛經也讀了不少。從小就顯示了其非凡的才識，一次他問大學士陳名夏，中國歷代帝王誰為最好，陳答，唐太宗。順治帝卻說：「不對，明太祖才是第一！因為他留下可垂永久的制度。」一個十幾歲的孩子竟有這般見識，不是庸才可知。處處受多爾袞壓抑的小皇上，其處境和心情得到湯若望的理解和同情，在一次談話中，他指責多爾袞專橫跋扈，並指出他的諸多弊政與錯誤，還以他通曉的醫學知識向福臨透露，攝政王健康不佳，可能會不久人世——可見，湯神父對年輕的皇帝是如何的忠誠，而且他們二人已經到了無話不談的地步了。

順治皇帝並非平庸之才，可想而知在強烈自尊心的驅使下，小小年紀的福臨過的是怎樣屈辱的日子。還不止這些，從讀書學習到親自理政也是一段艱難的道路。多爾袞為了便於控制小皇帝，故意多方阻止他讀書學習，以至，順治帝親政後閱讀大臣奏章的時候，簡直不知所云。於是，他每天五更起來讀書，苦讀了《四書》、《五經》等儒家經典，又通篇學習了《貞觀政

要》、《資治通鑒》等史籍。在這艱難的時候，往往是湯若望，這個外國神父給予了他最大的精神安慰。

湯若望見到皇帝很少提個人的要求，他不是講黎民百姓的痛苦，就是請求給予傳教的方便，另外他見到一些不合理的事情，也盡力阻止其發生。他曾經請皇上釋放幾百名俘虜，阻止了在北京建立大寺院的計畫等等。俗話說「天子無友」，因為皇上的話是「金口玉言」，一開口便成旨意，豈能和人隨便說話——更何況心裡話？再有皇上與臣下的關係多是利害關係，臣屬阿諛奉承為了邀功取利；再說，皇上面前一句話說錯即有性命之憂，臣下哪裡會對皇上說真心話？所以，無欲無求、不計名利、地位超然的湯若望是唯一的例外。他秉公處事，為人友善，順治帝選擇了他作為自己的知心朋友。從皇帝這方面來說，一方面還年輕，沒有過多的世故，再者，也是一時未脫關外民族的純真之氣，待他接觸漢人多了，受到帝王之學的薰染深了，漸漸便與湯若望就拉開了距離。

在此之前，順治帝還特意考察了湯神父一番。他曾多次以探望、諮詢為名，突然派人到教堂找湯神父。發現，無論是白天、晚上還是深夜，每次都是湯神父親自來開門，而他總是在忙於讀書和寫作；不然就是早已入睡。他有時還親自跑到教堂，趁湯神父不注意，把教堂的各個房間都打開看看，以為會找出藏著的婦女，結果他失望了。順治帝終於相信了湯神父是虔誠的教徒——儘管他有些不好理解，從而更增加了對他的信服和尊敬。

順治皇帝稱湯若望為「瑪法」——滿語的祖父，或父輩、師父等長者等多重意思。順治帝時常在半夜將他召進宮去，以祭過神的祭品款待他。每次湯神父進宮都是長驅直入，並不要人通報，也免去三跪九叩的禮節，君臣兩人坐在匹上，啜茗談心，猶如家人。回去時，福臨總是命人駕車將他送回住處。有時，皇上在閒暇之餘

湯若望畫像

也到他的住所，無論是禮拜堂，是書房還是花園，不拘場地和他促膝談心。有時在禮拜堂還與那些主日學校的教師和幼童一起交談，詢問他們學些什麼課程，平時做些什麼事情等等，沒有一點兒皇帝的架子。順治皇帝曾對其他大臣說：「瑪法的奏疏都是真誠的，每當朕閱讀時，就會被感動得流下眼

清初，湯若望製造天文儀器處，即南堂。湯若望在此製造了渾天儀、地平日晷、望遠鏡等儀器，獻給多爾袞，以迎合「新朝定鼎，天運開新」之義。

湯若望所製的渾天儀　　　　　　　　　湯若望所製的地球儀

淚。……別人親近我，不過是求功名利祿，可是朕賜給瑪法利祿，他卻不受。」

順治十三年前後，是順治帝頻繁訪問教堂的時期，兩年間，竟過訪教堂二十四次，並與湯神父長談。湯神父則經常不厭其煩地向年輕皇帝灌輸天主教的教理，向他介紹天主教的婚喪嫁娶諸多禮儀、風俗──他，以及所有的傳教士都誠心地希望皇上能夠信奉天主教。雖然，看起來順治帝對天主教的教理有些領悟，甚至對其中一些也表示贊同，可是他終於沒能邁進天主教的大門。這其中的原因可能有多種，重要的是由於他處在崇高的帝位之上，很難接受教會中那些嚴格的戒律。

3. 說服順治帝信教失敗

順治七年（1650），皇帝將宣武門內一塊土地，即利瑪竇所建教堂旁邊，賜給湯若望，作為建造新天主教堂的地界。這裡本是明朝天啟年間「首善書院」的舊址，書院被毀後，徐光啟等人在此研究天

湯若望所製的望遠鏡

文曆法等學問，稱為「西局」。湯若望親自制定了新教堂的設計方案，施工時，他則是總監。教堂既保持了天主堂的傳統，又具有中國的特殊風格。教堂落成後，順治皇帝親書「通玄佳境」的匾額，匾額下方是皇帝的御書，左方是孔子第六十六代孫，衍聖公的題辭，右方是大學士題辭。教堂的後院建有天文臺、儀器室和藏書樓。

十四歲的順治帝於順治八年（1651）正月親政，由於湯若望與他特殊的親密關係，從此榮譽和地位不斷降臨他的頭上。例如，當年的9月15日，皇帝在一天之內，三次加封湯若望，從「通議大夫」至「太僕寺卿」再至「太常寺卿」。湯神父竟一天內從正五品竄升至正三品的大員。按照中國官場的通例，湯若望的祖父母和父母也都得到朝廷的封誥，其祖父、父親授以通議大夫；其祖母、母親授以淑人。翌年又賜予頂戴花翎。這時宣武門內的教堂竣工，順治帝特地頒賜「欽崇天道」匾額一塊。順治十年，皇帝封其為「通玄教師」的稱號──康熙年間為避皇帝名諱，改稱通懸教師或通元教師；並加

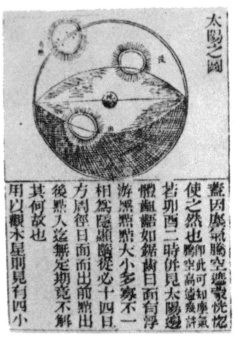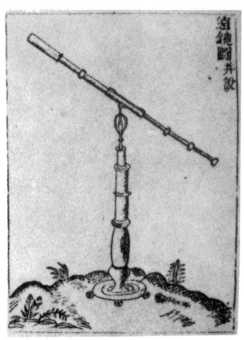

湯若望撰寫的《遠鏡圖說》，介紹了望遠鏡的製作和使用方法。

俸一級。十一年，皇帝在平則門（阜城門）外賜給其地畝一塊，以作為他異日的塋地。十二年，又加「通政使司通政使」銜，用二品大員的頂戴。十五年又授「光祿大夫」銜，且封贈三代。

　　自然，湯若望也以其忠心耿耿作為對順治帝的回報。首先他力圖塑造小皇帝以一個完美的人格，造就一個一代英主。

　　早在順治元年，湯若望就向小皇帝進獻了渾天星球儀、地平日晷、望遠鏡等儀器。這在當時都是極為稀罕的洋玩意兒，引起童年福臨對知識的渴求。他時而會提出許多天文、地理方面的問題，湯神父總是深入淺出地給以解答。福臨親政後，湯若望更是經常勸諫他，作為世界最大國家的君主，應該隨時增加自己的才能，檢點自己的行為。

　　順治皇帝的天分不差，但是由於皇帝的特殊地位、環境，使他生活在過份的逸樂之中。另外，他即位之初正處在多爾袞強大的陰影之下，在孝莊太后及忠於他的大臣的暗喻下，他也故意聲色自娛，韜晦自存；加之身邊的小人，還有唯諂媚為能事的太監們整天圍繞著他，都會使他的人性發生扭曲。總之在周圍的「醬缸」環境中，順治帝逐漸墮入女色的羅網而不可自拔。湯

若望以其歐洲人的角度和基督徒的身分，對中國宮廷的三宮六院極為反感，他以瑪法的身分經常給年輕皇帝忠告，說，天主教徒都是一夫一妻的，唯有這樣才能家庭和美，生育繁盛，後代健康。皇帝問他：「難道對皇帝也是如此嗎？」湯神父告訴他：「君主更應該為人表率！」

順治帝也曾想要理解瑪法的知識和信仰，他派人向瑪法索要有關的書籍，徹夜苦讀。第二天，他將書還回教堂，並請湯神父講解有關耶穌的生平和事蹟。當湯神父講到耶穌受難被釘十字架時，他放下手中的書，跪拜於地。

雖然湯神父未能說服順治帝信教，但還是忠心耿耿地盡一切可能幫助他。

多爾袞死後，順治的叔父，英親王阿濟格想接替做攝政王，他在護送多爾袞的靈柩回京的途中，多方活動，聯絡各方力量，準備接替多爾袞的攝政王位置。阿濟格（1605—1651）是努爾哈赤的十二子，多爾袞的胞兄，屢立戰功，地位煊赫，朝中的滿族大臣怕得罪這位皇叔，漢族大臣更不敢置喙皇帝的家務事。可是，這時福臨已經十四歲到了親政的年齡，此事讓足智多謀的孝莊太后都感動棘手——她自然希望兒子早日親政，不致使大權旁落；可是又怕那兵權在握的小叔子節外生枝。於是，她想起了自己的義父湯神父，

他不但身分特殊，而且耿直爽快，請他來遊說英親王是最合適的人選——可見孝莊太后的見識畢竟高人一等。湯若望義無反顧地接受了這個任務，他於阿濟格回京後，直言不諱地面對英親王提出，皇上已經到了親政的年齡，不再需要攝政了。在湯神父直陳各方面的利與弊之後，英親王坦然接納了湯若望的建言，當即上朝率領百官，請求皇上親政，化解了一場政治危機。但是阿濟格只是表面上接受了湯若望的勸告，實際上還在加緊他的政治陰謀，最後被順治帝關押後賜令自盡。

由於生在帝王之家，加之幼年的特殊

順治皇帝朝服半身像

順治皇帝繪《墨筆山水圖》

環境，福臨的性格有些倔強而暴躁。湯若望形容：「他心裡會突然出現一種狂妄的念頭，並且以青年人的固執，必欲實行。如果無人及時並有效地制止，一件小事也會激起他的狂怒，就像一個瘋狂的人。」可是，在關鍵時刻往往是湯神父的進言會使他冷靜下來。

順治九年（1652）十一月，率軍征討雲貴等地的尼堪大將軍中了埋伏，被永歷朝的李定國殺死，是為清朝出兵以來少有的慘敗。第二年，順治帝處分此一事件時，要將隨同出征的二百餘將領全部處決。朝中沒有一人敢替他們求情，只有湯若望據理力爭，指出尼堪勇敢有餘，理智不足，失敗被殺是他自己的責任，不應該牽連其他將領。順治帝冷靜地考慮之後，接受了湯若望的勸諫，只把那些將領做降職處分。

順治十一年（1654），國內戰事遠未平靜，許多地區又起了災荒，可謂是多事之秋。可是，順治帝心血來潮要去瀋陽祭祖。滿朝文武大臣都擔心，東北地區並不安全，萬一發生意外，後果簡直不堪設想。於是，幾位近臣出面相勸，想使他打消這不合時宜的想法。皇上卻說，他返歸故里的想法已不是一天，此願望經常折磨得他坐臥不寧，所以必須得去；至於天下大事，有你們諸位大臣了。湯若望知道了，也覺得此事干係非淺，國家不可一日無君嘛，便以他欽天監監正的特殊身分，上疏道，臣子已經多日觀察天象，而且遍查曆書，發現最近不是出行的佳期，還是謹慎為好些——湯神父當然不相信這些，不過是為了勸阻皇帝。順治帝一向是尊重湯神父意見的，遂取消了這次東北之行。

湯若望還參與了清朝的外交活動。

自從天啟二年（1622）那次入侵澳門失敗後，荷蘭人並沒有斷絕他們與中國人做生意的念頭。既然蠻幹不行，就另闢途徑。後來，由於羅馬教廷對於中國教徒可否拜祭祖先等問題引起的「禮儀之爭」，1650年，在華耶穌會派遣衛匡國（Martino Martini，1614—1661）神父去羅馬申辯。途中，被荷蘭人劫往巴達維亞。駐在那裡的荷蘭總督得知中國的最新情勢，包括清朝的建立，及與之通商的可能性等，遂立即報告荷蘭東印度公司。衛匡國搭乘荷蘭船隻抵北歐，經過德國、荷蘭，使歐洲人了解了中國最新的動態。

順治十年（1653），荷蘭派使臣謝德爾（Fredrick Schedel）至廣州，與駐在那裡的藩王尚可喜、耿繼茂交涉通商事宜。但荷蘭人既無上表，又無貢品，遂遭到拒絕。

順治十二年（1655）3月，荷蘭駐東印度總督又派了一個17人的使團，攜帶大量貢品來到廣州。在北上途中，為了翻山越嶺搬運貢品，竟雇用了九百餘人。使團中有一位兼任總管的畫家，尼霍夫（Johann Niehof）在從廣州進京的路上，畫了大量的速寫，記錄了沿途的風光、風土人情等，並集結出版，使西方人對中國有了最初的印象。此畫集曾多次在歐洲翻刻印行，可惜經過多次轉手之後，畫作原有的風格盡失，有些非驢非馬之感。

使團一行於第二年7月抵達北京，有幸見到湯若望為他們做翻譯。原來，他們在歐洲就知道有湯若望和龍華民兩個傳教士在中國宮廷供職，加上德國、荷蘭語言相近，相互溝通不成問題，直有他鄉遇故知之感。

8月19日，荷蘭使臣向皇帝遞交了國書，表示了修好，通商的意思。但他們「凡是可以停泊船隻的地方，即可准許我們通商」的要求，引起皇帝的不快，因為這與當時沿海的海禁政策相抵牾。再說，順治帝對荷蘭的情況一無所知，遂請來他的瑪法參謀。湯若望充分地對皇上施加了

約翰・尼霍夫畫像

中國皇帝和他的朝廷

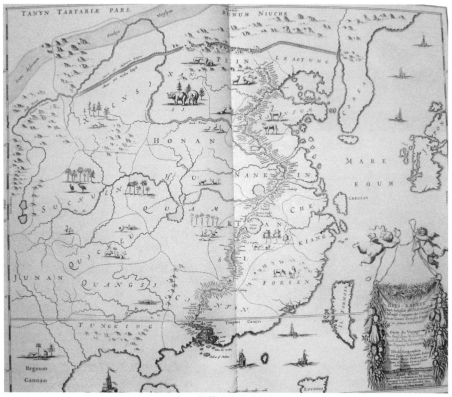

1655年，荷蘭人畫的中國地圖。

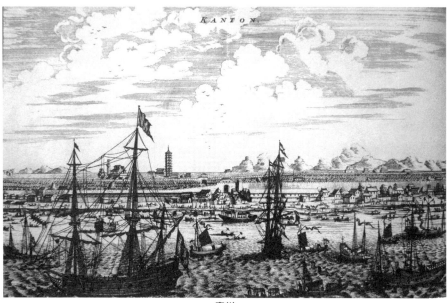

廣州

天津衛的炮臺

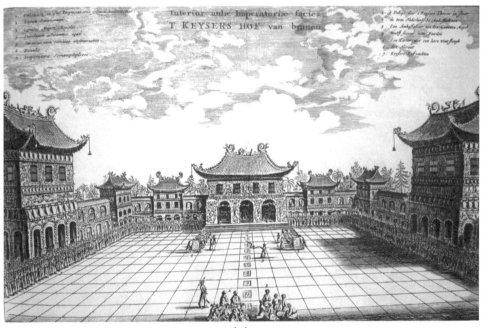

皇宮

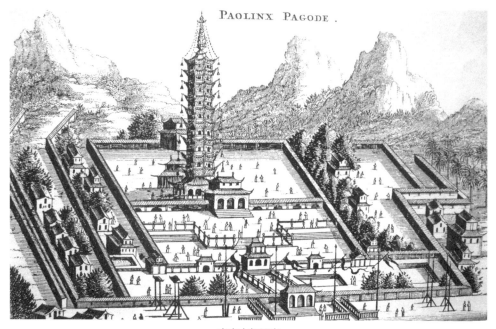

PAOLINX PAGODE.

南京大報恩寺

GRAF STEDE

巨大的墳墓──皇陵

清朝官員

廟裡的佛像，中間的佛像顯然是韋馱。

他的影響，但並沒有給他的歐洲老鄉說好話。湯神父是虔誠的天主教徒，而荷蘭人都是新教徒；再有荷蘭人在神聖羅馬帝國獨立出來，等於叛離了他的祖國。所以湯若望對順治皇帝進言說，荷蘭人一旦在中國取得根據地，必將採取軍事行動，因為他們無論到了哪裡都會修建碉堡，騷擾附近的居民，擴大他們的勢力。所以他主張乾脆將荷蘭人拒之於國門之外。可是，也有為荷蘭人說好話的，就是南方那兩個藩王，尚可喜、耿繼茂，他們認為「這是朝廷宣揚大國神威的大好機會」——實際上是為了通過與荷蘭貿易，得些經濟實惠。於是，順治帝取了一個折衷方案，在優厚獎賞荷蘭使者的同時，拒絕了荷蘭人提出的通商要求，同時將禮部提出的五年一貢，改為八年一貢。

荷蘭使節曾贈給湯若望一種荷蘭人新發現的東方竹類植物——定名為「龍腹竹」，以期湯若望為他們在皇上面前多多美言。湯若望曾將此龍腹竹展示於國子監祭酒吳梅村，吳作詩《通玄老人龍腹竹歌》。可見，此時湯若望與中國官員過從甚密，完全融入到士大夫中間。

順治朝，每當由於暴躁的皇上固執己見，遇到政治危機的時候，往往是智慧的湯若望一言挽回。

順治十五年（1658）5月，延平王鄭成功率領17萬大軍，自崇明長江口，溯江西上，企圖收復明朝江南故地。這時，他已據有四府、三州、二十四縣的地盤，除了安慶之外，江南土地大部已經收復。7月初更圍攻南京，準備一舉拿下南都。清廷為之震驚。面對這險惡的形勢，年輕的順治帝有些膽怯，他怕這威名赫赫的「國姓爺」會揮師北上，直搗北京——關外的滿族人口只有幾十萬，要想統治幾百倍於他們的漢族，說實在話，是有些信心不足的。張皇失措的順治帝甚至想要退回關外，據守盛京。他母親孝莊太后畢竟老練，看出鄭成功的兵馬不過是強弩之末，死而不僵的百步之蟲罷了。她也為兒子的

孝莊皇太后便服像

懦弱而有幾分恨鐵不成鋼的懊惱，便指斥他不該如此失態，責怪他不該有丟棄祖宗基業的想法。不想，這更激怒了福臨，他突然暴跳如雷，拔出寶劍，大聲喊道：「朕誓要與鄭成功決一勝負！」說著，將御座劈下了一塊，以表示他準備御駕親征的決心。他斥退所有勸他的人，甚至在京城內貼出了上諭，決心要去江南與鄭成功決一高下。這一驚人的決定引起人心惶惶，如果皇上在戰場上有個好歹，國家豈不又要亂了？當然，鄭成功的勢力只在東南一角，全國還有許多當務之急的事情，如果皇上丟下大局不顧，後果實在堪憂。於是，人們根據以往的經驗，又想起了湯若望。於是，上至親王，下到部院大臣，列隊於湯神父的住處，請他出馬。第二天，湯若望來到皇宮，真誠地懇求皇上不要意氣用事，應該以國家大局為重。果然，湯神父的一席話，很快使皇上平靜下來，他打消了親征的念頭，一場軒然大波平息下來。

順治帝鑒於湯若望耿直敢言，曾想讓他做一名御史，以隨時彈劾，糾正君臣的過失。湯若望知道這樣一來，自己就陷入了官場而不能自拔，反而保持自己的超然地位更為有利，所以堅辭不就。他愈是推辭，順治帝反而愈加迫他就任，說明皇上對他是如何地信任。為此引起一些人的嫉妒，為日後的冤獄埋下禍根。

位於遵化的孝莊皇太后昭西陵。

4. 湯若望一言定帝位

湯若望一心想把年輕的順治帝造就成一個賢明的皇帝，使之具備基督徒式的完美人格，可是他失望了，年輕皇帝陷在女人堆裡不能自拔。順治帝前後有兩個皇后，十四個有名分的嬪妃，要他實行一夫一妻豈不是癡人說夢。雖然湯神父一再以「十誡」教育他，尤其是第六條，勿行邪淫；第九條，勿貪戀他人之妻。福臨最不愛聽這些，一次他驟然拂袖而起，轉身而去。過了片刻，他又回來對湯神父道，瑪法說的，天下人都難以做到——那時不但是皇上，普通百姓只要條件許可，都是三妻四妾的。湯若望正色告訴他，正是因為難做到，才作為教徒的誡命。

順治親政那年的秋天，即舉行了大婚典禮，娶的是孝莊太后的姪女，來自科爾沁蒙古的博爾濟吉特氏。當初，多爾袞一方面出於籠絡蒙古人的目的，一方面也是顯示自己皇父的特殊地位；至於孝莊太后看到娘家人做皇后又何樂而不為。但是這段由皇太后和多爾袞包辦的婚姻並不美滿，新婚不久二人就不融洽。新皇后沒有文化，甚至連滿漢語也不會說；而且奢侈而好虛榮，一天之內要換幾次衣服、首飾，吃飯時有一件食具不是金的則不高興；還有，她性格極為忌妒，見到美色女子即感到憎惡，更為不堪的是她時刻防範著皇上與其他女人來往；加之生性殘忍，時常隨意毆打手下傭人。以順治帝那樣的性格，哪能容忍得了，所以兩年之中，與皇后一直形同陌路，甚至悒鬱成病，形銷骨立。終於在順治十年（1653），皇帝提出「離婚」——廢后為妃了，理由是「僻嗜奢侈，多猜忌」。孝莊太后也不願過於拂逆剛強的兒子，只好勉強同意了。翌年五月，順治立孝莊太后的姪孫女為后，即孝惠皇后。這位皇后天性淳樸，皇上又說她才華短缺，還是不理不睬。孝莊太后又將皇后的妹妹接來，封為淑妃，皇上依舊沒有興趣。原來，順治帝看上了孔有德的女兒孔四貞。自孔有德死後，孝莊太后將孔四貞接進宮來，當作女兒一般扶養。這孔四貞擅長騎射，有幾分颯爽之氣。但是她從小就由父親許配給了部下孫延齡，孝莊太后怕引起孔有德部下的不滿，所以沒有同意他們這樁好事。年輕的皇帝便更加把怒氣撒在皇后身上。

就在這個時候，福臨又看上了他的弟媳，博穆博古爾的妻子，董鄂氏。董鄂氏（1639—1660）是大臣鄂碩之女，據傳是鄂碩帶兵打仗，攻到濟南時，掠走來此探親的一蘇州女子。鄂碩欲納其為妾，她堅決不從，在壁上題

詩一首後，懸樑自盡，被救。鄂碩賞其才華，讚其志節，從此禮遇之。後來，此女子被鄂碩的真情所感，委身於他，遂生下董鄂氏這絕色女兒。

董鄂氏於順治十年被選為秀女，指配給了順治帝的異母弟博穆博古爾。二人性格並不般配，而且博穆博古爾經常出征在外，所以給皇帝造就了機會。

此事被孝莊太后及時發覺，為阻止其繼續發展，特意於十三年諭令設立東、西二宮；並有意以孔四貞為東宮。可是，被董鄂氏迷倒的順治帝對孔四貞完全失去了興趣。

博穆博古爾（1642—1656），是皇太極的「麟趾宮貴妃」所生。這麟趾宮大貴妃原來乃是察哈爾蒙古首領林丹汗的妻子，崇禎七年（1634）被皇太極作為戰利品虜來納為妃子，地位在孝莊之上。按子以母貴的原則，博穆博古爾本來地位高過福臨，只因為多爾袞與孝莊有一段特殊關係，才立福臨為帝。可是，福臨長大後也正是因為這段背景，大有輕視博穆博古爾母子的意思。

當博穆博古爾從南方征戰回來時，發現董鄂氏腹中已懷上了孩子，雖然對方不但是他的哥哥，更是當今皇帝，他還是不能忍受這奪妻之辱，不能找皇兄算帳，只好拿妻子撒氣，將董鄂氏責打了一頓。順治帝立即下旨將董鄂氏接到宮中，不久，董鄂氏懷著的「龍種」便流產了，皇帝和親王兄弟雙方便起了直接衝突，這十九歲的哥哥情急之下竟打了弟弟一個耳光。事後，順治帝為了彌補對老弟的愧疚之心，特在順治十二年（1655）二月，封其為和碩襄親王。博穆博古爾雖有親王之尊，但無法掩蓋這雙重的羞辱，羞憤之下，於十三年七月自殺身亡。順治皇帝一面於八、九兩月，兩次派人祭奠襄親王，一面在董鄂在為丈夫服孝27天之後，將她接進宮去，於十三年八月封為賢妃，十二月後即晉封為貴妃。

董鄂妃明白自己在宮中的微妙地位，所以進退有度，言行得體，穿戴樸素，寬厚待人，極力維護與太后、皇后之間的關係。皇后有病時，她竟五晝夜衣不解帶地服侍，對太后更是百般討好，以至本來對她極有成見的孝莊太后也挑不出她的毛病。

十四年，董鄂妃生子後，順治帝有意立董鄂妃為后，也沒有向她透露任何消息，便獨自行動起來。當年的臘月，孝莊太后有病，順治帝藉機發放內

帑十萬，一半用來賞賜給八旗兵將，一半用來賑濟貧民。第二年正月又以太后病癒為由大赦天下，提升了一批朝廷重臣。同時，以皇后在太后生病時「禮節疏闕」為由，停止進其中宮箋表——即已不承認她是後宮主人，下一步就是廢其名號了。如果說第一次廢后，他母后尚可容忍，這一次是絕不可讓步了——滿蒙聯盟是大清國的國策，豎子皇帝簡直要解體立國不久的滿族朝廷。由此孝莊太后和順治皇帝之間本來就不不融洽的關係更加惡化。

而且孝莊太后把這一切都歸罪於董鄂妃，認為是她在幕後挑唆，操縱，遂加緊對她的打擊。

關於董鄂妃，歷來有她乃是江南名妓董小宛的傳說，還曾引起史學家熱烈的爭論。從順治帝給董鄂妃下的評語「婉靜」二字來看，她乃是一嫵媚、嫻靜的文化女子，倒是符合江南仕女的身分；而塞外的滿洲女人則婀娜矯健有餘，嫵媚嫻靜恐怕就稍遜一些。臺灣的高陽先生力主此說，廣徵博引，也自成一家之言。但因與本文內容關係不大，略去不談。

順治十四年（1657），董鄂妃生了皇上的四皇子，愛屋及烏，順治帝準備立其為太子，可是尚未起名，這位未來的太子即告夭折——因為孝莊太后極其反對兒子與董鄂氏的結合，因此有人懷疑這小皇子的死是否其中另有內幕。順治帝竟破天荒地追封這三個月大的死嬰為榮親王，並為其建陵寢。下

承乾宮是董鄂妃的住所

葬日期和地點的選擇，是欽天監的責任，湯若望作為欽天監監正責無旁貸。欽天監原本擬就了喪葬的方案，可是，這次殯葬儀式全由禮部尚書恩格德辦理，他私自改變了下葬的時刻，並以欽天監的名義呈報。於是，小皇子就在一個被認為不吉利的時刻埋葬了。湯若望及時地發現此事，馬上上疏皇帝指出恩格德的荒唐，順治帝本打算處死他，湯若望為之求情才使他免於一死。不料，後來為此事卻興起大獄。

再說，董鄂妃見自己的愛子死去，自己的皇太后也丟了，過度的悲傷，本來就屢弱的身體終於經不起打擊，於順治十七年八月十九日在承乾宮香消玉隕了，年僅22歲。茆溪森為董鄂妃火葬點火，並做偈曰：

出門須審細，不比在家裡。火裡翻身轉，諸佛不能如。

實際上，董鄂妃的兒子夭亡之後，順治帝即在太監的引誘下，更加放縱自己，沉湎於女色之中，不能自拔。這給董鄂妃更大的刺激，也證實了她的擔心，自己將來的日子必然不好過。

關於董鄂妃的死，除了愛子夭折外，大概還有些內幕。孝莊太后在董鄂妃臨盆前，移居南苑。董鄂妃生產後，突然傳來太后生病的消息，並且令後宮嬪妃和親王大臣前往問安。董鄂妃只好在臘月的嚴寒中，驅車趕往幾十里外的南苑，而且被太后留下日夜伺候她。由於勞累再加上心裡窩火，遂落下不治之疾。看來清朝初年這場帝后之爭頗有些類似清末的慈禧與光緒的矛盾，只不過一個是親母子，一個是兩姨甥。孝莊太后與慈禧太后兩人在性格、謀略方面也有某些相似之處，只是襟懷、見識不可同日而語罷了。而且，清初正處在生機勃勃的時代，所以這場帝后之爭並沒有造成過大的災難，而清末則是日薄西山之勢，帝后之爭遂導致大清國一瞑不視。

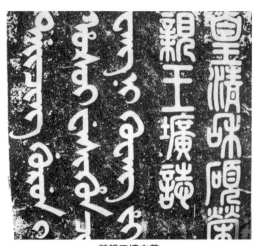

榮親王壙志蓋

福臨聽任屬下臣子的閒言碎語，置先後兩個皇后於不顧，與董鄂妃的這段姻緣就這樣曇花一現地結束了。愛子與愛妃的相繼去世，可想而知對這年輕的皇帝打擊是如何的巨大。據說，他曾一再表示了輕生的念頭，人們不得不日夜守候在他身邊，以防意外。

為了表示對心愛女人的一份心意，順治帝命大臣議諡。先擬了四個字，皇上不允，直增加到十個字──孝獻莊和至德宣仁溫惠端敬皇后，才勉強通過，但仍因沒加上「天聖」二字而遺憾不已。順治帝令朝中文學侍從擬端敬後的祭文，修改三次都未得批准，最後有一太學的中書舍人張宸，擬就一篇，其中有句云「渺落五夜之箴，永巷之聞何日？去我十臣之佐，邑姜之後誰人？」皇上看了，才流淚應允。董鄂妃的葬禮也是史無前例的。殉葬的宮女、太監達三十多人，喪儀之隆重、之豪華、之破費都是超標準的。一般情況下，皇后逝世，官員只服喪二十七天，可是董鄂妃去世，官員們一直服喪到百日之後的年底，才除服。皇上花費了大量的內帑，紮了兩座宮殿，裡面

孝獻端敬皇后董鄂氏神位

陳以珍玩寶物，最後付之一炬。七七之內，順治帝參與所有的喪儀，親臨祭奠，致使本來不錯的身體疲憊不堪，加上悲傷過度，使他對國家政事毫無興趣，萬念俱灰，早已萌生的出家念頭愈加強烈了。

早年，在和湯若望過從甚密的時候，福臨一度對天主教表現了相當的興趣，所以湯神父才有希望他入教的企望。可是，皇上對一個外國人的格外垂青，引起許多官員的嫉妒，不只是說閒話，有人乾脆上疏諫阻，說皇上經常微服私幸湯神父的住所「有褻至尊」。皇帝也怕興論，兩人的接觸遂少了下來——至於這裡是否還有孝莊太后的因素，不得而知。總之，自順治十三年（1656），皇帝十九歲之後，他對佛教產生了濃厚的興趣。

所謂，近朱者赤，近墨者黑，隨著湯神父對他影響的減弱，慢慢對天主教的熱心也就降低了。另一方面，佛教的影響卻乘虛而入。順治十四年春，皇上去南苑狩獵，路過南郊海會寺，入內歇腳時遇見了性聰（字憨璞，1610—1666）和尚——這次會見很可能是與和尚有交往的太監故意安排的，因為別有用心的太監們為了攫取權力，故意引誘皇上信佛，縱欲，而疏於政事。這憨璞對佛經、佛理造詣頗深，又巧於辭令，能言善辯，順治與之一見如故，敘談甚歡，封其為「明覺禪師」。十月份，皇帝又召憨璞至西苑萬善殿，詳細詢問當下佛門各個宗派、宗師。憨璞給他介紹了通琇（通乃表示其行輩，字玉林，1614—1675）、道忞（道也是行輩，字木陳，1596—1674）、行森（號茆溪，1614—1677）等人。此後臨濟宗僧人陸續來京，幾乎遍布京城大小寺院，皇上終於拜倒在佛陀門下，連太后也摘下十字架，皈依了佛門。

尤其是自順治十三年董鄂氏進入他的生活之後，這種影響日見強烈，因為這董鄂妃即是個虔誠的佛教徒。特別是順治十四年正月，董鄂妃生的皇四子夭折後，皇帝抑鬱寡歡，為了填補精神的空虛，他從南方召來茆溪行森、木陳道忞等僧人，住在萬善殿中；並封他們為「大覺禪師」、「弘覺禪師」，以「師兄」相稱。終日和他們談經說道，參禪拜佛，並確信自己前生就是和尚：「吾本西方一衲子，為何落入帝王家？」走火入魔之後，福臨決心出家了，他於順治十七年十月八日讓茆溪行森長老為他剃了髮，還起了個法名「行癡」，自稱「癡道人」，稱茆溪行森為師兄。很快，茆溪行森的師父玉林通琇被朝廷的詔書催到北京，聽說徒弟為當今皇上剃度，知道干係非

淺，作態要架火燒死茆溪行森。自然，這是做戲，順治帝的諭旨傳到火場，皇上答應蓄髮還俗，茆溪行森無罪開釋，使這場鬧劇圓滿落下帷幕。原來，順治帝剃度後遭到母親孝莊太后的嚴厲訓斥，湯若望神父也規勸，他只好答應以後不再提出家的事情。至此，湯神父欲說服皇上入教的企圖徹底破滅。

其實，客觀地分析一下當時的中國形勢，要中國皇帝信奉天主教，也是不現實的。滿蒙同屬東胡族，從語言、文化、風俗、習慣諸多方面都有相近之處。早在入關之前，後金政權就以武力和聯姻的兩種手法征服了蒙古，蒙古各部在征服中國的戰鬥中也出力不小。入主中原後，清廷為了邊境的安寧，仍然採取拉攏蒙古、西藏的上層勢力的政策，而這兩個部族都是信仰藏傳佛教，即喇嘛教的。這樣，宗教不單是一種信仰，而變成了與政治並生的工具了。所以，對於清廷來說遠在天外的西方天主教自然與佛教不可同日而語。更何況，深受儒家文化侵潤的滿族上層，接受起在中國流行一千多年的佛教來畢竟容易些。

順治十八年（1661）正月初二，順治帝因出家未遂，命令大太監吳良輔作為他的替身在憫忠寺——即今天的法源寺剃度為僧，並親臨觀看祝髮儀式。初四，文武百官上朝時聽說皇上「龍體違和」。初五，大臣們凌晨到皇宮問疾時發現各宮殿門上已經貼好的門神、春聯都揭了下來，太監們神色倉皇，不敢置一詞。原來，在一系列的打擊、一連串的不遂心之後，福臨染上了天花；而且他原來大概就有肺結核，經常吐血，身體羸弱。初七，京城內外家家被告知不許炒豆，不許點燈，不許潑水。同時施行大赦，除十惡死罪的罪犯外，一律釋放。但是，無濟於事，皇上仍然在炕上發著高燒。

初四那天，湯若望被孝莊太后召進宮去，即得知皇上出天花。太后和湯若望及一些當朝權貴們商量了萬一皇帝不豫，由誰繼位的問題。

順治帝這時也很想見到他的瑪法，他派人向湯神父詢問，在這最後的時刻應該如何做。湯若望理解皇上這時的心情，託人帶話是很難說清的。出於個人的友情，出於一個臣子對皇帝的職責，出於一個神父對臨終病人的關懷，他決心進宮走一趟。太監們把湯神父帶到養心殿，順治帝說話已經很困難了，只是示意叫他免去跪拜，並讓人備茶。湯神父以低微而不容置疑的口吻，慢慢禱告說：「要使這迷途的羔羊重新走上歸路……以往對后妃的過寵，實在是一種『毒劑』，希望皇帝恢復健康之後，萬勿重蹈覆轍。喇嘛僧

人的話不可聽信……」順治帝默默地聽了，感動得熱淚盈眶，口中喃喃道：「朕的確是有錯誤，今天悔之晚矣，朕的病是好不了了。」他還想說什麼，但已經力不從心，只是微微揮手示意送瑪法回家。順治帝雖然已經說話困難，但他的悔意是明顯的。

順治帝自知大限不遠，諸多的事情中第一重要的是確定繼承人，而且經過了兩朝的變故，他認識到推舉皇帝並非是個好辦法。可是，子承父業，誰最合適呢？順治帝生有八個兒子，除了夭折的，尚在襁褓中的，可供選擇的只有十歲的皇二子福全、八歲的皇三子玄燁。玄燁自小就有著異常的表現，據說他六歲時和皇二子福全、皇五子常寧一起給父皇請安，順治逐個問他們長大後的志向。皇五子還小，默默無言。福全說，願意當個賢王。唯有玄燁答道，長大了效法父皇，為國家盡力。玄燁幼年時，為躲避天花，和乳母一起搬到宮外去住，所以父子之間的感情淡薄得很。他的生母佟佳氏是漢人佟圖賴的女兒，並不被順治所看重。歷來皇宮裡籠罩在后妃和皇子之上有一微妙的潛規則，即「皇兒子以母貴，嬪妃母以子貴」──同樣是皇帝的兒子，皇后生的兒子和宮女生的兒子絕不可同日而語。同樣是妃子生的兒子，那個妃子受寵，他的兒子繼位的可能就大些。兒子當了皇帝之後，他的母親自然就是皇太后，既使原來是個宮女。

所以，順治帝開始並無選玄燁繼位的意思。福全雖然居長，有些優勢，但畢竟還是太小。於是，他在初三那天和心腹王熙密談時，透露了想在年長的堂兄弟中找一個繼位者的想法，這樣繼位後就可以立即擔負起治理國家的責任。這時尚在世的堂兄弟只有四人，都是滿族嬪妃所生而與蒙古博爾濟吉特氏無緣，從中可以看出順治帝有意排斥母后家族的意圖。但孝莊太后得知後堅決反對這種選擇，急忙召集親王商議，同時把湯若望請來助陣，表示了要在皇子裡面選嗣皇帝的意思。湯神父並未明確表態，只是很策略地指出，皇二子尚未出過天花，而皇三子已經出過了──這和孝莊太后的想法不謀而合。身患天花的順治帝聽了深有切膚之痛，而且見自己已是朝不保夕，處在母后強大的政治陰影下，再堅持也是無用，便不再有異議──此刻恐怕他已經無法表示異議了。於是，在遺詔中指定皇三子玄燁繼承帝位，就是後來的康熙皇帝。可玄燁畢竟太小，需要有人輔佐，鑒於皇叔多爾袞專權跋扈的前車之鑒，順治帝決定不再讓皇族插手政權，而是指定了四個忠心的大臣輔

政，即索尼、蘇克薩哈、遏必隆和鰲拜。

康熙皇帝在位六十一年，是中國有史以來執政最長的一位皇帝。在他朝內，平定內亂，擴展疆土，使人民安居樂業，使中國空前地強大起來。康熙帝毫無愧色地堪稱中國歷史上少有的賢明帝王，而這正是湯若望的一句話起了關鍵的作用。正所謂「一言興邦，一言喪邦」，歷史就這樣在輕飄飄的一句話中確定下來。

順治十八年正月初七（1661年2月5日）半夜，順治帝在養心殿去世，終年二十四——實則是離他的二十三歲生日（3月15日）還差三十八天。

初六夜半時分，自知不起的順治帝召來大學士王熙，命他在榻前書寫遺詔。既然順治帝將如此重要的事情交給王熙，自然視其為心腹，豈料王熙已經處在孝莊太后的控制之下。王熙明白若是沒有太后的首肯，任何文字都是無效的，所以他在聆聽了皇上的旨意後，以「恐勞聖體」為由，退避出養心殿。待到初七中午，遺詔送給順治帝過目時，他已經易簀更衣，哪裡還有力氣看？

初九中午，王公大臣們在天安門外聆聽的遺詔，是孝莊太后按照自己意圖修改過的，實際上是一份「罪己詔」。遺詔中，以順治皇帝的口吻列舉了

順治帝陵墓——位於遵化清東陵的孝陵前的石牌坊

自己的十四條罪狀，計有不敬祖宗，不孝母后，內寵逾制，疏懶政事，昵近閹宦，崇漢抑滿，生活靡費，自持聰明，厚己薄人等等。例如，遺詔中有「端敬皇后……喪祭典禮，過從優厚，不能以禮止情。諸事逾濫不經，是朕之一罪也」云云——顯然，這一條不僅貶損了董鄂妃，也抬高了兩位蒙古皇后。孝莊太后這一手實在是高明，罪己詔不但宣布了順治帝為政的諸多過失，作為嗣君以後從政的警戒；也同時宣告了自己路線的正確和勝利——雖然對方是自己兒子，也覺得有吐一口惡氣的暢快感覺。

順治帝死後二十六天，董鄂妃的堂妹被迫殉葬，無疑，當時只有孝莊太后有這樣的權力。

順治帝死後一個月，遺體火葬，也是茆溪森點火，留有一偈：

> 釋迦涅槃，人天齊悟，先帝火化，更進一步，大眾會麼？壽皇殿前，官馬大路。

5. 楊光先給湯若望上綱上線

順治帝臨終指定索尼、蘇克薩哈、遏必隆與鼇拜為顧命大臣。這時的形勢頗有些與後來咸豐皇帝去世後的情形類似，顧命大臣為一方，孝莊太后和小皇帝為一方，之間的關係有些微妙。不過開始時，還能相安無事。輔政大臣也頗敬重湯若望，還加授以「少保」封號。

康熙皇帝即位後，依慣例應該到天壇祭天。欽天監監正也應當在陪祀之列的。一向低調的湯若望怕引起別人猜忌，更不願招搖，遂以本教從無此等禮節為託詞，藉機推脫了。

此時，鄭成功已死，他的兒子鄭經繼續據台對抗清廷，康熙二年（1663），朝廷下令削平沿海諸城，澳門自然也在削平之列。湯若望與劉迪我神父（Jacoques le Favre，1610—1676法國人）為了保護他們在中國的傳教基地，力陳澳門地位特殊，且對中國極為重要，終於使澳門得以保留，其上的葡萄牙人也免遭驅逐。不過，雖然此時湯若望表面上依舊得到朝廷的寵信，可是積怨已深，一場不測之禍不久起於蕭牆之內。

這裡涉及一個關鍵人物——楊光先。

楊光先，字長公，安徽歙縣人，幼時，其父嚴格督責他讀書，諸子百

家，醫卜星相，文韜武略都有涉及，所以他對天文、曆法也略知一二。他家中世襲新安衛千戶，後來他將官職讓給兄弟楊光弼，自己以「布衣」闖蕩南北京城，以訟棍、箋片為業招搖於市，詐些錢財維持生活。他曾彈劾過武舉陳啟新，得敢言之名。崇禎十年（1637）皇上下詔求直言，楊光先抬著準備好的棺材，上京彈劾內閣首輔溫體仁，指責溫體仁當國以來，清軍兩次入侵都城，流賊蔓延國內等罪名，也有幾分慷慨激昂的勢頭。但那時崇禎皇帝極信任溫體仁，要處死他；旁邊太監告訴皇上，這人抬著棺材來的，本來就不想活了。皇帝一聽，反而有些佩服，遂改為廷杖八十，然後遣戍遼東。其時，復社聲勢極盛，復社諸人恨溫體仁把持朝政，必欲除之。楊光先想要攀附復社，所以故意出此駭人之舉，一者博一個敢言的直聲，二者得復社諸人的好感，作為進身之階。所以，同樣一件事情，不同的人做來卻有著不同的效果。海瑞曾抬棺上疏嘉靖皇帝，人們說他是清官；可是楊光先的此舉卻給人以痞子、光棍的感覺。楊光先也直言不諱，說他自己：「與人言事，無論兵刑禮樂，上下尊卑，必高聲怒目，如爭似鬥。」

楊光先發配遼東之後，因他對術數稍有愛好，以他那一知半解的天文知識，又學會一些占卜之術，以致博得小小的名氣。滿族入主中原之後，楊光先返回南京，繼續他那混吃混喝的營生。一次，詐騙不成，反而險些丟了性命，便逃往北京尋找機會。憑著他那漫天胡侃的口才，又對天文略知一二，便與欽天監回回科的秋官正吳明炫走得近乎起來。楊光先本來就對傳教士宣揚天主教義不滿，認為是乖離了中國固有的傳統；吳明炫又經常指責湯若望所行西曆的「謬誤」，兩人更成了志同道合的至交。

這個吳明炫也非等閒之輩，其先祖默河亦里本是西域回回十八姓之一，於天文學有一定造詣，在隋朝開皇年間來到中國，一直任朝廷修曆官員，專門負責占卜星相的吉凶等，已有一千多年。可是，回回曆的準確性無法和西洋曆相比，所以自湯若望任欽天監監正之後，即撤銷了回回科。吳明炫的回回科秋官正也被裁撤，其心中的怨恨與忿懣是可想而知的。早在順治十四年（1657），他就曾上疏彈劾湯若望，說他不讓自己上奏星相吉凶；而且湯若望的推算有很多錯誤。他自稱已經預測到水星將在八月二十八日出現，可是湯若望卻預報說當年的二、八月水星不會出現；另外吳明炫還指責湯若望居然忽略了報告「紫氣」等等。吳明炫深知太監在皇帝面前的分量，備了一份

厚禮，其中包括京西一所闊宅院送給了大太監吳良輔。吳良輔便在皇宮內外吹風，說是欽天監根本不靈，榮親王下葬的日子選得不對，欽天監責罪無可逭等。順治帝接到吳的上疏，遂令有關官員到觀象臺檢測。湯若望此時也熟知中國官場的奧妙，找到他的義女孝莊太后和順治妃子佟佳氏。佟佳氏是玄燁的母親，而此刻玄燁正在出痘，那時人們迷信出痘最怕見水，既使天上的水星也在禁忌之列。如果水星出現，豈不是給小玄燁敲了喪鐘？所以當她聽湯神父說水星不會出現時，簡直像是揀到一根救命的稻草，自然全力為湯神父做後盾。結果真的如湯若望所報，水星並未出現。不久，玄燁的病情大見好轉，太后和佟佳氏對湯神父更是心存感激，信任有加。吳明炫這一手弄巧成拙，反倒落了個「詐不以實」的罪名，刑部擬了個絞刑。還是湯若望替他求情，皇上才免去了他的死罪，改為斬監候。豈知，他不思圖報，反而變本加厲地陷害湯若望。

順治十七年（1660），一向以衛道士自居的楊光先作《辟邪論》，指斥天主教為邪教。他在文中質問道：「若望藉曆法藏身京城，而棋布邪教之黨羽於大清十三省要害之地，其意欲何為乎？……大清因明之待西洋如此，習以為常，不察伏戎於莽，萬一竊發，百餘年後，將有知予言之不得已者。」竟把修曆提升至政治層面，可謂上綱上線的老前輩了。楊並向禮部遞呈點名攻擊湯若望。但當時湯若望正得皇上信任，所以楊光先無功而返。

但是，只有楊光先與吳明炫也掀不起大浪，關鍵是朝中的掌權大僚支持他們。這裡還牽扯到清初一段性命攸關的政爭。這要從順治帝、孝莊太后、多爾袞和四位顧命大臣之間的關係談起。

自從皇太極於崇德元年（1636）四月十一在瀋陽登極，正式改國號為清，原來落後的女真族政權逐步漢化，擺出了與明朝一決雌雄的態勢。只可惜，崇德八年八月初九，雄心勃勃的皇太極在毫無徵兆的情況下猝死——有人猜測是遭人毒手，多爾袞即是嫌疑很大的一個，竟連由誰來繼承皇位的遺言都沒有留下。按照努爾哈赤時留下的規矩，君主是由愛新覺羅家族的八大貝勒推舉產生的。根據當時的形勢，最有資格的競爭者是努爾哈赤的十四子多爾袞和皇太極的長子豪格。

說起多爾袞，他與乃兄皇太極之間也有一段恩怨。當初努爾哈赤曾專寵多爾袞的母親，孝烈皇后阿巴亥大妃，因此有意讓多爾袞繼位，並特意將三

個旗分給他和他的兩個兄弟，阿濟格和多鐸。努爾哈赤死後，形勢丕變，他的生母──烏拉納拉氏阿巴亥大妃被兄長代善、皇太極等逼著殉葬努爾哈赤，怕在她的主導下，她的三個兒子聯合起來，將對掌權的幾個親王──代善、阿敏、莽古爾泰、皇太極不利。多爾袞和胞兄阿濟格、胞弟多鐸都成了孤兒。雖然皇太極繼位後，多爾袞毫無怨尤，凡事恭謹，而且在戰場上出生入死，表現出色，但這殺母之恨終究難以忘記。

豪格得到正、鑲兩黃旗的支持，兩黃旗大臣，索尼、佟圖賴、譚泰、鰲拜等八人一致擁護豪格繼位。他們在爭取鄭親王濟爾哈朗的支持時，濟爾哈朗表示他的擁護不成問題，但還要徵求多爾袞的意見──他也是四大貝勒之一嘛。可是，多爾袞也有一群擁護者，首先他的兩個胞兄弟，阿濟格和多鐸就主張他來繼承帝位。若從雙方的實力分析，豪格還略佔上風。豪格在戰場上是個出色的指揮官，但是玩政治畢竟差了一截，在大好形勢下，居然敗北了。豪格在推舉繼承人的會議上，自恃有人支持，假裝高姿態地謙虛一番，而後又退出了會議，遂使到手的王冠飛走。須知，政治這玩意兒不是你死就是我活。多爾袞玩弄權術，擁立了皇太極的九子福臨，而自己和濟爾哈朗成為輔政王。濟爾哈朗是努爾哈赤的侄子，關係遠了一層，所以諸事比較低調，多爾袞很快將其排擠掉，成了清朝實際上的最高統治者。豪格雖然被擊敗，但其勢力仍在，所以多爾袞必欲除之而後快。

多爾袞地位獨尊之後，豪格的親信開始反水，先是誣告他預謀造反，由親王降為平民。接著，將他派往關內打仗，去剿滅農民起義軍和南明小朝廷。終於在順治五年（1648），豪格剿滅了張獻忠回到北京後，以莫須有的罪名，把他下到大牢，很快死去。多爾袞又將豪格的遺孀納為自己的妃子，對這個比自己還大三歲的侄兒不留絲毫的情面。

當初，主張擁立豪格的大臣們，走的走了，叛的叛了，可是仍有幾個忠心的人始終不肯依附多爾袞。索尼、佟圖賴、鰲拜等人就是這樣，多爾袞便利用手中的權力，極盡打擊、迫害之能事。佟圖賴早死，索尼、鰲拜則受盡了屈辱和壓制。

多爾袞從小就有病，加上常年征戰和政爭已使他心力交瘁，更為不堪重負的是他的內寵太多，都促成他的夭亡。順治七年（1651）秋，他藉口出關打獵，實際去迎娶新納的朝鮮公主──從中也可見他與孝莊后的微妙關係。

不料，樂極生悲，臘月初九，這位顯赫一時的皇父攝政王死於喀喇城（今河北承德灤河鄉）。順治八年二月十五，多爾袞生前心腹，正白旗議政大臣蘇克薩哈告發多爾袞私製八補袞龍袍及諸多御用物品，有謀反企圖。這倒也不是誣賴他，自順治五年起，多爾袞的篡位野心愈加暴露，在王府內身穿皇帝龍袍，以個人名義頒發諭旨；他還打算另建一座皇城，將小皇帝福臨遷入其中，形同傀儡囚徒，而自己坐在北京紫禁城主政。脾氣暴躁的順治帝對這個咄咄逼人的叔叔早已有些不能忍耐，所以接到參劾多爾袞的上疏幾天後，對多爾袞的積怨如火山爆發了出來。八年二月十七日，順治帝將多爾袞的罪狀詔告天下，褫奪封號，開棺戮屍，把這生前的「皇父攝政王」打入十八層地獄。順治帝親政後，很快重組了自己的政權班底，將多爾袞的人馬殺的殺，逐的逐；而對於索尼、鰲拜、遏必隆等被排斥的忠臣，以及揭發多爾袞有功的蘇克薩哈倍加信任，都升為議政大臣或領侍衛大臣，成為朝廷的顯貴。

再說孝莊太后與順治帝雖然是親母子，實際上關係並不融洽。首先說，皇帝生了兒女都是交給乳母餵養，還有一群太監、丫鬟隨侍左右，平常難得見上一面，所以，皇家的父母和子女並沒有尋常百姓家的那種親情。孝莊太后在皇太極死後，多爾袞專權的形勢下，為了保住兒子和自己的地位，不得不採取權宜之計，使出她女人特有的魅力和看家的本領，籠絡攝政王。雖然「太后下嫁」不敢確說其有，但叔嫂二人關係非同一般也不能確說其無。多爾袞經常直闖後宮禁地，福臨年紀漸大，自然引起不快。所以母子雖然近在咫尺，卻經常幾個月才見一次面，母子感情冷到了極點。

再有，順治帝兩次婚姻也是母子兩人的心結。福臨尚在幼年之時，多爾袞和孝莊太后就給他訂下了婚事，即太后的親侄女博爾濟吉特氏。當然，這是一種政治聯姻，為的是通過婚姻的紐帶，加強對蒙古各部的影響和控制。可是，順治並不喜歡這第一個皇后，結婚兩年後（順治十年）即被廢為靜妃。接著，孝莊太后又為他張羅第二次婚事，女方也是來自科爾沁的博爾濟吉特氏，其父綽爾吉是吳克善的侄兒，所以是太后的侄孫女。可婚姻這種事情靠得是緣分，絲毫強迫不得，結果，順治帝還是不滿意。可以想見，孝莊太后是什麼心境了——她的兩次聯姻都找的是娘家人，除了政治考慮之外，無疑是為維護娘家的利益，兒子卻偏偏不理解老娘的苦心，怎麼能不讓她傷心。須知，中國一些女人有時為了娘家人的利益寧可不惜犧牲兒女的性命，

武則天就是一個例子。

順治終於找到自己的意中人，那就是福臨之弟，襄親王博木博果爾之妻董鄂氏。那是在董鄂氏作為三品以上命婦入宮隨侍皇太后時，順治與她相識的。二人一見鍾情，此後董鄂氏便經常出入宮禁。孝莊太后為阻止二人來往，廢除命婦進宮隨侍制度，但仍不能隔斷他們的感情。此事被董鄂氏的丈夫看破，將她痛罵了一頓，順治為此打了弟弟一記耳光。襄親王不堪受辱，於順治十三年七月自殺身亡。董鄂氏在丈夫死後二十七天即被接進宮去，九月，順治冊立其為貴妃，但是儀式的隆重不亞於冊封皇后。孝莊太后對此大為不滿，連冊封典禮都沒有出席。第二年十月，董鄂妃生下一個兒子，順治格外地高興——本來這是他的第四個兒子，卻稱其為第一子，要立其為太子的意圖是顯然的。在董鄂妃生下兒子後，皇帝有意減損第二位皇后的應有待遇，準備廢掉她，立董鄂妃為后，這更加引孝莊太后的干預，終於沒能成功。孝莊太后此時因病住在南苑，並諭令諸后妃前去問安。董鄂妃產後虛弱，也不得不抱著病體，冒著嚴寒趕往郊外。因喪子之痛，加上身體的折磨，終於在兩年後去世了。可是，孝莊太后的侄孫女，順治帝的孝惠後卻沒探過她伯祖母的病，孝莊太后也並未因此而怪罪她，可見這其中有一段不大不小的陰謀。

順治臨死前指定四位忠於他的大臣：索尼、蘇克薩哈、遏必隆、鰲拜為顧命大臣，輔佐年尚八歲的幼主——康熙帝。此時，索尼已經年老，遏必隆性格懦弱沒有主見，屬於正白旗的蘇克薩哈又是當年多爾袞的心腹，說話不硬，所以四人中鰲拜掌了實權。

鰲拜出自瓜爾佳氏，籍屬正黃旗，年輕時弓馬嫻熟，屢建戰功，只是為人有些粗俗無文，頭腦簡單，剛愎自用，卻又有強烈的權力欲。鰲拜對於當初多爾袞對自己的排斥、壓抑一直耿耿於懷，對於與多爾袞關係非常，與順治帝又有些不諧的孝莊太皇太后的態度自然是矛盾而複雜的。一方面，她是當今太皇太后，以自己的地位不能對她有任何的不恭；但另一方面對她的所作所為卻有諸多的異議。例如，孝莊拜湯若望為義父的事；例如，孝莊在湯若望的建議下指定玄燁為嗣皇帝的事等，更主要的是他有獨霸權力的欲望。

正好，楊光先於康熙三年（1664）7月上了一本《請誅邪教疏》參劾湯若望，疏中還把明朝的徐光啟也牽連進去，說他「貪其奇巧器物，不以海律禁

逐，反薦於朝，假以修曆為名，陰行邪教」；又說湯若望藉曆法藏身京師，窺伺朝廷機密；還特別指責《時憲書》封面上的「依西洋新法」幾個字是明示天下以大清奉西洋正朔。他還列舉湯若望三大罪狀，

① 潛謀造反，聚兵械於澳門；

② 邪說惑眾，不合中國忠孝禮法；

③ 曆法謬誤，採用西法乃中國恥辱。

要求將湯若望「依律正法」，與湯若望同時列為被告的還有欽天監的其他傳教士，南懷仁、利類思、安文思，中國官員有，李祖白、潘盡孝、許之漸、許保祿等。

利類思、安文思神父曾在康熙元年，針對楊光先的《辟邪論》，寫了《天學傳概》一書，由欽天監監副李祖白潤色後發表。兩年後，楊光先又作《不得已書》。聲稱自己不能再保持沉默，不得已而起來與洋人辯駁。他竟說，傳教士都是被本國驅逐出來的亂民，他們企圖以澳門為據點，顛覆全中國。並揚言：「寧可使中國無好曆法，不可使中國有西洋人！」利類思隨後作《不得已辯》，聲言：「我答辯，因為我也不能保持沉默。」此時，楊光先在輔政大臣蘇克薩哈、恩格德、吳光煊，以及回回天算家、太監、僧人的資助下，在北京散發五千多份傳單，爭取輿論的支持。不幸的是，正在這時，73歲的湯若望得了中風，半身癱瘓，口不能語，在雙方的對壘中處於劣勢。

鰲拜等看到楊光先的上疏，正合他們藉此打擊孝莊太后等新派的心意。於是，湯若望等人被抓到刑部大牢，九月開庭審問。八名被告，其中七名帶著刑具被帶到大堂之上，湯若望因為還是朝廷命官，暫時免於手銬腳鐐，可是此時的湯若望連說話都極困難，這場官司的結果也就不問可知了。但是，他們本著實事求是的精神，對無理的指控逐一進行答辯，尤其是在審理第三條的時候，他們據理力爭，分析尤其細緻。湯若望講話不方便，都是由南懷仁代言，有時南懷仁把問題寫在紙上，他看後，小聲用德語與南懷仁交談，然後由南懷仁對官員發言。

可是，主審官員事先已經有了成見，所以對他們的答辯根本充耳不聞。經過一個多月的庭審，刑部於康熙四年（1665）1月15日宣布，湯若望作為圖謀不軌的首犯被判處絞刑，南懷仁、利類思、安文思各杖一百後，驅逐出

境。那時監獄的黑暗簡直是現代人所無法想像的，獄卒們以「吃」犯人為能事，若是不把他們打點好了，能把人活活折磨死。湯若望被革職後，俸祿全無，孑然一身，一無所有，只落得食不果腹，夜不安寢；再加上肢體癱瘓，不能自理，其窘迫之狀真是難以為外人道。好在他有堅定的信仰，在如此惡劣的環境下，卻能做到無怨無悔，不悲不戚，只是自我剖析自己的靈魂，向他的天主不停的做禱告。

就在湯若望等待執行死刑之際，出現了一場戲劇性的轉折。因為這時已臨近三家天算學家預告的日食之期——陰曆是康熙三年十二月初一，陽曆的1665年1月16日。既然各家都說自己算的準，那麼就來實際觀測一下吧。三派天算學家，以及朝廷各部院的首腦全都集中到觀象臺，當場測驗到底誰是誰非。根據南懷仁的推算，日食應發生在下午的三點二十六分，回回曆一派算出的時間較其早半小時，大統曆一派的時間則早出一刻鐘。

湯若望的病情這時又加重了，時而昏迷，且呼吸有時也覺困難，但仍然來到了觀測現場，躺在冷風颼颼中臨時搭的一張木板床上。到了回回天算家預告的日食時間，卻絲毫不見日食的痕跡。又到了中國天算家預告的時間，還是不見影響。「湯若望，現在是你推算的時刻了。」監督官員的話聲未落，太陽頓時開始昏暗，按照中國人的說法，天狗吞食太陽了。除了楊光先、吳明炫之外，人們全都露出驚異而佩服的神情，大軍輪流著用望遠鏡觀察著罕見的日食，而且是日全蝕。據南懷仁後來說，實際上他的計算也稍有誤差，比實際時間晚了五分鐘。可是，由於呼報時刻的人員在呼報湯若望預報時間的時候，早報了五分鐘，成就了他們幾個人——抑或其中有天意嗎？

稍有惻隱之心的人們都為湯神父的境遇而擔憂，可是楊光先等人還要往他的傷口上面撒鹽。他們既然在日食預報上已經敗下陣來，便另找藉口，再次誣告湯若望在選擇順治與董鄂妃生的四皇子——榮親王的葬期時，心懷叵測。說湯若望為首的欽天監不用「正五行」，而錯誤地用了「洪範五行」。什麼是「正五行」，什麼是「洪範五行」這裡也不去管他，總之，說湯所選擇的日期是不吉利的，因此不但禍及董鄂妃，不久即病危不起，而且還殃及世祖皇帝，使他二十四歲就撒手西歸。自然這罪名比起曆算不準又嚴重千萬倍，上綱上線的結果，導致了湯若望的死刑由斬首加碼至磔刑，即凌遲或剮刑。其他三位神父改為杖一百後，拘禁或流放。涉案的五名欽天監中國官員

也都判處凌遲處死。

　　既使楊光先的指控是事實，也是極大的一樁冤案。因為榮親王的殯葬事宜是滿籍禮部尚書恩格德主持。他私自更改了葬期時間，卻以欽天監的名義呈報。據說，那位小親王的安葬時間的確不吉利，與天運不合，因此後來殃及董鄂妃和順治帝。湯若望當時即將情況寫明，上報了朝廷，按照《大清律》，恩格德這樣的罪過是應判死刑的。湯若望本著他那悲天憫人的胸懷，向順治帝求情，才救了恩格德一命，只於順治十五年得了個革職處分。不料，那個恩格德並不稍有悔悟，反而繼續迫害湯神父，因為有輔政大臣蘇克薩哈支持他。

　　不料，正在等待行刑的時候，康熙四年春天起，北京突然發生了一系列的天變：4月13日彗星出現；4月16日發生大地震——頃刻之間，房倒屋塌，地動山搖，逃生不及的人們剎那間被埋在廢墟下面。同時，地面上捲起一陣狂風，沙塵漫天，對面不見人影。中國人歷來講究「天人感應」，凡是政治極度惡化，造成民不聊生的時候，天地就要示警。這種理論對與不對暫且不論，但是歷史上卻是屢見不鮮的。從近處說，天啟年間魏忠賢閹黨肆虐，殘酷迫害東林黨人，先有「六君子」，後有「七君子」，酷刑之後，死於錦衣衛的詔獄之中，天啟六年即有北京王恭廠火藥庫大爆炸，傷亡慘重，空前絕後——近來有人考證說是小行星碰撞地球所致。

　　鰲拜等人也不敢再一意孤行，連忙以皇帝名義頒布諭旨，大赦天下。於是包括利類思、安文思、南懷仁、許保祿等人在內的一批欽犯都被特赦出獄了。但是作為首犯，湯若望還不能寬宥。這時，大震之後的餘震仍然不斷，人們紛紛議論說，是湯神父一案引起上天動怒，若不及早改正，說不定還有更大的災難呢！輔政大臣們極不願意改正這冤案，那樣豈不自己打自己耳光？可是，眾怒難犯，人言可畏，在萬不得已的情況下，他們將湯若望的案件奏請孝莊太皇太后定奪。太皇太后看了他們的奏摺，將奏摺拋到地上，怒容滿面地嗔怪他們道：「湯若望一向為先帝所信任，禮遇甚隆，難道你們不知道嗎？你們卻想置之於死地，如何對得起先帝在天之靈？」4月19日，幾個人灰溜溜從太皇太后那裡退下來後，急忙將湯若望釋放，又自找說辭道，關於為榮親王占卜一事與湯神父無關，因為他只管觀察天象。但是要他們完全認輸又不大情願，最後還是把李祖白等欽天監的五位中國官員處以斬刑。5月

23日，心力交瘁的湯若望回到南堂時，已是瘦骨嶙峋、氣若游絲了。已被任命為欽天監監正的楊光先還不罷手，他將癱瘓在床的湯若望趕到位於王府井大街的東堂，自己意氣洋洋地搬進南堂，把堂中的聖像，以及順治帝的賜匾「通玄教師」砸碎。

那時東堂尚屬草創階段，各種設施和條件不如南堂遠甚，這對風燭殘年的湯若望來說，又增加了許多的艱辛。好在與利類思、安文思等人住在一起，他還能得到悉心的照料，朝野善良的人們聽說湯神父出獄，也都來探望、安慰，極大地撫慰了他孤寂的心靈。在這裡，自知來日無多的他給教會和耶穌會諸會友寫下懺悔書。

在懺悔書中，他對自己不顧別人勸告，執意要擔任欽天監監正一事，並因此與其他教友和教區首領傅汎濟發生分歧，表示了誠摯的歉意，儘管他的本意是為了傳教的方便。對於他將僕人潘盡孝之子過繼為義孫一事，也做了自責。他的懺悔書經北京耶穌會的兄弟們過目後寄往羅馬。

浙江寧海縣衙門前，傳教士在宣講教義。

康熙五年（1666）陰曆七月十五，陽曆的8月15日，疾病纏身的湯若望辭世——這天是西曆的聖母升天節，也是中國的盂蘭盆節，祭奠死去親人的日子。

6. 害人者戒

楊光先扳倒了湯若望之後做了官，朝廷——實際是輔政大臣，就是鼇拜，起先授他以欽天監監副，他上疏辭謝不就。鼇拜以為他嫌官小，索性讓他當了監正。可是，他明白自己有多大的本事，對於能否應付欽天監的工作，一直很心虛。康熙五年至七年的曆法，湯若望已經編定，楊光先編造的康熙八年時憲書卻是錯誤百出，按照他的推算，這年閏十二月。等到曆書已經頒布，他才發現演算法有漏洞，只好以皇帝的名義下旨更正，宣布停止閏月。

康熙六年（1667），十四歲的康熙帝親政。康熙八年五月，少年皇帝以其超群的才智和氣魄，一舉扳倒鼇拜，使久已旁落的皇權重回自己手中。

原來多爾袞籍屬鑲白旗，他任攝政時於順治二年（1645）、四年（1647），兩次大規模地將京郊的好地全都劃在自己旗下，因此造成十多萬漢民流離失所。康熙三年（1664），鼇拜煽動自己所在的正黃旗，以當初佔地不公為由，吵鬧著要重新劃分八旗屬地。蘇克薩哈也是鑲白旗人，自然不同意，事情一直聞之於孝莊太皇太后。太皇太后責備四位顧命大臣圈地擾民，才使其事中止。可是，鼇拜認定是蘇克薩哈在背後搗鬼，遂決計除之而後快。索尼多年受多爾袞壓制，所以對蘇克薩哈反覆無常的行為不齒，和鼇拜站到一起。

康熙六年，索尼見圈地惹來麻煩，奏請皇上親政。蘇克薩哈想急流勇退，一方面附議請康熙帝親政，另外呈請去為順治皇帝守陵。不願意歸政於皇帝的鼇拜惡狠狠地說：「今日歸政於皇上，明日即將蘇克薩哈滅族！」康熙帝於七月親政後，鼇拜莫須有地捏造了蘇克薩哈反對皇帝親政等二十四項大罪，將其滿門逮捕入獄。在鼇拜操縱下對蘇克薩哈做出凌遲處死的擬處，康熙帝「堅持不允所請」，鼇拜竟在金鑾殿上對小皇帝大聲咆哮，甚至揎拳擄袖，似乎要動粗的樣子。只有十四歲的康熙皇帝不得不順從了鼇拜，只是將「凌遲」改為「絞刑」。蘇克薩哈的四個兒子、十二個孫子，無論老小

無一倖免。鰲拜遂成了一手遮天的權臣。鰲拜結黨營私，專權擅政，朝中大事都是在家中決定好了，再去施行。戶部滿尚書出缺後，皇上任命瑪希納遞補，在瑪希納已經上任的情況下，鰲拜卻把瑪爾賽安插為戶部尚書，以至戶部出現了兩個滿尚書。

隨著康熙皇帝年齡的增長，在許多問題上和鰲拜發生了分歧，他絕不能允許這樣的臣子在身邊繼續存在下去。康熙從小即有極深的涵養，表面上不動聲色，卻在暗中在積蓄力量，終於在康熙八年（1669）五月，十六歲的皇帝趁鰲拜不備，一舉擒獲了這桀驁不遜的權臣。

康熙親政之前，孝莊太皇太后和康熙的生母就曾向他談起湯若望神父的為人，以及先帝對他的信任，自然也談到對湯神父的定案是冤枉的。康熙七年十一月，南懷仁、利類思、安文思三位神父做完晚禱後，忽然有皇帝的內侍來訪，詢問了有關欽天監內的情況，並請他們仔細檢查楊光先編的曆法中的錯誤。不久，康熙帝頒旨，要求欽天監的官員，捐棄成見，誠心合作，以求將曆法制定準確。並要求他們會同禮部尚書，一起測驗日影。

清代的布庫戲。康熙帝就是利用一群半大小子智擒權臣鰲拜的。

　　第二天，幾位內院（內國史院、內弘文院、內祕書院）大學士，帶領欽天監的楊光先、吳明炫及南懷仁等來到觀象臺，令他們當場測算正午日影的位置。可是一向無所顧忌的楊光先卻想要打退堂鼓，他推辭說，這樣精確的數字要以後方能算出。但大學士和禮部官員不放過他，一定要他立刻計算。楊光先硬著頭皮，上前測試，結果誤差很大。南懷仁卻不慌不忙，通過測試和計算，將正午日影的位置標出，到了正午竟然絲毫不差。接著，又將測試地點移到紫禁城午門，連著測試三次，都是南懷仁測的準確。康熙帝得知其結果後，令將楊光先、吳明炫所算的曆法交給南懷仁查驗，找出其錯誤之處。

　　結論是顯然的，吳明炫等編的曆書謬誤百出。可是，狡猾的楊光先卻繞開問題的焦點，從另一個角度攻擊南懷仁等人。他給康熙帝上疏說，皇上之位是堯舜之位，所以皇上頒曆，也應該是堯舜之曆，而南懷仁等是天主教徒，他們懂得什麼堯舜之法？如果叫這些外國人改變我們的曆法，豈不是也可以改變我們的詩書禮樂，文章制度。他們至多不過是精巧的工匠，根本不懂聖賢的道理云云。純屬一派胡言狡辯。南懷仁等卻只是就事論事，沒有對楊、吳等人進行任何褒貶。

湯若望墓

　　康熙帝仍然不急於做結論，又進行了幾次測試，確認吳明炫等的演算法的確不準後，於康熙八年二月將楊光先、吳明炫革職，任命南懷仁為欽天監監副。

　　在南懷仁、利類思、安文思等人的努力下，湯若望的冤獄終於在康熙八年得以平反、昭雪。恢復了他的「通微教師」的賜名（因避康熙帝的名諱，改玄為微），以通政使司通政使、欽天監監正的身分予以撫恤。

　　康熙八年（1669）12月8日，

許多王公大臣來到藤公柵欄的湯若望墓地，一位大員宣讀了皇上親自撰寫的祭文：

　　皇帝諭祭原任通政使司通政使，加二級又加一級，掌欽天監印務事，故湯若望之靈曰：鞠躬盡瘁，臣子之芳蹤。恤死報勤，國家之盛典。爾湯若望，來自西域，曉習天文，特畀象曆之司。爰錫通微教師之號。遽爾長逝，朕用悼焉。特加恩恤，遣官致祭。嗚呼，聿垂不朽之榮，庶享匪躬之報。爾有所知，尚克歆享。

宣武門內的南堂

西方畫家所繪的湯若望與順治帝

129

湯若望地下有知，也該滿意了。

楊光先這個痞棍此時已經七十多歲，還要感謝康熙帝憐憫他年老，給他留下一條性命，淒淒慘慘地回老家去了。走到濟南，一命嗚呼——害人者往往最後害的是自己。

北京古觀象臺內湯若望原工作處

第三章

南懷仁

康熙朝廷帝王師

南懷仁（1623—1688），比利時人，1658年來到中國，成為繼利瑪竇、湯若望之後的又一偉大的溝通中西文化的先行者。他在湯若望蒙受不白之冤的「曆獄」中，不避嫌疑，仗義執言，為湯若望討回公道。他又成為了康熙皇帝的御前教師，並且主持製造火器，在平定三藩戰鬥中起了關鍵的作用。他負責欽天監工作，為北京觀象臺製作了許多天文儀器，為提升中國的天文觀測水準，做出巨大的貢獻。他還憑藉著精通中西語言的優勢，為清朝與歐洲的外交往來發揮了一定的作用。他堅持利瑪竇開創的傳教方針，尊重中國文化，通過傳播西方科學知識達到東西文明的交流。

一、為湯若望仗義執言

南懷仁（Ferdinand Verbiest，1623—1688），本名費爾南德·沃別斯特。

費爾南德1623年10月9日生於比利時庫爾特雷（Kortrijk）附近的皮藤鎮（Pittem）——現在皮藤的中心廣場上有建於1913年的南懷仁巨大銅像。其父是貴族的稅務代理人，位卑而權重。童年時，費爾南德即在耶穌會學校中學習；十七歲的時候進魯汶大學（university of Louvain）文理學院學習哲學，1641年9月29日，年方十八歲的費爾南德加入耶穌會馬林修院，因此在魯汶大學的學習中斷。1643—1645年間，他再次來到魯汶大學的耶穌會學院學習兩年。他曾選修了亞里斯多德的《物理學》，其內容依然是陳舊的古希臘時代的概念；天文學也是中世紀時代落伍的東西。所以，從費爾南德所學的知識來看，他並不能算是個嚴格意義下的科學工作者。1648年，他在布魯塞爾擔任拉丁文和希臘文語法教師達四年之久。之後，被修會派往羅馬和西班牙的塞維利亞進修神學。在良好的教育和文化環境薰陶下，費爾南德奠定了深厚的學業基礎；他超常的智力令他的老師預感到，他一定會成為傑出的學者。

費爾南德到遠方傳教心切，曾兩次從布魯日赴西班牙，準備去墨西哥傳教，均未如願。

1650年，在華傳教士衛匡國（Martin Martini，1614—1661，義大利人）為了禮儀問題去羅馬，為耶穌會在中國的傳教政策向教廷申訴，順便招募去中國傳教的耶穌會教士，他在魯汶神學院遇到了費爾南德。在衛匡國的感召下，費爾南德下定決心去中國傳教。他在1656年從熱那亞去里斯本的途中，

遭到海盜的搶劫，耽誤了船期，只好在葡萄牙逗留了一年。在此期間，他在科英布拉講授數學，同時他的學業也大為長進。1657年，費爾南德跟隨衛匡國，由里斯本出發，踏上了東方之旅。抵達澳門不久，於1659年發四願。起中國名南懷仁，字敦伯、勳卿。

南懷仁先是被派往西安，和李方西（Jean-Francois Ronusi de Ferrartiis，1608－1671，義大利人）神父共同工作。後於1660年（順治十七年）被調往北京幫助年事已高，任欽天監監正的湯若望神父從事曆算工作。湯若望對於南懷仁在天文學方面的才具極為讚賞：「他不僅掌握了這方面的科

南懷仁像

學，而且謙虛、坦誠，當他對這門科學從頭至尾做了簡明扼要的陳述後，我覺得無須再作任何補充。」

南懷仁抵京時，正值傳教士們遭遇困境，即1664年，由於楊光先首先發難掀起的「曆獄」。

楊光先早在順治十七年（1660）即上疏參劾——實則是誣告湯若望和西方傳教士們邪教惑眾，陰謀不軌；又說湯氏的《時憲曆》封面上有「依西洋新法」是要使中國改奉西洋正朔；還說湯氏所進為二百年曆，而非萬年曆為「大不敬」等等，但因順治帝信任湯若望等，誣告未准。實際上，自明末利瑪竇傳播其「天學」以來，一部分士人即對天主教採取了極度的排斥態度。這倒也不能完全歸之於仇外心理，而主要是兩種文化、兩種哲學體系的對抗。以至，由自我製造的危機感產生了仇教，排外的思想。當然，楊光先的內心還夾雜著卑鄙的個人目的。康熙三年（1664），年逾七十的楊光先再次發難，使湯若望和其他傳教士，並連帶整個天主教受到迫害。當時湯若望因身體癱瘓，說話困難，且身繫桎梏，跪地受審，已無力為自己申辯。南懷仁寸步不離，不辭自身的艱險——因為年輕，他戴的木枷比他人都重，為這位難友

紫微殿，欽天監官員的辦公地點。

在森嚴的大堂上代為辯護。許多王公大臣都為其義舉所感動：「湯瑪法已經判處死罪，別人避之唯恐不及，而南懷仁卻為之辯護，實在患難之友啊！」

　　當時在京的四位神父都被腳鐐手銬，投入大牢達六個月之久，每人由十個獄卒看守，因為鐐銬非常之重，只能臥在地上。其中南懷仁神父因年輕力壯，所戴鐐銬更為沉重。他們幾乎每天被提審，然後再被投入大牢。在獄中，他們除祈禱外，又為前來探監的眾多教友聽神工，鼓勵他們堅守聖道，忍受磨難，並講述聖教初期的教難事蹟。同時，他也不忘繼續學習有關的數學、天文書籍，還要為第二天的提審準備答辯詞，可想其處境的艱難。

二、張獻忠給傳教士穿官服是體制所關

　　楊光先發難後，所有在京的西洋傳教士都被解往廣州，京裡只留下身繫牢獄的四名神父，即湯若望、南懷仁、利類思和安文思。

　　利類思（Lodovico Buglio，1606—1682）出生在義大利西西里島的莫

清朝時戴木枷的犯人

諾。他於十六歲加入耶穌會，1637年來華，開始在江南一帶傳教。次年被派
至四川，可算是入川的第一個歐洲人。他來到成都，和官員及上層社會人士
來往密切——這乃是傳教士的一貫做法，藉以獲得官方支持，從而打開局
面。1640年，受洗者有三十多人，其中有明朝宗室的一家全部入教。由於勞
累，利類思患病，在杭州的安文思得知後，在取得上司的批准後，入川幫助
利類思，二人從此在一起患難與共。

安文思（Gabriel de Magalhāes，1609—1677）是葡萄牙航海家麥哲倫
（Magellan，1470—1521）的後裔，出生於科英布拉州的鄉村中。科英布拉
大學畢業，十六歲加入耶穌會，學習修辭學和哲學。1640年來華，先在杭
州，兩年後去四川成都。

有一個姓閻的武官受洗，全家也隨之入教。因此帶動了許多官員要求入
教——大概以為入教之後會得到某種利益，其中有幾人是納過妾的，神父們
拒絕為之施洗，引起這些人的不滿，遂唆使僧人攻訐他們，並糾集了四千餘
人，告到了官府。幸有閻武官派兵保護，才使他們免於騷擾。

崇禎十六年（1643），張獻忠帶兵進入四川，成都失陷，人民都逃往山中躲避，利類思和安文思也隨之避往山裡面。張獻忠（1606—1647）陝西延安人，雖然讀書不多，只是粗通文字，但時常以讀書人自詡，曾對秀才們說：「咱們是斯文一派，老子學而未成。」他曾在官府做過捕快。崇禎三年（1630），開始造反生涯，有「八大王」之稱。據傳教士們說，張獻忠無論才具、性情都有其過人之處，他為人公正、慷慨、聰明、練達，且愛好學問。但是，他脾氣極為暴虐，發起火來，足以使他喪失理智，遂使他的優點絲毫發揮不出來了。當時，有一個從北京派往四川的官員吳繼善，曾與湯若望相識，此時投降了張獻忠，便將利類思和安文思薦舉於張獻忠，主張請他們匡助政事。張獻忠也曾聽說過利瑪竇受到萬曆皇帝重用的事情，遂派人找到二人，並且十分禮遇他們，封之為「天學國師」。張獻忠宴請他們，為他們重新修建已毀的教堂，委任以官職，賜予冠帶袍服等。兩位神父申明，他們不是來做官的，所以服務可以，但是官不能當，官服不能穿。張獻忠卻說，按照我們中國的規矩，普通人是不可以進朝廷的，如果你們穿戴著素服小帽來見我，豈不褻瀆至尊？我若那樣，也不是敬賢之意。二人聽他說到這個份上，不好再推辭，只好接受了。

張獻忠還令他們製造天體儀、地球儀、平面日晷等儀器。張獻忠把這些儀器放在宮中的大殿上，展示於人——實際上，他也不知道這是幹什麼用的。

兩位神父雖然很受優待，但還是整天提心吊膽，因為，說張獻忠「殺人不眨眼」是毫不過分的。幾乎每天都有官吏被殺、被絞、被剮、被活剝皮。兩位神父曾冒險勸諫他不要妄殺無辜，張獻忠回答他們道：「我殺他們，是幫助他們解脫世上的苦難，雖然殺他們，實際是愛他們！」他還自稱，他是受天地主宰之派遣，來四川懲罰惡人與僧徒的，所以成都，以至四川的和尚無一倖免。他眼見四川各地都有反抗他的暴亂，憤恨地說，四川人全是「忘恩負義」的叛逆，不相信真主，他作為受天地派遣的人，理應殺盡四川人。1645年十一月，他決定屠城，成都竟有四萬餘人被殺。利類思在南門城樓，安文思在東門城樓親自目睹其慘狀。只見男女老少群集於廣場上，跪在地上向張獻忠告饒道：「我們都是大王的子民，是遵守大王命令的，從未得罪過大王，為何要置我們於死地呀？再說，我們都是手無寸鐵，絕不會與大王作對，求大王饒恕了我們吧！」但是張獻忠不為所動，命其軍隊一律屠殺之，以至於血流成河，浮屍萬

千，江水為之變赤，舟楫為之阻塞。兩位神父雖然盡了全力，仍然無法阻止悲劇的發生，只好盡力的保護他們的教民，還是無濟於事。

在此等危險的環境中，利類思和安文思還是沒有忘記他們的職責，有一百五十多人受洗，其中有張獻忠的岳父一家。張獻忠一次祭祀老子，兩位神父昂然而立，張獻忠的官員問他們為什麼不跪，他們答道，我們只拜創造天地的天主。張獻忠聽了也不怪罪他們——他在安靜的時候還是頗有理智的。但這種時候不多。張獻忠大多是處於非理智狀態，發起怒來就殺人，殺人的方式則多種多樣，有活剝皮，有零碎剮，砍頭、腰斬不一而足。他手下的千餘名官吏，被他殺得只剩下二十五人。

張獻忠的「大西國」定都成都，本想偏安一時，但他以往的叱吒風雲不過是因為各處流竄，一旦建立穩定的政權，其劣勢立即彰顯出來。不能恢復生產，不通行政管理，軍事優勢喪失殆盡，很快這個欲取代腐敗明王朝的造反者再被造反。張獻忠被小個子的川人擾得坐臥不寧，無法在四川繼續待下去了，屠城過後，便將成都宮殿焚毀，準備打回陝西老家去。兩位神父請求將他們遣送回澳門，張獻忠聽了怒火發作，責備他們忘恩負義，要殺了他們。這時，二人已將生死置之度外，高聲抗辯道：「我們只崇拜天主，並無罪過，你若殺了我們，天主不久將降大災難於你！」張獻忠聽了這話，反而遲疑不決，不敢動手。

1647年1月3日，在張獻忠北進途中，一小隊滿洲騎兵突然出現在漢中駐地附近。原來，張獻忠手下有個劉進忠不知何故得罪了老張，想要殺掉他。劉便跑到漢中，投降了前來征討的清軍。清軍正在為難於上青天的蜀道而發愁，不啻從天上掉下來個嚮導，遂以劉為先鋒，殺入四川。清軍向來是主將前面有五名騎兵開路，如果前面敵軍願意投降，他們立即撤回，作為和平受降的信號。如果遇到抵抗，後面大股的軍隊就衝上去，進入戰鬥。

清軍的探子正好在劍閣以南鹽亭的鳳凰坡遇到了張獻忠的隊伍。老張毫不以為意，騎上他的馬，手持一支短矛，由七八名衛士簇擁著，疾馳出營。不想，滿洲騎兵發出一箭，射入他的左肋，直透心臟，遂墮馬落地。頓時地上鮮血流淌，張獻忠在血中翻滾，痛極而死。這個幾乎把四川人殺盡的「大西國」皇帝，就這樣走到了人生盡頭。後來得知，這支隊伍是清朝靖遠大將軍肅親王豪格率領的征西大軍。因此，人們多以為是豪格射死了張獻忠，還

傳說張獻忠在四川某地拆毀一座佛塔時，見到一方石碑，上書「造者余化龍，拆者張獻忠。吹簫不用竹，一箭貫當胸」——這不過是以訛傳訛罷了。滿洲兵見利類思和安文思是外國人模樣，上前要搶劫他們的衣物，抗拒中，兩人都受了重傷。肅親王本來認識湯若望，知道他們都是湯神父的教友，便吩咐下面悉心看護兩人。

1648年，利類思和安文思跟隨肅親王大軍回到北京。

肅親王豪格（1609—1648）回到北京，被多爾袞指責為怠忽職守，要治他的罪。豪格本以為平定四川乃是大功一件，不但沒有受到獎勵，反而受到羞辱，氣憤地將帽子扔到地上，以腳踐踏。多爾袞更找到處罰他的理由，將之圈禁在高牆之內，不久死於獄中，據說是被多爾袞害死的。肅親王的福晉被多爾袞納入自己的妻妾隊伍中，其側福晉則信了天主教，並捐資修建了王府井大街上的教堂，人稱東堂。

利類思和安文思到京後，一面襄助湯若望，並時常與喜歡西學的官員來往，引起一些忌妒者的仇恨，隨即陷入「曆獄」冤獄之中。

位於王府井大街的東堂

楊光先於康熙初年，依仗四位輔政大臣的勢力，作《辟邪論》，攻擊西洋曆法和天主教為「妖書」、「邪說」。他不懂裝懂地胡說：「耶穌既釘死十字架上，則其教必為彼國所禁，以彼國所禁之教而欲行之中夏，是行其所犯之惡矣……」利類思和安文思針對楊光先的謬論，於1662年出版《天學真詮》為天主教辯護。《天學真詮》乃是利、安二神父撰寫，欽天監官員李祖白潤色。書中按照聖經的說法認為，東西萬國皆為亞當子孫，中國自伏羲以下也不例外，並且斷言中國古代就有天主教思想，還摘引四書五經中的言論，稱其為「天

學之微言法語」。無庸諱言，他們在宣傳其教義時，有些說法又過了頭，例如說中國儒家理論與天主教赫赫之光相比，如螢火一般等等，傷害了中國士人的感情。楊光先又發表《不得已》一書，其觀點簡而言之就是，寧可中國曆法發生差錯，也不要西洋那不會錯的曆法；還說西洋人到中國的目的是準備謀反，澳門屯兵眾多，正在伺機而動。利類思針鋒相對地作《不得已辯》，力證其誣。

康熙元年（1662），四位輔政大臣執政，安文思的一個僕人受人指使，誣告他行賄官員——這在當時是項重罪。因此，受到刑訊，腳踝骨處被夾棍夾了兩次，落下重傷。

康熙帝繼位後，湯若望的冤案得以昭雪，而且皇帝極看重幾位傳教士。安文思為了報答皇上的知遇之恩，特別製造了一些精巧的器物，進獻給皇帝。如，他曾造一機器人，左手執盾牌，右手執寶劍，內部裝有發條，上滿弦之後，可以連續行走十五分鐘。他還為康熙帝造了一個自鳴鐘，每小時自鳴一次，打點之後續以音樂，而且每個小時的樂曲不同，音樂停止後，又響起槍聲，離開很遠都能聽見。利類思的繪畫技藝很好，曾以三幅風景畫進獻給皇帝，許多官員看了他的畫，不禁驚歎道，他怎麼在一張紙上面，把房屋的走廊、門窗、道路都畫了出來？實際上，他不過引入了簡單的透視法則而已。

安文思為人正直，持戒律極嚴，對自己，對別人都是一樣。有時南懷仁神父也要受窘於他。例如，他認為南懷仁接受欽天監監正職務，就是違背教規，於是訴於耶穌會中首領之處，首領反過來還要向他解釋。

安文思去世前三年，他腳踝骨受夾傷處發作，疼痛難忍，以至夜不能眠，最後痛苦而死。安文思死於康熙十六年（1677）5月6日，康熙皇帝先是特賜葬銀二百兩，大緞十匹；殞後十天，又差侍衛三人到耶穌會住處，詢問利類思、南懷仁等：「何日出葬，照天主教用何禮儀？」並問起二百兩銀子夠不夠用，出葬那天，皇上派人跟隨至墓地，並將葬禮一切過程都彙報給皇上。

三、遲到的公平總比不到好

湯若望和南懷仁被革職，入獄之後，楊光先被任命為欽天監監正，吳明煊為監副。楊光先還算知道自己到底有多大本領，五次請辭，未能獲准，

西方人為康熙帝畫的肖像

只好上任。楊光先先是採用「大統曆」，後來又改用「回回曆」，但是預報的天象與實際屢屢不符。康熙六年（1667）七月，十四歲的皇帝親政，對欽天監的工作表示了不滿。

康熙七年（1668）十一月二十一日，康熙帝令楊光先、吳明煊和南懷仁到觀象臺，根據各自的推算來預報三天後中午的日影長度。到了那天（西曆12月27日），眾人來到觀象臺觀測結果，南懷仁的預測準確無誤，而楊光先、吳明炫預測得有明顯誤差。楊、吳二人還不認輸，第二天又到午門前觀測，第三天再回觀象臺，三次測驗結果，南懷仁全部預測準確，而楊、吳二人全都錯誤。

康熙帝又派人拿著楊光先、吳明炫所訂康熙八年的曆書，去向南懷仁求教。經過仔細的驗算，南懷仁上疏指出次年的閏月不是十二月，而是康熙九年的一月；而且楊光先所訂曆書中竟然一年中出現兩個春分、兩個秋分的怪事。經過朝廷派有關官員測驗，證實南懷仁所言不虛，遂將九年的曆書交與南懷仁推算。

康熙八年正月，皇上親政已經一年有餘，有意平反湯若望冤獄，改革曆法，所以決定改變楊光先仍然把持欽天監的局面。他下旨給王大臣會議，問道，當初楊光先訴告湯若望時，王大臣會議為什麼批准楊光先的曆法，而停止湯若望的曆法，你們要說出個道理來！並且命大學士圖海帶領二十多名官員一起到觀象臺，監督兩派預報的火星、木星等出沒時間。經過實地驗證，南懷仁推算「逐款皆符」，而吳明炫卻是「逐款不合」，楊光先更是「不知推算」。於是，兩人在欽天監的職務被撤。

三月初一（4月1日），欽天監監正一職出缺。禮部本擬由南懷仁出任，但皇上以為「以監正補授為過」，只令南懷仁任監副一職。禮部又擬以原來

的左監副胡振鉞升任，皇帝認為：「曆法天文既係南懷仁料理，其欽天監監正員缺，不必補授。」南懷仁有感於湯若望的前車之鑒，連監副一職也堅辭不就，在給康熙帝的上疏中，他寫道：

> 臣生長極西，自幼矢志不婚不宦，惟以學道修身為務，業今三十餘年。荷蒙皇上不棄庸才，特畀簡用。犬馬尚知報主，臣非木石，敢不勉力以答高深。臣一疏再疏，抗辭官職，出於臣至情，非敢勉強瀆陳。至於曆法天文一切事務，敢不竭誠管理，寧憚煩勞。如唐一行亦任修曆法，而未嘗授職，伏乞皇上憫臣之心，察臣之悃，允臣微志……

康熙帝見了南懷仁的奏疏頗受感動，批以「情辭懇切，准其所請」，暫時不授職務，可是負責欽天監的所有職責，並享受副監正的薪俸——每年俸銀一百兩，祿米二十五石。以後，南懷仁擔任這一職務直到他去世，之後是閔明我等西人，直到道光六年（1826）葡萄牙人高守謙因病回國，欽天監才不再聘用歐洲人。

南懷仁任欽天監負責人之後，即上疏請廢除下一年（康熙九年）的閏月，因為與天象不合，並受命編訂康熙九年（1670）的《時憲曆書》。南懷仁還組織編撰了《不得已辯》、《妄推吉凶辯》、《妄占辯》、《妄擇辯》等文章，對楊光先的「偽科學」進行了系統而全面的批判。

五月，鰲拜被扳倒。康熙帝真正掌握政權。

在此新形勢下，南懷仁和利類思、安文思等不失時機，而又審慎地控告楊光先「依附鰲拜，捏詞陷人，致李祖白等各官正法」，並請求皇上重新審理湯若望的冤案。他們在奏章

南懷仁畫像

中寫道：

> 思等同鄉遠臣湯若望，來自西洋，住京四十八載，在故明時，即奉旨修曆。恭逢我朝鼎新，荷蒙皇恩，欽敕修曆二十餘載……乃先帝數十年勳勞藎臣。羅織擬死，使忠魂含恨……乃光先所誣。火其書毀其居。思等與若望俱天涯孤蹤，兔死狐悲，情難容也。今權奸敗露之日，正奇冤暴白之時。冒懇天恩，俯鑒覆盆，恩賜昭雪，以表忠魂，生死銜恩。

他們還申辯道，他們的宗教教義是敬天愛人，盡忠盡孝，廉潔奉公，所以先帝賜予「通微佳境」的匾額。對於「圖謀造反」的指控，他們辯解道，他們都是「遠籍西洋，跋涉三年，程途九萬餘里。在中國者不過二十餘人，生於西而卒於東，有何羽翼，足以謀國？」

康熙帝對此案情極為重視，即出諭旨，保證凡在他幼年輔政時期遭受磨難的神父可安心向他呈訴。於是南懷仁和兩位同會會士奏請追究楊光先等僭越大權，假公濟私進行誣陷，禁止宣揚天主教並驅逐傳教士一案。康熙帝派專人調查事實，並對楊光先的指控諸條進行了核查。

事實清楚之後，康熙帝對楊光先的卑劣行徑極為氣憤，也對湯若望的冤情感到不平。遂令以其伯父康親王傑書領銜的王大臣會議會同六部九卿重新審理此案。經過六次會審，其中三次請南懷仁、利類思、安文思與楊光先到場聽審。楊光先又提起天主教於國家有害之類的陳詞濫調，被徹底駁倒。最後，會議議定：

（1）湯若望並無結黨謀亂的意圖，天主教乃是西方國家的信仰，引人向善，而不是引人作惡。

（2）湯若望通曉曆法，治曆有功，先帝所授官職，以及「通微教師」名義，應予恢復。沒收的教堂、墓地都應歸還。

（3）允許信奉天主教，讓流放在廣州的傳教士們回歸內地，並在全國各地自由傳教。

皇帝遂以上諭形式公布：天主教曾被不公正地查禁，今查明並無違反國家利益、庶民職守之道。為此，凡被逐教士可回原堂從事本職。諭旨並為湯若望公開平反昭雪，恢復原賜榮銜，又撥巨款為其修建墳墓。這道諭旨在

1671年1月7日頒布。雖然此時並未宣布傳教自由，但此年受洗者已達兩萬多人。第二年，皇帝的舅舅和一個八旗都統也入了教。

對於誣告湯若望神父的楊光先，大臣們起初擬將他處死，妻子流放到寧古塔。楊光先仍不服輸，堅持認為自己的曆法是堯舜相傳之法，皇帝之位是堯舜相傳之位；豈有堯舜之君行天主教之法的道理？但是正視現實的康熙帝不為他的巧辯所迷惑。康熙帝憐憫他已年老，於八年二月初七下旨，免其死罪，只給予革職處分。

七十三歲的楊光先在離京回籍的途中，死在山東德州。據說他死於「疽發於背」，發病時，肌肉潰爛，脫落成穴，以至腹背洞穿，連內臟都流了出來──這種說法似乎有些誇張，不外是為了證明「善有善報，惡有惡報」的理論而已。還有一種說法，認為楊光先是被「西人」毒死，這更是天方夜譚了，如果不是楊光先一夥別有用心的誣衊之辭，便是毫無根據的臆說猜測了。

八月，皇帝降旨為湯若望和當年處死的五名官員平反昭雪。

十一月，孝莊太皇太后率領皇帝及王公大臣，親臨湯若望墓前致祭。

不過，給湯若望平反，並沒有使天主教在中國取得合法地位，康熙帝明令禁止天主教在中國傳播，傳教士還是只能半公開地在各地傳教。因為，康熙帝雖然重用傳教士，但欣賞的是他們的科學技術，並不是天主教義──儘管他對天主教有一定的興趣。不過，年輕的皇上對傳教士採取了極為寬容的態度。康熙九年，各地被驅逐到廣州的二十五位神父，獲准返回原教堂。皇帝還親自書寫「奉旨歸堂」，送給扣押在廣州的諸神父，使他們堂而皇之地返回駐地。其實，這二十五人中已經死去了六人，因廣東總督金光祖素與神父友善，同意讓澳門派神父來頂替這幾個人。例如，由南懷仁推薦到京幫助修曆的多明我會教士閔明我已經逃離中國，他的中國名字被義大利耶穌會士所冒充。這個假閔明我後來成了康熙帝的老師，備受重用，曾被任為中國特使出使俄國，他與德國數學家萊布尼茲還是要好的朋友。

四、不能指責南懷仁帶來的是過時的科學

作為事實上的欽天監監正，南懷仁還要負責製造天文儀器，修建新觀象

臺等工作——這也是南懷仁為中國天文學的發展做出許多貢獻中的主要的一個方面。湯若望在編制曆法時，採用了歐洲先進的360度制和60進位制，將一天的時間分為96刻度，代替了以往中國一天分為100刻度的做法，這使中國過去傳統的天文儀器不再適用。而且徐光啟製造的儀器多為木質，所以南懷仁向朝廷提出製造天文儀器的計畫。他在強調儀器在制定曆法中的重要性時說：「曆之理，由此得以精；曆之法，由此得以密。……故作曆者，捨測候之儀，而欲求曆明效大驗，蔑由也。」

　　康熙八年（1669）六月，清政府批准了南懷仁的計畫，從此他擔當起重新製作儀器的重任。經南懷仁製造的儀器共有五十三件，其中幾件專供皇帝使用，所以製作極其精細，上面綴以龍紋。有六件儀器專為北京觀象臺所製，康熙十二年（1673）觀象臺建成，新儀器安裝完畢，其中包括：黃道經緯儀、赤道經緯儀、地平經儀、地平緯儀、紀限儀和天球儀。但這還不是結束，南懷仁於康熙十三年又編寫了《靈台儀象志》，以解釋新天文儀器的結構、原理，以及安裝、使用方法。與當時歐洲先進的觀測儀器相比，這些儀

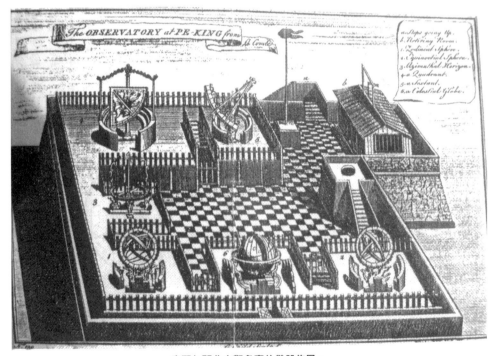

康熙年間北京觀象臺的儀器佈局。

南懷仁製造的天體儀。

南懷仁製造的黃道經緯儀。

器相對落後一些，但比起傳統的中國儀器還算是進步的——畢竟南懷仁不是專業的天文學家。中國的天文學家就是利用這些儀器，進行了二百多年的觀測工作，可謂是功不可沒。《靈台儀象志》中還記載了對中國人來說是很新奇的物理知識和儀器，例如，他稱之為「垂線球儀」的單擺，他並介紹了伽利略發現的振動原理——如今已是初中物理課本的內容了。書中，南懷仁還介紹了溫度計、濕度計，光的折射定律，光的色散現象等。

南懷仁另一個重要的科學貢獻是他於康熙十七年（1678）編算了《康熙永年表》。藉助於該表，每年曆書可以方便地算出，日月蝕的日期也可準確地推算出來。

南懷仁製造的赤道經緯儀。

南懷仁的天文學理論遵從的還是第谷理論，即認為太陽圍繞著地球轉

位於北京建國門附近的古觀象臺

動，而五大行星（水、金、火、木、土）圍著太陽轉。當時哥白尼的太陽中心理論已經提出，所以有人指責傳教士們，說他們向中國輸出的是過時的落

南懷仁製造的地平經儀和地平緯儀。

南懷仁於康熙八年（1669）製造的渾天儀。

伍科學。其實，這種責難並不客觀。事實上，哥白尼自從1514年有過「日心說」的猜想——只是一種天才的猜想，一直不敢公開發表，因為他也心裡沒底。而第谷的宇宙體系是佔有絕對的統治地位的，歐洲各大學講授的也都是他的理論。當時，大部分科學家也拒絕哥白尼的學說，大家不能想像如此巨大的地球會飛速地圍繞太陽在運動著。直到1609年伽利略用他的望遠鏡對木星進行觀測時，才確認哥白尼的理論是正確的。但是，伽利略於1616年被宗教裁判所指控為「異端」，1633年再次被判處監禁，他也不得不在宗教法庭上宣稱放棄自己的科學信念。作為羅馬天主教忠實信徒的耶穌會士——他們的身分首先是教士，其次才是從事科學的人，自然不能違背教廷。而且由於當時交通的限制，中國與歐洲的溝通十分不便，根本無法得到歐洲最新的資訊，直到1761年，哥白尼學說才由蔣友仁引入到中國。

　　更為重要的一點，他們是傳教士，主要的任務是傳教。

　　但是，南懷仁絕對是個出色的工程師，他的火炮——晚年他曾試圖製造曲射炮，但未成功，他的自動車，既使對現代人都是一直有吸引力的。

南懷仁製造的紀限儀。

北京古觀象臺上的象限儀是南懷仁於1674年製造的。

　　從南懷仁負責欽天監那時起，各種任務就壓在他的身上，以致他向老友抱怨說：「我曾希望隨著時間的推移，我的工作壓力會有所減輕，可是到現在我的工作還是重得透不過氣來，甚至我的上司必須免除我的日課——而且是經常的。」

　　朝廷中出了什麼難題，人們首先想到的是——找南懷仁去。

　　康熙九年（1670）夏天，為修建順治帝的孝陵所需，要將四塊巨石——每塊重七萬斤，以及另外兩塊各重十二萬斤的基石運過盧溝橋。可是，盧溝橋年久失修，能否禁得起如此的重壓，使工部官員著實頭痛。當時人們提出兩個方案，一是加固橋身，二是從乾涸的河床裡通過，但是都沒有把握。工部官員為此特意去請教南懷仁等傳教士。南懷仁來到現場考察一番後認為這兩個方案都不適用。因為河床的砂石經不起巨大石頭的壓力，必然會陷入其中。加固橋身費時費錢，似也不必要。他提出將巨石放在十個輪子的車上，以多個滑輪和絞盤慢慢地將其拖過橋去。以今天的物理學觀點來看，他不過是利用了滑輪組的原理，將力量分散開來，輕輕鬆鬆地完成了這一難題。不過，南懷仁在此故弄玄虛，在起動前做了一番祈禱，似乎表明他是依靠天主的神蹟而完成這一工作的——這大概也是他傳教的需要。適逢康熙帝狩獵歸來，獲悉此事，立即將捕獲的兩隻鹿賞賜給南懷仁。

Le Pere Ferdinand Verbiest.

南懷仁像

　　康熙九年（1670），葡萄牙國王派遣使者瑪納撒爾達聶（don Emmanuel de Saldagna）至北京商議有關澳門事宜，南懷仁擔任翻譯。從此康熙帝對南懷仁及其他傳教士日益信任。

　　南懷仁編訂曆書後，康熙帝還是授他以「治理曆法」，相當於欽天監監正，後來又授予太常寺卿，康熙十七年（1678）負責預測「康熙永年曆法」，加通政使司通政使榮譽銜。為此，有的神父為此訴於耶穌會會長，指責

南懷仁在南堂的居所

他違背四願，羨慕榮華，自棄於同輩等等。1680年，耶穌會長奧里瓦（Oliva）神父令南懷仁除了欽天監監正之外，辭去一切其他職銜。經耶穌會中國區負責人畢嘉（Jean-Dominique Gabiani，1623—1696）神父的懇請，暫時先不要辭職。南懷仁遂致書耶穌會的新會長諾耶，解釋他的苦衷，他並不是希圖這無義的虛銜，而是藉此來保護在華的傳教士，並舉出賴他得以保護的諸多奧斯丁會、多明我會、方濟各會的教友的例子。會長遂決定，以後，關於是否接受朝廷的授職，由南懷仁自行決定，不再受北京教區首領的約束。

　　南懷仁雖然身居高位，但這並非他的追求，作為天主教徒，他仍然奉行其教義，以服務勞苦大眾為其最高理想境界。他常對人說，如果將來有了教難發生，他一定首當其衝，絕不以官職作為護身符。他出入宮廷，或是因事外出，必身繫一苦行帶，或是在腰上纏一鐵鍊，以不忘自己的基督徒身分。雖然朝廷給予他優厚的俸祿，但他拒不接受，自奉甚儉，其住處的床榻用具，都是簡陋之極，和他的官位極不相稱。

五、南懷仁的大炮轟垮了吳三桂

康熙十二年（1673），爆發「三藩之亂」。康熙皇帝不能容忍統一的國家中出現三個獨立王國，因此於十二年毅然決定撤藩。吳三桂則不甘心失去已經得到的一切，決定再次起兵與滿人分庭抗禮。他利用江南人民對前朝的懷念，很快席捲了黔、湘、川三省，且牽動著桂、粵、閩等省，又有溫州、徽州、襄陽、蘇州、大同、寧夏等地的回應。吳三桂手下將士如雲，也多有善於謀劃之士，所以大軍屢挫清兵，幾乎有勢如破竹之勢。

吳三桂勢力多盤據在山水縱橫，交通不便的湖廣、江西等地，易守難攻。康熙帝意識到若想在軍事上壓倒敵人，必須重視武器裝備的製造和改良，尤其需要的是輕便火炮，使軍隊在跋山涉水時便於攜帶。十三年八月十四日，康熙帝特派內大臣到南懷仁寓所宣旨，令「治理曆法」南懷仁「盡心竭力，繹思製炮妙法，及遇高山深水，輕便之用」。南懷仁起初認為傳教士以慈悲為本，不應當造此殺人武器。可是，思前想後不造還是不行。因為，第一皇命不可違；再有，如果自己不造，皇帝必然請荷蘭人造，荷蘭人屬新教國家，那樣一來，新教得勢，反而與自己來華的初衷相違。南懷仁只好勉為其難，在造好之後，一律行祝聖禮，供聖像，以教中聖人名號刻於其上；並且向羅馬教皇報告，教皇讚許了他們的做法。

南懷仁首先把徐光啟、湯若望所鑄火炮修復，但由於舊炮過於沉重，不適於多山多水的南方使用。皇帝下旨給南懷仁，要他盡心竭力製造適合高山深水地區使用的輕便火炮。於是南懷仁設計了一種發射的炮彈只有二斤的輕型炮。除了炮筒等必要零件外，炮身多用木頭製成。他新鑄的一百五十多尊重炮，及

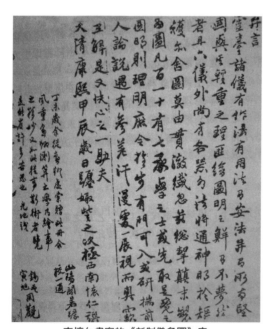

南懷仁書寫的《新制儀象圖》序

三百二十門輕炮——於康熙十四年（1675）三月，在盧溝橋測驗，命中率達百分之九十以上。十一月，陝西王輔臣叛，陝西戰場急需紅夷大炮，南懷仁領導工匠，只用了二十八天時間，便造出二十門送往前線。十一月，清軍準備進攻湖南，吳三桂的部將夏國相固守萍鄉，十分難攻。清軍上疏請求增援紅夷大炮。皇帝下旨將南懷仁所鑄大炮全部送到江西軍前。南懷仁造的大炮畢竟厲害，很快拿下萍鄉。江西一失，吳三桂的陣地被分割成兩半，使他的優勢不再。清軍很快進兵湖南，攻克醴陵、瀏陽，威脅長沙。吳三桂聞知長沙危急，親自從常德回來布防，中途被清軍打敗，從此吳三桂的攻勢變成了頹勢，而一蹶不振。

　　康熙十七年（1678）八月，吳三桂病死，過了兩年，清軍攻克昆明，三藩之亂終於敉平。

　　十八年（1679），康熙帝準備進攻臺灣，令湖廣運送西洋炮二十門至福建。

　　二十年（1681）八月，南懷仁督造的240門「神威將軍炮」在盧溝橋試放，康熙帝親自前往觀看演習，見大炮命中率極高，大為喜悅，當面嘉獎南懷仁道：「爾向年製造大炮，陝西、湖廣、江西等省都已有功效。今之新炮，較為更好。」將自己的貂皮大氅賞予南懷仁，又於二十一年（1682）授予他通奉大夫、工部右侍郎等榮譽銜。至此，南懷仁的全部官銜是，欽天監治理曆法、太常寺卿、通政使司通政使、工部右侍郎、通奉大夫加一級。

南懷仁為平定三藩所造的輕便木製大炮。

南懷仁於1682年所造的第一種類型火炮。

南懷仁於1689年所造的火炮。

迄今，歐洲各大博物館中藏有南懷仁製造的大炮十七門，都是1900年八國聯軍從中國掠走的。

二十二年，清政府將注意力轉向東北方面，準備抗擊俄國的侵略。又命南懷仁新鑄紅夷大炮53門。

二十一年，為了偵察俄國在黑龍江流域的動向，康熙帝巡幸遼東，指定要南懷仁隨行，以隨時諮詢天文、氣象方面的問題；同時要他以儀器觀測大

南懷仁設計的神功將軍炮

南懷仁製造的武成永固大將軍炮。

氣、土地的現象。南氏也沒有忘記他欽天監的角色，在瀋陽測得盛京的緯度比北京高了二度，糾正了過去認為瀋陽緯度不超過41度的錯誤看法。南懷仁並將沿途的見聞記錄下來，寫成《韃靼旅行記》。據南懷仁的記載，當時遼東的村鎮已全部荒蕪，抬眼所見都是殘垣斷壁，瓦礫狼藉——滿清為迅速徵集兵力，強迫城鎮中的青壯年全都參軍，為了斷絕他們回家的願望，遂將房屋燒毀，使他們只有一條道路可走。旅途中，康熙帝不斷地詢問關於星象的問題，可是南懷仁覺得皇上並非是真正的求知，而是在臣子面前顯示自己的學問。大概也是刻意為了向漢人表明，滿人並不比漢人笨，甚至還要聰明。

二十三年，皇上去蒙古，又令南懷仁陪駕。在回程路上，必須渡過一條洪水暴漲的河流，由於天色已晚，輜重在前，官員搶著渡河紮營。可是康熙皇帝又帶著一條船返回，高聲叫道：「南懷仁在哪兒？」他岳父佟國維答道：「他在這兒。」皇帝下令道：「叫他上這條船，跟我們一起過河去！」皇上對南懷仁的重視可見一斑。

除此之外，南懷仁從事於其他有利國計民生的大量工程：如開掘運河，疏通河道。在從事繁重的科學研究工作的同時，他也從不忽視宣傳信仰方面的本職任務。

1676年，南懷仁被任命為耶穌會副省會長。

南懷仁以他廣博的知識，精湛的技術，悲憫的心懷，儒雅的修養贏得了周圍人們的尊敬。文人相輕是中國人歷來的習氣，可是在欽天監這文人成堆的地方，卻沒有不佩服南懷仁的人。他們都誠心地向南神父學習，他們還上疏皇帝，請他製造相關儀器。溫度計和濕度計就是南懷仁介紹到中國來的，

南懷仁製造的神威無敵大將軍炮

南懷仁製造的威遠將軍炮

距伽利略於1593年發明溫度計只有70年的光景。他經常是在眾目睽睽之下，一邊製造，一邊給眾人講解。他造過起重機、多級引水水道等五十五件，許多儀器上面裝飾以中國特有的龍形象。他造的許多儀器至今仍在。

南懷仁曾著有《吸毒石的原理及用法》，據現代科學家考證，所謂吸毒石就是活性炭。南懷仁還於康熙八年製作了一台「三球儀」，將日、月、地球之間的相對運動準確而直觀地演示出來。當然現在這種教學演示儀器在中學已經常見，但是三百多年前卻是罕見的。

康熙十三年（1674），南懷仁還參照多種資料，繪製了《坤輿全圖》，上面除了標明五大洲、四大洋之外，還畫出各地海中的奇魚、怪獸、珍禽。同年，他編著了《坤輿圖說》兩卷，用來解釋《坤輿全圖》。《坤輿圖說》傳到日本之後，一直被奉為世界地理知識的權威著作，直到在明治維新之前。南懷仁的其他中文著作尚有四十餘種，此處不再贅述。

六、康熙皇帝是附庸風雅嗎

經過南懷仁與楊光先的曆法之爭，十五歲的康熙帝深有感觸：「偌大一個大清帝國，大臣中竟無人通曉天文曆法，豈不讓外人恥笑？……而且，我自己都不明白，怎麼能判定別人的是非？」通過實際驗證，他認識到西方的天文學是準確的，於是下決心學習西方知識。南懷仁以其良好的科學素養成為皇上的第一位西洋教師。平定三藩之亂時，學習曾一度中斷，之後又恢復繼續學習。

這也正是年輕的康熙帝求知欲極其旺盛之時，他幾乎天天召南懷仁進宮。每天，天剛破曉，南懷仁或其他教士就被召進宮去，當他們到達內廷時，皇帝已經在那裡等他們了。上午兩個小時，晚上兩個小時，這些洋教師們教授皇帝各種知識。教他如何使用天文儀器、數學儀器，另外給他講授幾何學、靜力學，及天文學中最有趣味，最容易理解的內容——當然也不放過任何一個機會向他灌輸天主教教義。

康熙二十八年（1689），康熙帝在收復臺灣，收回雅克薩，與俄國簽訂《尼布楚條約》之後，再次開始系統地學習。

張誠給他講解各種科學儀器的用途；白晉講授幾何學、解剖學、哲學，

還有對數；徐日升教他樂理、西洋樂器。皇帝感興趣的還有其他耶穌會教士翻譯的天文、地理、醫學，及各國風俗等書籍。有時，他也聽聽南懷仁講授的音樂、哲學課。連續兩年他都是如此專心致志，以致把處理政務之外的時間全部用在學習上面了，他把這種學習當作最大的樂趣。此時，康熙帝對西方文明充滿了好奇和嚮往，他曾寫信給教皇克萊蒙，提出要與教皇的侄女成婚，以加強中國、歐洲的聯繫。不知何故，這段好事終於未能成功，此信件現在還保存在法國外交部檔案裡。

康熙帝作為一國之主並不輕易相信別人，他曾經派遣一些忠於他的滿族青年以學習知識為名，前往南懷仁的住所，實為偵察南懷仁的隱私。當這些青年人回來向皇帝彙報南神父並無任何不軌行為時，皇上以為他受了南懷仁的收買，多次杖責，叫他說出真相。但是，這些正直的年輕人雖然受責，也不違心胡說。最後，康熙帝終於相信，南神父真的是個至誠君子。

康熙帝特別對數學表現了極大的興趣，他要求南懷仁給他解釋利瑪竇翻譯的《幾何原本》，並將其翻譯成滿文。只這《幾何原本》他就看了不下二十遍，對各種圖形、定理及其證明過程都能瞭若指掌。他向洪若翰、劉應神父學習為觀測天體用的秒鐘、水平儀和其他一些儀器的使用方法。他還時常把所學的知識隨時用於實際，他外出時，經常令隨從們帶著測量儀器。時而用四分象限儀觀測太陽子午線的高度，時而用天文環測定時刻；從而推測出當地極點的高度。他有時測量一個寶塔的高度、一座山峰的高度；或是計算兩個地點的距離。還通過計算，找出正午日晷影子的長度，往往和張誠計算的結果完全一致。

每當遇到這種場合，立即引起

康熙皇帝便裝寫作圖

康熙皇帝學習數學時所用的繪圖儀器之一　　　康熙皇帝學習數學時所用的繪圖儀器之二

大臣們的一片頌揚之聲，皇上也是心安理得地聽著臣子們的阿諛奉承。雖然年輕的皇帝有強烈的求知欲，但是他從傳教士那裡學來的東西不過是些最基本，也是很膚淺的知識。類似的情況，康熙帝自認對音樂頗有造詣，可是，在傳教士眼中他對音樂一竅不通，每個殿堂裡都放著鋼琴，他卻從來都是以一個指頭來彈鋼琴，既使如此，還是有不少太監和隨侍臣子一個勁兒地讚美他。傳教士們心裡明白，他們一方面滿足了他的好奇心，也同時滿足了他的虛榮心。

　　南懷仁和他的先行者湯若望等人一樣，都希望利用和皇帝接近的機會，能夠說服他信奉天主教。他在隨侍康熙帝出巡的途中，大概也試圖做過這樣的努力，但是，康熙帝始終把他看作是科學方面的顧問，僅此而已。因為，

康熙皇帝學習天文知識用的「簡平、地平合璧儀」，用於近距離測量。

無論如何，天主教是外來宗教，在政教一體，或準一體的體制下，皇帝的宗教認同對全國有極大的影響。而以華夏共主自居的清朝皇帝，也是以上承堯舜，祖述孔孟為驕傲的。如果以異族統治中國的滿人相信了天主教，無疑會更加強化人民的疏離感，鬧不好，還會引發政治、社會的動亂。因此，幻想皇帝入教只能是傳教士們的一廂情願。

　　儘管康熙帝對南懷仁極為信任，以致「每當皇上情緒低落時，只要

一看到南老爺，就立即恢復了興致」，但是終其一生，清廷並沒有正式解除禁教令。南懷仁所能做的，只是利用康熙帝對他的倚重，以及他在朝廷中的影響力，使皇帝下令刪除仍記錄於某些省份地方禁令中，將天主教視為白蓮教的文字。康熙帝充分地利用了傳教士們的各種專長，視他們為「客座專家」、「科技顧問」，至於其他，一律免談。

康熙帝用的量角器

康熙帝用的幾何比例規（上）、手搖計算器（下）。

　　晚年的南懷仁大概已經明確了自己在清廷中的角色，那是湯若望一生所證實了的，就是以自己的一技之長服務於宮廷。原來的想要以天主教征服世界的雄心早已被淡忘了。雖然南懷仁未能使皇帝入教，但卻使他對天主教的態度發生了變化，這主要反映在他對天主教的讚許和尊重，以及對傳教士的友好的信任上。康熙十年（1671），皇帝親自到耶穌會住所慰問神父們，賜予「敬天」匾額，懸於堂中，並且說「敬天的意思就是敬愛天主」。各地教士們都遵旨將其掛在教堂門前，作為皇帝對天主教心照不宣的認可。

　　1671年，南懷仁神父見在華耶穌會教士年紀都已老大，而且單靠葡萄牙在中國推進傳教事業是不夠的，因此，作為耶穌會中國教區的會長，在徵得康熙皇帝的同意後，他從北京發出了《告全歐洲耶穌會士書》，籲請各國多方面派遣傳教士來中國。這時，德國忙於與土耳其的戰爭；荷蘭與英國也發生火拼，法國趁機取得歐洲霸主地位，並進而要稱霸世界。法國國王路易十四首先回應南懷仁的呼籲，那時，路易十四正命令法國科學院做全球地理調查，世界各地皆有人員分派；唯有中國、印度，因為教權被葡萄牙控制，工作受到阻礙。路易十四獲悉南懷仁的呼籲，認為這是擴大法國在東方影響的好機會，立即決定增派耶穌會士去中國。當然，這位法國國王也有打破葡萄牙在中國獨霸傳教事務狀況的考慮，所以於1685年1月決定派人到中國傳教。應選的六位教士是白晉、李明、張誠、劉應、塔夏爾和洪若翰——全部來自法國科學院。從此，法國傳教士逐漸取代葡萄牙傳教士，在中國佔有主

導地位。法國諸教士攜帶大量的數學、天文儀器，於當年7月抵達浙江寧波，從運河北上，於次年2月到達北京——此時南懷仁已於十天前去世。後來，塔夏爾因事返回法國，李明留在暹羅；白晉、張誠被康熙帝留在宮廷做御前侍講。年輕的康熙皇帝頭腦清晰，判斷力強，善於吸收新知識，正希望西方多派一些學者來華，因此與西方國王的決定不謀而合。洪若翰到中國後寫信給他歐洲教友說：「我們在來中國之前所學得的科學技能現在非常有用，因為這些科學技能乃是康熙皇帝准許天主教公開傳教的主要原因。」

應該看到，雖然這些傳教士們在中國發揮了一定的作用，但是與他們的能力相比是極不相稱的。因為中國的體制是，竭全國之民力、物力以奉一人。天主教也好，科學也好，在只有一種權威的國家裡，一切都是工具。一位耶穌會士在寫給同伴的信中說：「對一個只怕皇帝，只愛錢財，對一切永恆的主題無動於衷、漠不關心的民族宣揚教義，必須不厭其煩。」

南懷仁死於康熙二十六年十二月二十日（1688年1月28日），據說是從馬上摔下受傷致死的，終年六十六歲，他在中國活動了十九年。在他病重期間，皇上多次派人探問，並派遣御醫前往診視。南懷仁死後，賜予「勤敏」的諡號，是傳教士中唯一得此殊榮的人。康熙帝為表彰南懷仁效力多年之功，特撰碑文：

> 皇帝諭祭欽天監，治理曆法，加工部右侍郎，又加二級，諡勤敏南懷仁之靈。朕維設官分職，授時端重靈台；振旅治兵，利器爰儲武庫。惟專心以蒞事，斯運巧而成能；無忝厥官，宜膺殊典。爾南懷仁，遠來海表，久掌星官；學擅觀天，克驗四時之序；識通治曆，能符人政之占。非惟推步無差，抑且藝能兼備；鑄為軍器，較舊式而呈奇；用以火攻，佐中興而制勝。恪恭不怠，奉職惟勤；術數咸精，造思獨敏；務疏榮於蒼佩；乃奄息於黃壚。念夙夜之成勞，良深軫悼；稽儀文於舊典，特示褒崇。嗚呼！既賜以金，禮倍隆於存歿；載錫之諡，名永播於遐荒。爾靈有知，尚其歆享。

南懷仁為人謙虛熱誠，急人所急，不遺餘力；但律己甚嚴，視世榮如敝屣，堅守神貧，苦身克己；他恪守修會職責，視富貴如浮雲。

　　南懷仁和利瑪竇、湯若望兩位神父有著很多相似之處，如對科學有很深造詣，對傳教事業有高度熱情，以及其他操守方面的優良品德。他極為體會利瑪竇、湯若望兩位神父的思想，曾說過：「用做實際的事情來獲得人們的信任，千萬不要去簡單地宣傳我們的教義。」——這句話幾乎成了在中國的傳教士的座右銘。對當時信仰基督還處在初始階段的中國來說，在傳教事業的迫切需要上，除了利、湯兩位神父外，幾乎再無別人能比南懷仁更重要了。

　　南懷仁死後，法國傳教士仍然在宮廷中佔有重要的地位。

　　皇帝的外籍教師還有白晉、閔明我（Philippus Maria Grimaldi，1639—1712，義大利人）、徐日升（Thomas Pereira,1645—1708，葡萄牙人）、安多（Antoine Thomas，1644—1709，比利時人）等。他們給皇帝開的課程包括了數學、天文學、地理學、藥理學、解剖學、拉丁文、歐洲哲學、音樂理論、繪畫等。

　　外國教師們為了提高皇帝的學習興趣，時常以一些新奇的東西引起他的好奇心。如閔明我將當時新發明的水力機模型進呈給他，上面有一常流不息的噴水裝置；還有天體運行儀、報時鐘等。

　　康熙帝還曾令人翻譯《人體解剖學》，他曾對他的洋教師們說：「身體上雖任何微小部分，必須詳加多譯，不可有缺。朕不憚麻煩，命卿等譯此書者，緣此書一出，必大有造於社會，人之生命，或可挽救不少。」他還說過：「世上無論何物，當利用之，蓋上帝既以萬物賜我，則善為利用，理亦宜也。」

　　康熙三十二年（1693），康熙帝感染瘧疾，忽冷忽熱，渾身顫抖不

南懷仁墓

止，非但不能理政，連炕也下不來了。太醫院的御醫們竟然束手無策，幸虧有幾個教士在旁邊，洪若望、張誠身邊帶有金雞納霜，皇上服了一劑，霍然而癒，他這才感到西洋的有些東西真的是很奇妙的。為酬謝張誠，賜予其住宅，並賜地建造天主教堂，即人們俗稱的「北堂」。教堂完工後，皇上親題「萬有真原」匾額，並題寫楹聯：

　　　　無始無終，先作形聲真主宰；
　　　　宣仁宣義，聿昭拯濟大權衡。

還作詩一首：

　　　　森森萬象眼輪中，須識由來是化工。
　　　　體一何終而何始，位三非寂亦非空。
　　　　地堂久為初人閉，天路新憑聖子通。
　　　　除卻異端無忌憚，真儒若個不欽崇。

位於西什庫的北堂

　　此時，天主教國家，如西班牙、葡萄牙已逐漸衰敗，原先的威尼斯、里斯本等港口已少有去東方的船隻。東方航線被新教國家英國、荷蘭等壟斷。歐洲的宗教分裂也反映到在中國的傳教士中間，除了葡萄牙支援的耶穌會之外，西班牙支持的多明我會佔有了福建一帶的傳教權；羅馬教廷也派出直屬羅馬的遣使會士；法國耶穌會、外方傳教會都先後到達中國。北京成了多國都想佔據的傳教聖地，葡萄牙耶穌會士開闢南堂和東堂；法國耶穌會士自建北堂；義大利的外方傳教會自建西堂。各國傳教士對在中國

北堂的內景

西什庫教堂碑

傳教方法上、觀念上都有很大差別。所謂的禮儀之爭和各國爭奪在華主導權有極大關係。

開始時，康熙帝對各國傳教士都是一視同仁的。後來，他也發現「近日自西洋來者甚雜，亦有行道者，亦有借名行道，難以分辨是非……更有做生意，跑買賣等人。凡各國各會皆以敬天主者，何得論彼此。一概同居同住，則永無爭競矣。」他對為朝廷服務的其他傳教士同樣極為優渥，例如授閔明我、徐日升、安多以甲喇章京銜。皇上還在御座前賜給徐日升一柄象牙金扇，上繪有樓臺花樹及自鳴鐘，並親自題詩其上曰：

　　　晝夜循環勝刻漏，綢繆宛轉報時全；陰晴不改衷勝性，萬里遙來二百年。

安多患病時，皇上親自過問，派遣太醫為他診脈，開方；還派御前侍衛

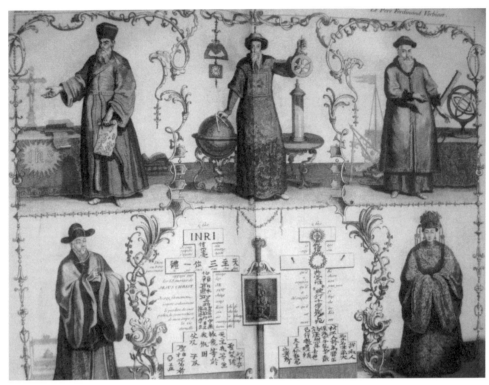

利瑪竇、湯若望、南懷仁畫像。

詢問：「安多的病與朕在外邊得的病是一樣的嗎？」過了幾天又派人問：「安多這幾天好些嗎？」

七、耶穌會士與《尼布楚條約》

康熙帝敉平了三藩之亂後，立即把目光從西南轉移到東北方面，殫精竭慮地對付俄國方面的威脅。

早在萬曆九年（1581），哥薩克匪徒頭目葉爾馬克在伊凡四世（伊凡雷帝）的慫恿下，向東方擴張，佔據了突厥族的失必爾汗國；並以此為基地，四出搶掠。順治元年（1644），臣屬於沙皇的哥薩克人已經到達黑龍江沿岸。順治十一年（1654），俄國強佔黑龍江流域的中國領土尼布楚（現在俄羅斯稱之為涅爾琴斯克）。康熙四年（1665），俄國的哥薩克軍隊又強佔黑龍江邊境達斡爾人居住的雅克薩（在黑龍江北岸，今屬俄羅斯）。之後，俄

國人仍不斷侵擾中國東北的黑龍江流域。康熙八年（1669）、九年，清政府通過外交途經，要求俄方停止對中國的侵略活動，引渡叛逃到俄國的分裂份子，達斡爾酋長根特木耳。但俄方不但不理睬中國的要求，彼得一世反而於康熙九年，通過尼布楚的官員，向康熙皇帝傳達了他的「指令」，要康熙帝服從俄國的統治，以求得他的保護。康熙帝自然不會理他，還將來使扣押起來。

康熙十五年（1676）5月，俄國派斯帕法里出使中國，商談邊界及通商等問題。俄方要求兩國互市，開放交通，釋放被俘人員等。可是，對於中國政府提出的停止騷擾中國邊境，引渡逃犯等問題，卻緘口不談。

清政府考慮到與南懷仁通曉多種語言，而且會說滿語、漢語，遂決定由他擔任翻譯，與俄國人談判。南懷仁一直希望為耶穌會開闢一條從歐洲經過俄國到達中國的陸路交通線，所以他刻意向俄國示好。他將清政府的談判底牌亮給俄方使團——必須引渡逃犯根特木耳，否則康熙皇帝決定向俄國宣戰，攻打雅克薩（俄國人稱之為阿爾巴金），甚至建議俄國人應派重兵把守邊境諸地。可見，傳教士們行事的最高準則是為了他們的傳教事業，至於為哪個國家服務，並不違背他們的道德底線。

康熙二十年（1681），清廷曾遣使索還雅克薩，被俄國無理拒絕。翌年，二十九歲的康熙皇帝不能忍受俄國人的步步進逼，遣副都統郎坦、彭春等去黑龍江達斡爾、索倫察看地形，準備武力奪回雅克薩，清初的著名詞人納蘭性德也曾參加偵探邊界的行動。他們回來報告說，俄國人持以驕人的不外是有木柵城堡，再有就是槍和炮。康熙帝決定讓南懷仁加緊製造紅夷大炮，用以攻打雅克薩城。

康熙二十四年（1685），一切準備就緒之後，年輕皇帝親自命令黑龍江將軍薩布素率中國軍隊近二萬人，攜帶野戰炮一百門、攻城炮四十門，向雅克薩的俄國佔領軍發動攻擊。戰爭只進行了兩天，就迫使俄國人投降求和。據說，當年反抗清廷的草莽英雄寶爾墩在薩布素的勸說下，參加了收復雅克薩的戰役，因受傷，兩年後死在當地——至今愛輝縣仍有寶氏的後人。

雅克薩戰役中，幾百名俄國戰俘怕回國後會受到懲罰，願意歸順中國。清朝政府將他們編入滿洲鑲黃旗俄羅斯牛錄，定居北京。因俄國人稱雅克薩為阿爾巴金，所以這些在中國繁衍生息的俄羅斯人自稱是阿爾巴金人。為滿

清代人所畫的俄羅斯人

足這些人的宗教要求，彼得堡派遣東正教祭司到北京，從此東正教傳入中國。

經過多年的擴張，俄國侵佔了貝加爾湖以東大片的中國領土，而且俄國希望與中國進行貿易，因此迫切需要和中國談判。1687年（康熙二十六年），俄國派出柯羅文為首的代表團與中國談判，據說彼得一世交給他們的底牌是，雅克薩不妨讓給中國，但通商貿易的權力一定不能放棄。清政府則派出以索額圖、佟國維為首的談判代表——康熙帝密令他們，尼布楚於必要時可以讓給俄國，但邊界至少要以額爾古納河為界，黑龍江流域不能放棄。

中國代表團以法國傳教士張誠、葡萄牙傳教士徐日升充當翻譯。耶穌會士處在中、俄之間極為微妙和尷尬。因為耶穌會士曾經支持彼得一世的兒子奪取政權，而被驅逐出俄國，所以在華耶穌會士想要彌補這個裂痕，使他們能夠重返俄國，這樣他們就不得不討好俄國人——可是他們又是代表中國政

雅克薩戰役圖

府參加談判。同時，耶穌會士還有一個現實的考慮，他們希望俄國人允許他們穿越其國境，以便從陸路溝通中國和歐洲，這樣要比海路便捷而且安全。南懷仁曾帶信給沙皇彼得一世，「表明他和徐日升神父對俄國的忠誠」。

康熙帝賜予張誠、徐日升二人官服袍褂，授三品官銜。使團在路上用了四個月的時間，其艱難非親歷者難以想像。1689年8月談判在尼布楚開始後，決定使用拉丁文作為談判語言，這樣一來，耶穌會士得以從中操縱。談判開始後，俄國欲佔領黑龍江以北的土地，中國則要求他們撤退到色楞格河以西，把雅克薩、尼布楚等地歸還給中國。雙方談判幾次瀕臨破裂，索額圖甚至準備武力解決問題。作為中國代表團成員的張誠、徐日升實際上採取了中立的態度，他們沒有義務偏袒任何一個世俗皇帝。俄國人要求清朝使團派兩個神父去他們那裡澄清一些條款，結果張誠徵得使團長索額圖的同意後，從中斡旋。張誠告訴俄使柯羅文，若是不把雅克薩歸還中國，談判不會有結果。他又向索額圖說，俄方最後可能將雅克薩、尼布楚之間的區域讓給中國。

雖然傳教士們左右逢源，兩邊說合，但是最終使和談成功的因素是中國當時還是軍事強國，中方又有充分的軍事準備，而且當地居民不堪俄國人的

尼布楚的一座教堂

壓迫——畢竟他們也是亞洲人。雖然中國損失了不少的領土，但是贏得了邊境的安寧，並且能夠騰出手來處理國內更加迫切的問題。而俄國也忙於爭奪歐洲勢力範圍，希望盡早結束與中國的爭端，所以和談成功使中、俄雙方都表示滿意。1689年9月6日，中俄簽訂《尼布楚條約》，中國將貝加爾湖以東一帶的土地讓與俄國，以求得邊境的安寧；同時劃定額爾古納河、額爾必齊河以東，外興安嶺以南為中國領土；再有，中國開放邊境貿易。條約簽訂後，康熙帝接見二位神父，表示了感謝：「朕知爾等如何出力，為朕效勞，以愜朕意，朕亦知，和約得以締結，實賴爾等之才智與努力。」隨後，二人辭去官職。張誠在兩次前往尼布楚的途中，目睹了塞外的形勢，寫成《對大韃靼的歷史考察概述》，介紹了東北亞地區滿、蒙、回各族的歷史、生活、習俗和宗教，特別詳細敘述了喀爾喀蒙古和厄魯特蒙古之間的矛盾鬥爭，以及清政府為維持統一而做的努力。

　　《尼布楚條約》簽訂後，雙方疆界維持了近一百五十年，從未更動。

　　康熙三十一年（1692）二月，康熙帝正式發布命令，宣布傳教的合法化，使順治年間及康熙初年，天主教只能非公開傳教的狀況大為改觀。促使

尼布楚城

康熙皇帝做出這不平凡舉措的原因，是耶穌會士為皇上做了三件大事：

（1）治理曆法；

（2）在用兵之際，製造火炮；

（3）幫助與俄國簽訂《尼布楚條約》。

八、康熙帝不許傳教士進入邊境地區

雖然利瑪竇當初曾經帶來一幅世界地圖，打開了中國人的眼界，認識到世界有五大洲，改變了「天體渾圓，地居其中」，「中國居中，海環其外」的概念。但其圖，尤其是中國部分仍嫌粗糙。由外國傳教士繪製中國地圖，始於康熙時代。

康熙十七年，南懷仁在隨扈康熙帝巡視東北地區時，測定瀋陽的緯度比北京高出二度，而過去人們一直誤認為瀋陽和北京在一個緯度上。康熙帝擔心別的省份也會出現類似的錯誤，遂打算利用傳教士們將大清國的版圖全部測繪下來。

中、俄「尼布楚條約」談判之際，張誠向清廷提交了一份新地圖，引起康熙帝的注意，即委託張誠在參加談判之餘，對東北地區的經緯度稍加留意。二十八年底，張誠在給皇帝講學時，指出東北地區地圖過於簡略，建議重新進行測繪。皇上也懂得精確測繪地圖的重要性，在此之後到各地征戰、巡行之時，都令張誠等傳教士跟隨，一面講學，一面測定當地的經緯度，以做好測繪地圖的準備工作。

三十七年，剛剛來華的法國教士巴多明奏明皇上，說各省府縣城鎮座落地點多有不準的地方，再次建議重新測繪全國地圖。

為了慎重，皇上讓傳教士們從北京地區開始試測。四十七年（1708），白晉、安多、雷孝思（Jean Baptiste Regis，1663—1738，法國人）、杜德美（Pierre Jortoux，1668—1720，法國人）、巴多明等人，把他們繪製的北京附近地圖獻給皇上，康熙帝看了之後，覺得比舊圖更加精確，決心由杜德美主持，逐步在全國進行全面測繪工作。

康熙四十七年（1708）四月，雷孝思、白晉和杜德美開始測繪長城一帶的地圖。他們於六月間從山海關出發，用繩索、指南針等簡單的工具，夜間

在帳篷裡過夜，白天則冒著風沙，一步步地直走到甘肅嘉峪關。第二年的正月才回到北京。以後兩年中，雷孝思、杜德美和費隱等人對東北地區、直隸省進行測量。五十年（1711），雷孝思和麥大成去山東；其他人有的去蒙古，直至西伯利亞的貝加爾湖一帶；有的向西到達新疆；有的則在華北一帶繼續測繪尚未走過的地方。朝鮮和西藏也包括在測量範圍之內，但因兩地不允許傳教士進入，所以由他們培訓中國人後，代替他們測量。他們用了九年

由白晉、雷孝思等傳教士繪製的《皇輿全覽》地圖。

的時間，踏遍了中國的每一塊土地，終於在1718年完成了《皇輿全覽圖》的編繪。從康熙四十六年試測開始，整整用了十年時間，若是連早期的準備工作計算在內的話，則是三十年之久。

馬國賢教士將地圖製成四十四塊銅版，印刷出中國有史以來第一份全國地圖——那時歐洲各國尚未有全國地圖出現。《皇輿全覽圖》的完成，凝聚著中西人士的智慧和辛勞，諸教士身歷的艱險不問可知，例如，雷孝思歷經了長城內外、塞外的草原、西南邊境的雲南野人山，及江南大部的地區。杜德美測繪了遼東、直隸等地的地圖。他們還曾想到西部、北部邊界去勘查，但被康熙帝拒絕——作為一個精明的皇帝，他的警惕性是很高的。

康熙帝的外籍教師尚有多人，此處略為介紹一二。

白晉（Joachim Bouvet，1656-1730）是法國人，1685年，他與其他六名傳教士受法國國王路易十四派遣，攜帶若干數學、天文、化學儀器來到中國。於康熙二十六年（1687）抵達北京，他與張誠二人被皇帝留在京城服務。他用了不到一年的時間學會滿文，以後又學會漢文。先後用滿文編寫了二十幾種

被稱為「太陽王」的法國國王路易十四畫像。

康熙帝便裝像

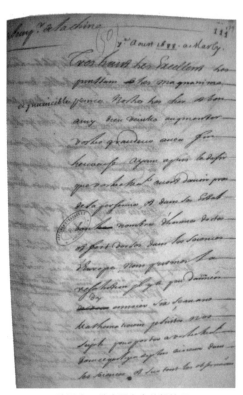

路易十四給康熙皇帝的親筆信

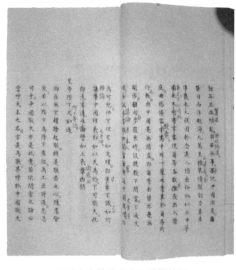

康熙皇帝給路易十四的親筆信

教科書，還把法國皇家科學院編寫的《哲學原理》譯成滿文，供康熙帝閱讀。他還編寫了近二十篇醫學著作，介紹一些疾病的醫治方法，康熙帝很欣賞他的工作，特意為他的一些著述撰寫序言。康熙帝非常重視他們的工作，請白晉回法國再招聘一些深黯科學的傳教士來華，同時請他將四十九冊精美的書籍帶給路易十四國王。他於康熙三十二年（1693）作為康熙帝的專使去法國，六年後返回，帶回十名傳教士，其中有雷孝思、翟敬臣、南光國、利聖學、巴多明、馬諾瑟、顏伯理等人，以及路易十四帶給康熙帝的禮物。後來，在康熙帝的指派下，他一直研究《易經》，企圖找出儒學和天主教的聯繫與異同。

張誠（Jean-Francois Gerbillon，1654-1707）法國人，與白晉同時抵華。

白、張二神父很快熟悉了滿文，因此得到康熙帝的信任。他們為皇帝講授幾何學，並用滿文翻譯了大量的西方數學書籍，康熙帝令人再譯成漢文，並親自作序。他們還在宮中建立一間化學實驗室，製作了必要的儀器設備。他們和巴多明神父還建立一解剖學實驗室。白晉形容康熙皇帝說：「因為他本來就對新奇東西感興趣，所以，自從他有了某些歐洲的科學知

識以後，就表現出了學習這些科學的強烈欲望。」

徐日升（Thomas Pereitra，1645—1708，葡萄牙人），字寅公，康熙十一年（1672）來華。徐日升精通音律，剛一見面，就得到皇帝的青睞，此後三十六年中，一直寵眷不衰。一次，他和南懷仁同在皇帝身邊，南懷仁用琴彈奏了一曲中國樂曲，徐日升馬上重複彈奏一遍，竟絲毫不差。皇上覺得十分驚奇，又讓他彈奏一遍，還是照樣。康熙帝指著徐日升道：「這人真是個天才！」立即賞賜貢緞二十四匹，說：「你們的袍子已經舊了，拿去做兩件新的吧。」徐日升曾在教堂中放置大風琴一架，式樣新穎，聲音悅耳。又有一架大報時鐘，另外在中廳上面有多個小鐵鐘，廳內放置一大鼓與時鐘相連。當時鐘報時，鼓上的齒輪帶動廳上面的鐵鐘，正是鐘鼓齊鳴，聲音動聽，氣氛熱烈，引得朝野貴賤都來觀看。

康熙二十四年（1685），皇帝出塞，命徐日升、安多隨行。

康熙二十七年（1688），南懷仁病故，皇上令閔明我代替他的遺缺。有時，閔明我出差在外，就命徐日升或安多代理。

雷孝思，字永維，於康熙三十七年（1698）來華，在測繪中國地圖的事業中貢獻最大。自康熙四十七年（1708）開始測繪全國地圖，他曾周歷塞外草原，南疆回部地區，雲南野人山等地。五十六年（1717）還京後，將各地地圖集中，總成一總圖——這樣大面積的測繪地圖在

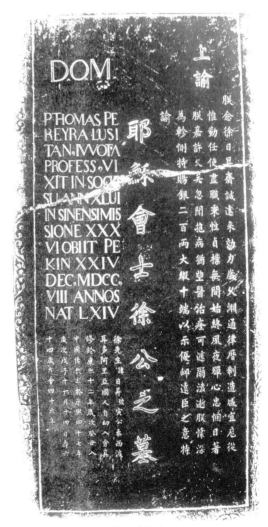

徐日升墓碑

康熙年間製造的洋人瓷像

歐洲也從未有過。

回京後，張誠、白晉開始為皇帝講授幾何學、哲學，康熙帝經常駐蹕西郊暢春園，二人不論颳風下雨，是陰是晴，必於凌晨四時到達，日落方回，返回寓所後，還要準備明日的課程，其勞苦可知。當然，這些教士之所以如此不畏艱辛，討好皇帝，乃是為他們在中國自由傳教的目的。靠著他們和其他傳教士的努力，終於感動了皇帝，於康熙三十一年（1692）頒發上諭，允許在中國奉行天主教。在上諭中指出，天主教教義與中國禮教大致相符，中國政府既然容許人民信奉佛教、回教、喇嘛教等外來宗教，准其建立寺院，自然沒有理由禁止天主教。

康熙三十五年（1696），康熙帝親征噶爾丹，令白晉、張誠和徐日升隨行。張誠更是隨皇帝出塞外八次之多。

康熙皇帝不但自己好學，要求皇子也極嚴格，相對於明朝皇帝的懵懵懂懂，簡直是天壤之別。一位大臣形容道：「余內值時，屬早班之期，率以五鼓入，時部院百官未有至者，惟內務府蘇拉數人往來。黑暗中殘睡未醒，時復倚柱假寐，然已隱隱望見有白紗燈一點入隆宗門，則皇子進書房也。……既入書房，作詩文，每日皆有程課，未刻畢，則又有滿洲師傅教國書，習國語及騎射等事，薄暮始休。……」康熙帝教育皇子可謂是用心良苦，無外乎是要他們習文經武，明道理，燭事機，明白存心立命之道，了然治國安幫之術。他令外國教師也給諸皇子上課，有時他學習到極有興趣的時候，便把兒子們叫來一起聽講。

白晉曾在康熙三十六年（1697）描述皇子們受教育時的情形：

這些皇子的教師都是翰林院中最博學的人，都是從青年時代起就在宮廷裡培養的第一流人物。然而，這並不妨礙皇帝還要親自去檢查皇子們的一切活動，了解他們的學習情況，直到審閱他們的文章，並要他們當面解釋功課。

皇帝特別重視皇子們的道德培養，以及適合他們身分的鍛鍊。從他們懂事時起，就訓練他們騎馬，射箭和使用各種火器，以此作為他們的娛樂和消遣。他不希望皇子們過分嬌生慣養；恰恰相反，他希望他們能吃苦耐勞，盡早地堅強起來，並習慣於儉樸的生活。這些都是我從神父張誠那裡聽說的，是他在六年前隨同皇帝在山區旅行回來後講的。起初，皇帝只把他的長子、三子、四子帶在身邊；到打獵時，又讓另外四個兒子隨同前往，其中最大的只有十二歲，最小的才九歲。整整一個月，這些年幼的皇子同皇帝一起終日在馬上，任憑風吹日曬。他們身背箭筒，手挽弓弩，時而奔馳，時而勒馬，顯得格外矯健。他們每個人，幾乎沒有一天不捕獲幾件獵物回來。首次出獵，最年幼的皇子就用短箭獵得兩頭鹿。

皇子們都能流利地講滿語和漢語，在繁難的漢語學習中，他們進步很快。那時，連最小的皇子也已學習了《四書》的前三部，並開始學習最後一部了。皇帝不願讓他們受到任何細微的不良影響。他讓皇子們處在歐洲人無法辦到的最謹慎的環境中成長起來。皇子身邊的人，誰都不敢掩飾他們的哪怕是一個微小的錯誤。因為這些人明白，如果那樣做，就要受到嚴厲的懲罰。

接觸了西方先進科學的康熙帝認識到中國的落後，在大臣們的奏請下，

清宮中所藏的鐘錶

他於五十二年下旨開設「蒙養齋」，由皇三子胤祉主持，編纂、翻譯音樂、演算法、曆法等方面的書籍，同時藉以培養一批學貫中西的科學人才。此時，清廷與羅馬教廷的「禮儀之爭」已經開始，康熙帝與傳教士的關係也發生微妙的變化，他似乎覺察到傳教士在介紹西學時有所保留的態度，所以決心造就自己的科技力量。蒙養齋翻譯了《數表問答》，歷經十年編輯完成了《律曆淵源》一百卷，由《曆象考成》、《數理精蘊》的《律呂正義》三部分組成，內中包含了大量的西方科學知識，乃是中西文化交流的一個見證。

只可惜，蒙養齋不過是個臨時性的編書處，康熙六十一年（1722），《律曆淵源》完成後，雍正繼位，無暇過問這些「微末之技」，也就無疾而終了。

九、康熙皇帝和彼得一世

康熙五十九年（1720），彼得一世派伊斯梅洛夫伯爵為公使，商談兩國間的商務、邊境等問題。11月29日九十人組成的使團到達北京，他們帶給康熙帝的禮物有：鑲有鑽石的懷錶、時鐘等物之外，特別引入注目的是幾箱子數學儀器、一個半球儀、一個水平儀、一架顯微鏡、幾架望遠鏡——可見，他喜好科學的名聲已經傳到海外。在康熙皇帝賜宴招待公使時，為了覲見的禮儀，中俄雙方又發生了爭執。中方認為按照慣例，俄使應該行三跪九叩禮；俄方卻堅持，他代表的俄國皇帝與中國皇帝是平等的，因此只能按俄國禮節，行單膝跪禮。最後，在馬國賢的斡旋下，俄國使節同意行中國禮節，條件是將來中國使節到俄國，也要行脫帽禮，其實中國派不派使節還在未定，不過騙了一回老俄而已。當伊斯梅洛夫走進大殿，在桌案前跪下，並把俄皇的國書遞上。康熙帝故意沒有馬上接國書，而是讓俄國人在地上跪了一會兒，可能是為了羞辱他一下。伊斯梅洛夫則把臉扭向一邊，嘴裡不知在叨咕什麼，表示了明顯的憤怒。

晚年的康熙皇帝已經缺少了年輕時的豁達，斤斤計較於這些無益的禮節，表現了對歐洲事務的無知。他動輒即以「懷柔」對待外國人，時時以「天朝大國」自居，似乎天下都是他的臣民。縱觀中國歷史經常發生這種禮儀之爭，乾隆朝的英國公使馬嘎爾尼也因跪拜問題，憤而回國。所謂禮儀的爭執（並非與羅馬教廷的禮儀之爭），其實反映了一種閉塞、虛矯的夜郎自大心態。

康熙皇帝是中國歷史上不多見的英明君主，他也遇到了一個空前難得的歷史機遇，若能不失時機地把握好這個機會，他的成就可能遠不止於此，但可惜的是，他沒有。

康熙帝身邊有一個極為優秀的外國顧問團──許多法國傳教士都是科學院挑選出來的，各方面的人才應有盡有，可惜他只是從實用角度或興趣出發，著眼於天文、地理、數學之類自然科學。究其本質來說，康熙皇帝學習西方科學知識不過是為了突顯自己的高明和優越地位，是為了鞏固自己的統治。所以，他不可能讓民眾學習科學知識，自然更談不上普及推廣了。試想，如果平民百姓都能夠推算日食、月食，皇家還有什麼特殊的威信。因此，他對科學的態度也只能是一種「葉公好龍」式的愛好。例如，在平定三藩之亂中，他命令南懷仁督造西洋大炮，可是戰爭結束後，他沒有利用這有利時機使中國軍事工業更上層樓，反而出於對漢人的防範心理，嚴禁八旗之外的軍隊擁有先進火器。他明明知道西方的船堅炮利，卻不思直追，而反對修造火炮、戰船，無異自甘落後。

康熙三十一年（1692），白晉報告法國國王路易十四說，康熙帝準備在宮中建立「科學院」！可是遍尋清史檔案，不見科學院，只發現了一個「如意館」，那不過是皇上和他幾個文學侍從消遣遊藝的地方──欣賞一下自鳴鐘，用一個指頭彈彈鋼琴，瞧瞧會自動行走的機器人之類。所以有人說，康熙皇帝對於科學的愛好不過像南唐的李後主精於填詞，宋朝的徽宗皇帝喜歡繪畫，明朝的天啟皇帝願意幹木匠活一樣，不過是一種消遣。

雖然康熙帝熱心學習科學知識，而且取得相當成就是值得稱許的，但是作為一個大國君主，只限於自己和少數人學習，卻不懂得培養人才，不知道建立常設的研究機構，沒有派人出國學習交流，更遑論鼓勵臣民進行科學探索了。他把先進的科學知識圍於皇宮之內，似乎這些知識只有皇家才能佔有，無外乎還是「民可使由之，不可使知之」的愚民政策。

當然，科學知識不是不重要，但是作為一個大國君主，他本應該更為注意政治的理論和操作──如何從制度、體制上來改造中國，哪怕是稍微的借鑒。他沒能發現何以中國幾千年來反反覆覆，重複同樣一個模式，幾乎沒有一個朝代超過三百年的。可是，他自己也鑽進這個圈套，不能自拔，晚年更是被立儲問題攪得筋疲力盡。在經過短暫的所謂「盛世」之後，又墮入萬劫不復的輪迴

康熙皇帝讀書圖

之中。

這並不是苛求於他，因為和他同時代的俄國沙皇彼得一世，走在了他的前面。

康熙帝（1653—1722）與俄國的彼得一世（1672—1725）年紀相仿，在位時間相似，屬於同時代的人，將二人做一比較是很有意思的。

其時，世界上第一次工業革命已經完成，彼得一世於1697年組成二百五十多人的大使團訪問西歐各國。他觀察，搜集各國的經濟文化、科學技術的現狀，到英國國會旁聽，到荷蘭學習造船技術，聘請各國專家去俄國工作。回國後，彼得一世大力進行政治改革，仿效西方先進之處，改變俄國的落後狀態。他強迫俄國男人剃掉鬍子，脫去長袍，提倡婦女享有和男人同樣的地位，改俄國舊曆為西方西曆，建立工廠，鼓勵對外貿易，積極發展海軍。1724年，俄國成立彼得堡科學院，開始時，聘請了許多西歐科學家任院士，由這裡培養了一大批本國科學家。從彼得一世起，落後的俄國開始邁上世界強國之林。可是，康熙帝還在陶醉於自己開創的盛世之中，聽著臣民的阿諛頌揚，享受著他自己的盛世——百姓們照樣在為生存而苦苦掙扎。他仍舊臨摹著儒家文化，建造著大清帝國。當他志得意滿地審視著自己的文治武功時，好像是比前朝邁進了一大步，其實不過是沿著圓形的軌跡，陷入似乎被運命安排好的歷史覆轍。

康熙皇帝晚年苦於立儲之爭，他似乎是為了大清國挑選一個好主人，以使盛世能夠繼續下去。但他沒有把眼光再放遠一些，再放長一些。他可以保證自己這一代，甚至下一代能夠勵精圖治，卻不能保證他的子子孫孫永遠如此。他沒有發現制度上面的問題，也就無法從制度上去進行改革。當然，這是那個時代的局限性造成，也怪不得他自己一個人。

第四章

郎世寧

中畫西法開先河

郎世寧（1688—1766），義大利人。1715年，作為傳教士，他抵達中國後已是禁教時期，他是以一個畫家身分進入宮廷，為清朝服務的。他在歐洲本是一位頗有建樹的藝術家，為了遷就皇帝的要求，他毅然放棄油畫，改習中國水墨畫。他巧妙地將油畫技法運用到中國畫之中，從而開創了嶄新的一種藝術風格。他通過那一支神奇之筆，記錄了當時一些重大的歷史事件，為後人留下極為珍貴的史料。他還參與了修建圓明園西洋樓的設計，將歐洲古典建築與中國建築完美地結合在一起，只可惜，英法聯軍的一把火，使我們再也沒有機會欣賞郎世寧的傑作了。

一、是上帝，還是丟斯

郎世寧（Giuseppe Castiglione，1688—1766）本名朱塞佩・伽斯底里奧內。他於1688年6月19日，出生於義大利米蘭的聖馬塞蘭諾（San Marcellino）。他是個孤兒，對自己的家庭歷史一無所知，他的父姓還是一位好心的教士告訴他的。

在藝術之鄉米蘭長大的約瑟夫，注定了他一生的藝術道路。他自幼就有著不同凡響的記憶力，尤其是對形狀和顏色，只要他看一眼某個教堂，即刻可以閉著眼睛在紙上把那教堂的輪廓剪下來——藝術家也需要勤奮，但更重要的似乎是天賦！他青年時期在卡洛・科納拉（Carlo Conara）學習繪畫與建築，受過名師的培養，其油畫作品在當時法國藝術界佔有一定的地位。約瑟夫於1707年左右，在義大利熱那亞加入耶穌會。因為學歷不夠，所以他從未獲得神父的職位，始終保持一個修士的身分，但他安之若素，表現了其博雅、恬淡的胸懷。約瑟夫剛開始只為義大利的教堂畫壁畫，1714年開始居往在葡萄牙的里斯本及科英布拉。

那時，因為利瑪竇、湯若望和南懷仁等人在中國成功的傳教經驗，還有中國皇帝居然封湯若望的父母和祖父母以極高的榮譽，所以在歐洲掀起了一陣「中國熱」，尤其是年輕的教士都渴望去中國傳教，或說是探險，看看自己能否有所收穫。約瑟夫結識了一名從遠東歸來的義大利教士後，也對中國產生了相當大的興趣，並毅然決然地向教會表示了願意去中國傳教的決心。1712年，他的要求得到了批准。1714年4月11日，約瑟夫乘船離開里斯本，於

當年的9月17日到達印度果阿，到達澳門時已經是1715年了。他在澳門一方面學習中文，一方面等待清廷的命令──准許他們進入內地傳教的命令。他來華後取漢名「寬石」，進京後取「石寧」，較後改為「世寧」──以下我們稱他為郎世寧。

當康熙皇帝從廣東巡撫楊琳從奏摺中得知有一位歐洲畫家到達後，十分高興，急不可待地下旨：「西洋人著速催進京來！」

到京後，郎世寧住在東堂，後由馬國賢引見，觀見康熙皇帝，從此一直在中國待了五十二年，歷任康熙、雍正、乾隆三朝的宮廷畫師。成為「西畫東漸」的先鋒，被奉為清宮廷畫院之柱石。郎世寧雖然以傳教士的身分來中國，但在康熙、雍正、乾隆三朝對天主教的壓制中，他並沒有被逐出宮廷，反而極受禮遇，有很大一部分的原因是，他在清朝宮中僅有宮廷畫師的職位──他也安於這個角色，因為凡是有任何企圖傳教的舉止，都會被禁止，因此在中國，多稱他為宮廷畫師，而少稱他為傳教士。

康熙朝末年的禁教，是因為中國皇帝與羅馬教廷發生了「禮儀之爭」。

自從「利瑪竇規矩」確立以來，在中國的耶穌會傳教士都是依照這個原則行事的。當時，因為法國、西班牙等國的宗教勢力尚未涉入中國，羅馬教廷的遠東教區尚屬初創，無意對傳教方式多加干涉。所以，對於「上帝」譯意的含義是否準確，天主教徒可否祭孔、拜祖先等問題，儘管耶穌會內部也有不同意見，也有爭論，但是並未引起過大的波瀾。1630年之後，西班牙多明我會、方濟各會先後進入中國傳教，他們為了打擊葡萄牙勢力，爭奪對華傳教的主導權，便在崇拜禮儀上大做文章。1643年，多明我會的黎玉範專程去羅馬教廷傳信部，對在中國的耶穌會提出十七條指控。1645年，教皇英諾森十世發布禁令，禁止中國教徒祭孔、拜祖先。在華的耶穌會教士聞訊，感到教皇的禁令將會給傳教事業帶來極大的危害，遂派衛匡國（Martin Martini，1614—1661，義大利人）於1650年去羅馬申訴，請教廷將中國人的祭孔、拜祖先和迷信活動區分開來。最後，耶穌會獲勝，1656年，教皇亞歷山大七世裁決，認可了耶穌會在中國的傳教方式。但是兩派的爭論並未停止，這其中涉及了羅馬教廷與各國國王，以及各國國王之間的利益矛盾。

1700年之後，關於中國禮儀的爭論發展為羅馬教皇和清朝皇帝之間的直接衝突。

1699年，鑒於禮儀爭論尚未有定論，耶穌會教士，康熙皇帝的教師徐日升、閔明我、安多、張誠等人上疏康熙帝，質詢「祭祖和祀孔是否具有宗教含義」，請他對「中國禮儀」的實質作出解釋——實際是爭取他對耶穌會的支持。康熙帝批示道：「敬天及事君親、敬師長者，係天下通義，無可改處。」，明白地表示了這類活動並無宗教意義。反對派攻擊耶穌會教士不把爭論提請教廷去解決，反而依賴教外皇帝裁定，純屬離經叛道。

1693年，羅馬教廷傳信部任命「巴黎外方傳教會」代牧主教顏璫（Carolus Maigret）「總轄中國教務」，他在其福建教區發出七條禁令：不准以「天」、「上帝」稱天主，而要按照拉丁文稱為「丟斯」；不許在教堂中懸掛康熙帝題寫的「敬天」匾額；不准教徒祭孔、拜祖等。

清代畫家繪製油畫的情景

1704年，教皇克萊芒十一世做出禁止中國禮儀的決定，並派遣特使多羅（1670—1710）來華處理在華傳教士之間有關中國禮儀問題的爭端，實為打破葡萄牙對在華傳教權的壟斷，因此在教皇通諭中支持了顏璫的七條禁令。1705年多羅攜帶教皇禁令來到中國，雖然他並未交驗教廷的任命狀，康熙帝仍然三次召見，以禮相待；對他來京後的身體不適，給予極大關懷。但是，當皇上得知教皇要中國政府服從教廷禁令後，警覺到問題的嚴重性。他譏諷這些頤指氣使的傳教士「站在人家大門外，議論別人屋裡的事情」。康熙帝本想讓馬國賢、德理格向多羅溝通，使羅馬教廷取消關於「中國禮儀」的禁令。可是二人反而激化清廷與羅馬的關係，使皇上大為惱怒，最後將德理格關押起來。可見，康熙帝是有誠意解決「禮儀問題」的。可是，不更事的

多羅看不到這點，還把顏璫召到北京，以助他的聲勢。康熙帝於四十五年（1706）第二次召見多羅時，見到只會說閩南方言的顏璫，便問他認識御座後面的匾額上的漢字不？四個斗大的字中顏璫只認得一個。康熙帝斥責他「連中國字都不認識，卻要對中國事務指手畫腳」。年輕氣盛的多羅將教皇的禁令透露給北京的耶穌會士，似乎想求得他們的支持。傳教士們如實地稟報給了皇帝。康熙帝得知後極為憤怒，立即表示了不准教廷干涉中國內部事務的嚴正態度；並規定傳教士必須持有朝廷准予傳教的印票並服從中國禮儀，方可在中國傳教。事實證明，天主教在中國的禁絕，某些傳教士和羅馬教廷要負主要責任。

多羅來華，意味著由利瑪竇開啟的中國大門即將關閉，一些耶穌會士為此焦急萬分，徐日升神父病倒了，他看到在多羅出使中國期間，他三十五年來所致力的傳教事業有崩潰之危險，他看到耶穌會的名聲遭到傷害，他看到自己的名譽和品德被誣衊為口是心非和背叛。連康熙皇帝本人也認為徐日升之所以得病，他的健康受到損害的原因，是多羅對這個著有功績，受人尊敬的傳教士太嚴酷了。1708年12月24日，徐日升懷著無窮的惋惜去世。

1707年，多羅在南京天主教堂宣布了教皇的禁令，又在廣州拒絕呈交教皇的任命書，被葡萄牙總督軟禁在澳門，最後於1710年死於澳門。康熙皇帝則諭令各地傳教士如果願意遵守「利瑪竇規矩」，可以領取居留證，並將被視作中國人一樣；否則一律驅逐出境。1710年，教皇克萊芒十一世重申禁令，耶穌會教士抗辯無效，康熙帝認為教廷此舉乃是明顯干涉中國內政，在教廷的公文上面批示：「爾欲議中國道理，必須深通中國文理，讀盡中國詩書，方可辯論。朕不識西洋之字，所以西洋之事，朕皆不論。」並於1717年4月諭令禮部，禁止天主教在華傳教。禁教令的頒布對於中西雙方都造成極大的傷害，尤其是中國，出於對西方人的敵視，竟拒絕接受西方先進的科學知識，最典型的例子是，利瑪竇、南懷仁等繪製的世界地圖不再被人重視，慢慢地被人忘記了。

天主教會內部的矛盾、一些傳教士的妄自尊大、羅馬教廷對中國的無知等原因，終於導致了天主教在中國的終結。設想，如果這扇溝通中西的大門繼續開啟，如果中西文化繼續沿著絲綢之路不斷交流，可能不會發生兩次鴉片戰爭，可能不會有八國聯軍入侵北京，中國也不會如此閉塞落後，中國人

還會看到圓明園……。

康熙五十九年（1720），羅馬第二次派出由嘉樂率領的使團，來北京處理「禮儀之爭」問題。康熙帝也再次表明了維護中國主權和堅持「利瑪竇規矩」的決心。皇上召見了傳教士們，並立即要求他們表示態度。遵守利瑪竇規矩的教士當場簽字，對於沒有簽字的教士，如德理格，當即予以逮捕。

就在「禮儀之爭」期間，葡萄牙駐澳門的傳教部為了本國利益，故意挑唆中國與羅馬教廷的關係。教皇為打破葡萄牙壟斷中國傳教權，設立一個直接聽命於教廷的教士委員會。法國耶穌會趁機進入中國，他們派遣了大量傳教士中的藝術家、技師、科學家和機械師，因為他們知道清朝廷最感興趣的是這些人。葡萄牙人也趕緊仿效，加派這些人才進入中國——郎世寧就是在這樣的背景下來到中國的。和他一起到達的還有外科醫生羅懷忠。

廣東巡撫楊琳首先對郎世寧等人進行了一場考試，令郎世寧給他的護衛畫了一張速寫；讓羅懷忠給他的一條摔斷了腿的狗接骨——被羅懷忠拒絕。恰巧此時這位楊巡撫的兒子患病，被羅懷忠治癒。於是，他確信了二人的技能，上報給皇上，康熙帝才命令他們進京——但都不是以傳教士的身分。

二、郎世寧在康熙朝

1. 康熙帝湊到跟前看油畫

康熙五十四年（1715）11月22日，郎世寧抵達北京，落腳在王府井大街的東堂——是葡萄牙傳教部下屬的一個教堂。傳教部交給他們的任務是，學習當地的語言、文化，及風俗習慣為主，同時把自己的一技之長獻給大清帝國，以表明他們來華的目的是增進歐洲與中國的友誼，從而達到傳播教義的根本目標。

很快，康熙帝在暢春園設宴招待他們，宴會上，郎世寧和康熙帝的諸多皇子，包括第十四皇子胤禵相識，因而埋下了一段麻煩——自然，這是後話。不久，康熙帝令郎世寧畫一幅畫作，看看他的技藝到底如何。郎世寧為教堂慈善堂的一個小姑娘畫了一幅油畫肖像，交了上去。雖然，郎世寧使出了他平生的能力，但是康熙帝看了之後，卻沒有一句誇獎。皇帝湊到油畫的跟前，仔細地品評著：這裡的顏色太厚了，那裡的畫面太粗糙了等等。最後

的結論是，形似有餘，神韻不足。總之要他放棄西洋畫法，改學中國畫法。郎世寧被任命為宮廷畫院的畫師，一邊學習中國畫，一邊隨時準備聽候宮廷的調用。

或許，康熙帝褒貶油畫只是一種自尊心在作怪，他還是品味出西洋畫也有某些優點。於是他令郎世寧在皇宮裡組建了一所教授西洋畫的學校，並親自選定了七名學生。郎世寧在中國第一次向他們講解了光線、物體和陰影之間的關係；講解了近大遠小的透視原理；還講解了人體解剖學等。為了讓學生掌握西洋人物畫的真髓，郎世寧還向康熙帝請求畫裸體寫生。開始，皇上拒絕了，但經不住郎世寧的堅持，反覆向他陳述畫裸體的必要性。終於，皇帝答應了，但是附加的條件是，不許畫女人，也不許畫男人——那麼只有畫太監了。於是，由內務府撥下四個太監供郎世寧的西畫學校做模特兒。郎世寧為尊重太監們的隱私，允許他們在腰間繫上一塊遮羞布。這位郎教士可算是開中國畫裸體之風的第一人。當然，學校裡也講授中國畫的技法，這時郎世寧就變成了學生。他從學習使用毛筆，練習描線等最基本的技法開始。因為學校辦在皇宮裡面，郎世寧得以經常與皇子們接觸，有時學生們給皇子們畫像，有時則隨便交談幾句。郎世寧為人善於言辭，願意和人打交道，所以到處都有朋友，他尤其和皇二子胤礽、皇八子胤禩、皇九子胤禟和皇十四子胤禵過從較為密切。

康熙六十年（1721），皇十四子撫遠大將軍胤禵從西寧回京述職，抽空讓郎世寧為他畫一張騎馬戎裝像，地點選在天壇祈年殿旁邊的草坪。郎世寧也不知這其中有什麼玄機，便隨同胤禵到了天壇，只見皇十四子身穿黃金鎧甲，騎著高頭大馬，好不威風。他誠惶誠恐地打好草稿，又用了三天時間著力潤色，才算完成——這也是後來引起一場禍事的緣由。

在皇宮內，郎世寧經常能夠見到康熙皇帝，這位六十多歲的皇上身邊經常有一大群女人——他的嬪妃們圍繞著。每當皇上坐在某個地方，那群女人也在附近坐下，而且輕聲地說笑著。皇上不時地與她們交談，或說些笑話之類，好像是個無憂無慮的天子。其實不然，因為一個關係著家、國前途的大事，即立儲問題無時不在困擾著他。

2. 傳教士捲入皇儲之爭

　　雖然，作為外國人，教士們並不關心中國的政治，可是由於切身的利益所繫，他們又不得不留意朝廷的動向。那時是康熙六十年（1721），離皇帝的最後日子只有一年了。實際上自從四十七年（1708）第一次廢黜太子之後，康熙帝因思慮過度，氣惱攻心，身體已經大不如前了。最初注意到這微妙變化的是供職於太醫院的幾個西洋醫生。其中鮑仲義（Joseph Baudino，1657—1718，義大利人）、樊繼川（Pierre Frapperie，1664—1703，法國人）、羅德先（Bernard Rhodes，1645—1715，法國人）尤其善治療外傷和精於配藥，康熙帝每次出行總是讓他們中的一二人隨行。羅德先也擅長內科，他注意到康熙帝的心臟不大好，而且情緒經常不穩，一次，皇上心臟忽然跳動異常地加劇，被羅德先及時搶救過來。雖然他們不說，但心裡明白年近古稀的皇帝恐怕來日無多了。教士們也敏感地覺察到太子胤礽兩次被廢的事實，將來誰繼位還是個未知數，這些都使得他們憂心忡忡。耶穌會教士派往東方傳教已有一百多年，無形中這些人們形成了一條並無明文的共識，只要踏上去東方的路程即不許返回——無論傳教的條件如何，哪怕是被人誤解，被體罰，被捉進牢獄、監禁、甚至死刑，都要義無反顧地實現自己的誓言。

木蘭圍場，「木蘭」為滿語哨鹿的意思。

木蘭圍場之一

木蘭圍場之二

自然，他們現在把自己的命運，把天主教的事業和將要繼承皇位的人聯繫了起來。

儲位之爭，反映了不同的利益集團之間的爭鬥，皇室內部、朝中的大臣、外省的官員，甚至連一些僧侶、平民，以至傳教士都捲了進去，可見其牽扯面之廣。

康熙六十一年（1622）8月4日，皇帝照例來到承德避暑山莊。皇上挑選了兩個外國人——郎世寧、羅懷忠隨扈前往。羅懷忠的職責不必說，自然是御醫，另外兼任拉丁文教師；郎世寧則是準備以畫筆記錄皇帝在這裡的一切活動——那時沒有照相機嘛，另外臨時擔任皇上的外國歷史教師。在承德小憩之後，康熙帝帶領著后妃、皇子及各旗人馬，前呼後擁地朝著距熱河行宮二百多里的木蘭圍場打獵——所謂的「秋獮」。郎世寧和羅懷忠緊緊隨護在身邊。

人有時就是這樣，對於平日經常親近的人，因為切身的利益衝突、平日的皆睚恩怨，反而充滿了戒心。倒是毫不相干的外人覺得近乎一點兒——康熙皇帝知道，這些傳教士們不會對他造成任何威脅。做了六十年皇帝的玄燁

由郎世寧與中國畫家所作的《木蘭秋狩圖》

看慣了趨炎附勢的大臣、見風使舵的太監、傾軋爭寵的后妃，還有時刻覬覦著皇位的諸皇子們；反倒是這兩個大鬍子的外國人地位超然，顯得更渾厚可愛一些。其實，他深知做皇帝的苦衷──皇帝不但享有特權，更是一種職務！在那種家天下的時代，作為一個大國的總家長，他要過問大大小小的事情──在他看來，像明朝的嘉靖、萬曆皇帝那樣幾十年不理朝政，簡直是蠢如豬狗一般。他可是勞形累心，六十年何曾有過真正的休息，他何嘗不願意早日把這副擔子交出去？可能他還在觀察，還在物色；或許他已經有了定論，只是尚未公布而已；或許他考慮在適當的時候，以一種適當的方式，宣布他的決定。總之，他過於自信，過於矜持了，這不能不說是他一生最大的失策。自作聰明的他還有一點多慮，熟讀中國歷史的康熙帝知道，手中的權力一刻不能稍有放鬆，他不想落到禪位給唐肅宗的李隆基的下場。

諸皇子們也看出其中的門道，都爭相與兩位教士套近乎，尤其是羅懷忠，他們想要掌握皇上健康狀況的最近動態。可是，羅懷忠這人性格有些死板，不苟言笑，使人有望而生畏之感。於是，為人隨和的郎世寧便成了皇子們包圍的對象。他們一隻眼睛盯住皇上，一隻眼睛又看著其他皇子，他們不敢過於頻繁往父皇那裡跑──怕引起皇上的反感，也怕引起兄弟們的猜疑，從側面打聽情況是最佳的方式。

康熙帝的三十五個皇子中，除了夭亡，年幼的不算，二十個人基本上可以分為三派。即胤礽為首的太子派，其中有皇三子胤祉；再有是胤禩為主的皇八子一派，擁護者有皇長子胤禔、皇九子胤禟、皇十子胤䄉、皇十四子胤禵等。皇四子胤禛、皇十三子胤祥、皇十七子胤禮則是表面上不動聲色的一派。

說起皇子們的派系鬥爭，還牽扯到朝臣們之間的爭權奪利。康熙初年兩個重要的權臣是索額圖和明珠，皇儲之爭與他們二人有直接關係。

索額圖（1636？─1703），姓赫舍里氏，滿洲正黃旗人，生在盛京（瀋陽）。他生活在滿族貴族奪取全國政權，進而統一全國的時期，即為滿族從馬上得天下，轉變為治天下的時代。索額圖先世原隸哈達部，其父索尼乃是順治帝託孤的四個顧命大臣之一，世襲一等公。康熙六年（1667）六月索尼去世，諡文忠。但其幾個兒子都官居要職，顯貴無比。

索額圖初為御前侍衛，康熙七年，任吏部右侍郎。康熙八年五月，辭去

侍郎職務，任一等侍衛。當時，身為四輔臣之一的鼇拜，廣植黨羽，「文武各官，盡出伊門下」，把他的心腹之人安插在內三院和各部院擔任要職，隨意代皇帝發布旨意，任意罷免他不中意的大臣。鼇拜的專權跋扈，引起康熙帝的強烈憤怒，索額圖也十分不滿。康熙八年五月，康熙帝「以弈棋故，召索相國額圖入謀畫」如何除去鼇拜。之後，康熙帝採取突襲的方式，逮捕鼇拜，懲其黨羽，康熙帝始得真正主持朝政。八月，索額圖升任國史院大學士。九年恢復內閣制，索額圖改為保和殿大學士，一直到十九年八月離任。在這十年中，他成為朝廷裡最有權勢的大臣，在穩定全國動盪的局面中，發揮了重大的作用。

康熙十二年（1673），索額圖擢升為大學士之後，在平定「三藩之亂」的決策中，錯誤估計形勢，不敢堅持撤藩的主張，失去了皇帝的信任。為了挽回頹勢，他把政治野心放在了他的侄外孫胤礽身上——胤礽的生母是他的侄女，竟想培植了一個「太子黨」，時刻準備著接班。不料，索額圖最終即因過深地陷在立儲之爭中，丟了自己的性命。

康熙十三年，皇后赫舍里氏生下胤礽之後即告夭亡，康熙帝為表示其對這結髮夫妻的一片真情，當即在彌留的皇后的面前立胤礽為太子——這是清朝有史以來的破天荒之舉。

太子胤礽出生之前，康熙已有四個兒子夭折，所以給他取乳名「保成」，意即保證成活。康熙帝極疼愛胤礽，在他不滿兩歲的時候就被立為太子。為了培養胤礽，皇上請了德才堪稱一流的學者——如湯斌、李光地等人來教育他。據說，胤礽資質很好，很早即通讀《四書》，通曉漢、滿、蒙三種語言。他的武功也極了得，九歲時曾射中一隻老虎，可算是個文武全才式的人物。而且他十七歲時即幫助其父處理政務，舉措得當，得到康熙帝的讚賞。但是，胤礽的特殊地位引起了兩個方面的激烈反彈，一是他的眾多兄弟行，人人都在覬覦著那個皇位，因此不放過任何機會詆毀他；另外由於一班趨炎附勢的朝臣——如索額圖、明珠之流出於自身利益的考慮，形成「太子黨」或「長子黨」，互相攻訐，威脅到皇子們的地位，以及皇帝的權位，這才造成康熙朝慘烈的繼位之爭。

索額圖曾不止一次地向康熙提起太子繼位的事情，而且他精心制定了相關的皇太子制度，使太子所用禮儀，幾乎等同於皇帝。比如，規定皇太子

服御諸物都用明黃色；大臣們在朝拜皇帝之後，須向皇太子胤礽行禮。康熙三十三年（1694）清明節，索額圖授意禮部將太子祭祖時的拜褥與皇帝的一起放在奉先殿的門檻裡面，這種僭越的行徑無異於向皇權的挑戰。據說，索額圖於康熙四十一年，更異想天開地助胤礽篡位——這其中是否有明珠一黨的誣陷頗值得懷疑，於是被康熙帝拘禁於宗人府，死於獄中。索額圖的兩個兒子和兩個侍從一起被殺。

其實，早在十二年，因康熙帝在撤藩事件中，對索額圖極感失望，決心以明珠擠走他。

明珠（1635—1708）字端範，他屬於海西女真葉赫部。明珠和索額圖雖然都隸屬滿洲正黃旗，又都是皇室的懿親，但他們來自葉赫納蘭和哈達赫舍里兩個不同的家族。這兩個家族和皇室有著不同的歷史淵源和現實利害關係。所以，康熙帝、索額圖和明珠之間形成複雜的互動結構。明珠極會察言觀色，見風使舵，是個狡猾的政客。他開始只是個鑾儀衛的治儀正，不過是個極為卑微的職位。他開始攀附蘇克薩哈，蘇克薩哈不敵鼇拜時，他又轉向鼇拜。索額圖助康熙皇帝扳倒鼇拜，他又受知於索額圖，在其引薦之下得以逐漸升任內務府郎中、總管，步入了政權核心。但是出身和性格上的差異，使明珠跨入政治中樞後，便與索額圖分道揚鑣。索額圖「生而貴盛，性倨肆，有不附己者，常面折顯斥之」。而明珠則「務謙和，輕財好施，以招徠新進及海內名士」。終於在康熙十九年（1680）扳倒了索額圖。索額圖解除大學士職務後，打破了正黃旗內部的權力平衡。索額圖的餘黨猛力攻訐明珠。

明珠的另一個身分是皇長子胤禔的親舅舅，即惠妃那拉氏的親哥哥。胤禔雖是長子，卻因為庶出所以和儲君無緣，實際上胤禔性格粗魯莽撞，也真不是個人君的材料。不過，長子畢竟也是一種特殊的地位，中國歷史上歷來有「有嫡立嫡，無嫡立長」的慣例。出於自身利益的需要，明珠曾幫助胤禔拉攏大學士勒德洪、李之芳、余國柱等重臣，積極發展「長子黨」的勢力，成為「長子黨」中的核心人物，與索額圖的「太子黨」唱開了對臺戲。要想扶植長子，必須扳倒太子，明珠一黨便明裡暗裡向各處吹風，詆毀胤礽，並一直把風吹到皇帝那裡，終於引起父子之間的決裂。康熙四十七年（1708），皇帝在木蘭圍場秋狩時，胤礽竟日夜偵測其行動，似有行刺的舉

動——這也似乎有些誇大其詞。康熙帝召集諸王大臣宣諭廢儲決定,並悻悻地對胤礽說:「我忍了你二十年了!」

康熙帝將看守胤礽的任務交給了皇長子胤禔,莽撞的胤禔自以為勝券在握,露骨地爭奪儲位,把老弟胤礽恨得咬牙切齒,暗中叫蒙古喇嘛行巫術,鎮魘胤礽。被康熙帝發覺之後,痛斥其為「亂臣賊子,天理國法皆所不容者」。胤禔遭忌後,自知與大位無緣,轉而支持胤禩,並且向康熙帝提出兩點建議,立胤禩為皇儲,因為相面的張明德說他命主大貴;殺掉胤礽。康熙帝不禁為之雷霆震怒,將其圈禁起來;並因此對胤禩也有了成見。

胤禩是辛者庫宮女的兒子,地位相對卑賤一些,但是為人仁愛為本,寬宏大量,禮賢下士,待人謙和,極得人心,朝廷的大臣多半被他籠絡;而且他才華橫溢,被視為當時的「奇人」。所以康熙帝第一次廢太子後,讓大臣們推舉誰可為太子時,包括國舅佟國維在內的許多皇親國戚都舉薦了他。太子被廢的第四天,康熙帝就令他署理內務府總管,處理皇室內部事務,有意借重他的才能。可是,胤禩錯估了形勢,鼓動皇長子藉相面者之口,保舉他為繼位者,惹惱了康熙帝,遂將其鎖拿,交議政處審理。在皇帝眼裡,眾人對胤禩的交口稱讚不異於對自己的挑戰與威脅,因為只要皇帝在,一切頌揚是屬於他的。可是胤禩一夥仍然加緊活動。其實,康熙帝應該知道,胤禩黨的後臺正是明珠,明珠知道他的外甥胤禔不是儲君的材料,便改捧胤禩,反正不能讓胤礽當皇帝——這也是他和索額圖深結冤仇的結果。明珠於四十七年死去,他的目的是達到了。他的兒子揆敘也是個鐵杆的胤禩黨,所以雍正帝在他死後,

康熙皇帝朝服像

190

把一塊寫著「不忠不孝陰險柔佞揆敘之墓」的石碑立在其墳前。

胤禩為內務府總管後，那些善於揣摩上意的人們又紛紛猜測，皇上有意立胤禩為太子。不料，康熙帝還是看不上胤禩，於四十七年九月召見諸皇子時，說他「柔奸成性，妄蓄大志，黨羽相結，謀害胤礽」，將他關了起來。並且警

皇太子居住的毓慶宮

告胤禟、胤䄍道：「你們兩個指望他做了皇太子，日後登極，封你們兩個親王麼？」胤䄍出於意氣，向皇上擔保胤禩沒有繼位野心，康熙帝惱得要殺掉胤䄍。

康熙反覆權衡之下，於康熙四十八年又重新立胤礽為太子。可是，諸多的矛盾未見緩解，而且胤礽仍然不見悔改，一次居然向朝鮮使臣說：「自古哪有太子年過四十，還不讓繼位皇上的？」康熙終於不能忍耐，五十一年再次將他廢黜。當然，這其中免不了有胤礽的政敵，主要是胤禛等人在裡面的挑撥離間。

再回來說，康熙六十一年的圍獵。

皇子們都知道，這大概是他們最後一次表現自己的機會了，如果能夠贏得父皇的青睞，便有可能坐上那夢寐以求的寶座，否則只恐怕

孝誠仁皇后朝服像，她是廢太子胤礽的生母。

想當個老百姓都不容易了。當然，康熙帝的二十個兒子中，並非每個人都有這樣的野心，他們大都是聰明人，還有幾分自知之明，把自己的才幹、能力橫向裡一比，有些人就知難而退了。自從康熙五十一年（1712）太子胤礽第二次被廢之後，皇子中主要的競爭者就是皇四子胤禛、皇八子胤禩和皇十四子胤禵。其中，胤禩、胤禟和胤禵結在一起，同情他們的還有胤䄉等；胤禛卻是獨立作戰。可能因為康熙帝鄙視胤禩的母親，或許胤禩表現得過於急躁了，引起皇上的反感；總之，明確表示了絕對不把他當作考慮人選。

九皇子胤禟才能平平，甚至有些糊塗，康熙帝從來沒有給過他任何職務。但是他卻頗有生財之道，他祕遣太監到東北挖人參賣錢，又在天津開木廠賺錢，不時還敲詐別人一番，所以饒於錢財。他雖然明知自己德望不夠，但是俗話說「財大氣粗」，他還是抱著僥倖心理，妄圖染指皇儲之位。為此，他時常廣施金銀，以籠絡人才，邀結人心，甚至收買太監暗中窺探皇帝的動靜。五十六年（1717），康熙帝側面詢問建儲一事，胤禟出言乖謬，使皇上氣憤異常，以至半夜不得入睡。胤禟得知連忙稱病，以回避盛怒之下的皇帝。

胤禟對天主教最為熱心，所以傳教士們都希望他繼位。耶穌會教士穆敬遠（Joannes Morao，1681—1726，葡萄牙人）與他關係極為密切，胤禟經常給他禮物，有時他到胤禟處，兩人一談就是兩三個小時——所談何事，不問而知。穆敬遠聽說胤禟有病，旁敲側擊道：「恐怕殿下不是真病吧？」胤禟也不隱晦，向穆敬遠挑明了說：「人們都說我和八爺、十四爺當中必有一人立為太子。大概我的可能大些。可是我並不願意坐天下，乾脆裝

明珠家廟碑

病，成了廢人，也就算了。」穆敬遠自然鼓勵他一番，因為胤禩、胤禟和胤
禵都與西方傳教士關係密切，據說他們都曾祕密受洗入教，而且胤禟還受俄
國東正教的影響較深。所以一些傳教士自然希望他們能夠入主紫禁城，可以
想見他們當了皇帝之後，和西方國家的關係必將有所改觀，也必然會對天主
教在中國的傳播採取更加寬容的態度。

　　穆敬遠甚至奏請皇上立胤禟為太子，康熙帝怒斥其僭越。

　　五十七年，康熙帝命胤禵為撫遠大將軍，率師西征，其中是否有其他含
義不得而知，但是胤禵似乎對儲位志在必得，曾囑咐胤禟隨時將京裡的消息
通報給他。胤禟一面充當胤禵在京的聯絡人，一面又通過穆敬遠四出活動，
為自己謀取大位製造輿論。五十九年，穆敬遠西行到成都，向四川巡撫年羹
堯送禮，問他：「可要什麼西洋物件嗎？」趁機遊說道：「胤禟相貌大有福
氣，將來必定要做皇太子的，皇上看他也很重。」想要拉攏年羹堯加入胤
禩、胤禟集團。這個集團的成員，貝子蘇努也四處活動，為胤禩上臺製造輿
論，被皇上斥為——他的祖上儲英本來就與皇太極有仇。

　　胤禩見自己的希望越來越渺茫，遂極力幫助與他關係緊密的胤禵爭取帝位。

　　胤禵也很優秀，他存心仁厚，與兄弟們處得都很好，而且高瞻遠矚，
極有戰略眼光，康熙帝晚年極為
器重他，封他為撫遠大將軍，駐紮
西寧，獨當一面，去對付西藏內
部與準噶爾蒙古之間的複雜關係。
臨行時，皇上封他為王——大將軍
王，使用僅次於皇帝的儀仗，人們
猜測，這是向皇太子過渡的一個步
驟。可是，在康熙六十年胤禵回京
述職後，又於次年四月返回青海，
這就使人難於捉摸皇上的意圖了，
或許康熙帝對自己的身體過於自
信，或許他還在胤禛、胤禵這對親
兄弟之間做比較、選擇，甚至如有
人猜測的皇上乃是非正常死亡。無

雍正西裝像

雍正皇帝的「破塵居士」印

雍正皇帝的書法

論如何，在胤礽、胤禔相繼落馬之後，胤禛、胤禵是康熙帝晚年最屬意的儲君候選人。但是，康熙帝去世時，胤禵遠在西寧，而且有甘陝總督年羹堯坐鎮西安，成為他回兵京師的一大障礙，皇位與他失之交臂。

皇四子胤禛雖然對天主教、西洋人並無惡感，他甚至還戴著洋人的假髮讓人給他畫像。但是，他從做皇子時起，就崇尚佛教，不但熟讀佛教經典，與僧侶來往密切，找替身代他出家，一個法號「文覺」的僧人參與了他的一切祕密機要，後來甚至以皇帝之尊而自稱「破塵居士」。胤禛的智商可謂超等，是個深藏不露的角色。他有著堅強的意志、準確的判斷力、超越感情的理智。在皇位爭奪戰中，他一向處於幕後，而且是後發制人。他廣結黨羽，安插私人，密布耳目，恩威並施，盡量擴大自己的勢力和影響——表面上又裝出一副悠閒的姿態。胤禛曾扮成「天下第一閒人」的樣子，賦詩道：

懶問沉浮事，間娛花柳朝。吳兒調鳳曲，越女按鸞簫。
道許山僧訪，碁將野叟招。漆園非所慕，適意即消遙。

大玩空手道，耍其兩面派手法。他的小集團人數雖然不多，職務也非顯

要；卻是關鍵所在的地方，其中最主要的是川陝總督年羹堯、步軍統領隆科多──一個在外箝制了擁重兵的胤禵，一個在京掌握了首都的衛戍部隊。

再說，這時康熙皇帝已經六十七歲，身體狀況已大不如前，由於長期的勞累，以及情緒的困擾，導致心臟不好。經常陪

雍正皇帝的眼鏡，水晶鏡片，玳瑁框架，鯊魚皮眼鏡盒。

伴在皇帝身邊的羅懷忠曾親見他的心絞痛時有發作，甚至有一次幾乎昏迷過去。待他清醒過來之後，嚴令在場的羅懷忠和隆科多不准將他的身體情況傳出去。但是，郎世寧和羅懷忠都很清楚，皇朝的更迭已經提到日程上了。

皇上皇子們在木蘭圍場舉行了六次圍獵，用了二十多天。過後，康熙帝宴請參加圍獵的蒙古王公，一方面感謝他們的參與，再有也是聯絡感情，樹立威信。郎世寧受命將這盛大的場面記錄下來。

郎世寧到中國已經七年，中國畫的技法也算是嫻熟了。他本來就是歷史肖像畫的高手，在不善於畫肖像畫的中國畫家面前更是鶴立雞群了。他和另外的宮廷畫院畫師用了三天三夜的時間，完成了這一歷史長卷，畫長三十尺、寬五尺，畫面中繪有五百多匹戰馬，八百多士兵，一百多位滿蒙官員。畫完成後，郎世寧竟累昏了過去。

康熙帝從承德回京後，身體狀況還算平穩，十月二十一日又前往南苑打獵。到了十一月初七，身體感到不適，回到暢春園休息。在初七那天，他還接見過郎世寧，詢問了一些有關歐洲文化的事情，並徵求他們對自

外國人筆下的清朝官員，帶著眼鏡，抽著旱煙袋。

雍正帝生母烏雅氏

胤禛讀書像

己策劃下新編的《律曆淵源》一書的意見。第二天，傳出皇上「龍體欠安」的消息，這時，羅懷忠和另外一個法國醫生都被召到御前，別人對園內發生的一切毫無所知。時近冬至，例行的祭天大典只好由皇四子胤禛代行。

十一月十三日晚上七點左右，一代英主康熙皇帝死在暢春園中，享年六十八歲。

三、郎世寧在雍正朝

1. 郎世寧不敢過問政治

關於皇四子胤禛的繼位，歷來傳說很多，歸結起來，無外乎是合法繼位說，或是陰謀奪位說。從現有的檔案材料和當時的各種跡象，似乎都支持合法繼位說。可是，皇帝的家事神鬼莫測，很難說得清楚。因為雍正、乾隆兩朝對宮廷文獻的大量篡改，事隔三百餘年，要想了解當時真相實屬不易。例如，現存北京和臺北的兩份《康熙遺詔》，關鍵的滿文部分都已殘缺，按說這樣重要的文獻檔案是應該妥善保管的，是否已被人動了手腳也很難說。而漢文遺詔則是後來補發的，其中還有多處塗改。所以，諸如《起居注》、《實錄》之類的正史可信度大打折扣，要想徹底廓清其真實面目，恐怕不是一件易事。

紫禁城裡的洋大臣

據官方的說法，十一月十三日寅時，即凌晨三、四點左右，皇上召皇三子誠親王胤祉、皇七子淳郡王胤祐、皇八子貝勒胤禩、皇九子貝子胤禟、皇十子敦郡王胤䄉、皇十二子貝子胤祹、皇十三子胤祥，以及步軍統領隆科多，至御榻前，諭曰：「皇四子胤禛人品貴重，深肖朕躬，必能克承大統，著繼朕登基，即皇帝位。」而當時胤禛並不在場，當他趕到暢春園時已是巳時，即上午九點左右，他曾三次覲見問安，康熙帝告訴他病情發展的情況，卻絕口不談由他繼位的事情；在場的諸皇子也無一人向他提起他被定為新君的消息。直到晚上戌時，即七點前後，皇上才歸天。康熙帝死時只有隆科多一人在場。

郎世寧等教會人士當然會對此時的一動一靜給予密切的關注。據羅懷忠說，康熙帝臨終前因腦血栓的緣故，從十一月初九就開始昏迷，十二日則處於完全昏迷狀態，所以留下任何遺言的可能性極小。在康熙帝晏駕之前，羅懷忠被命令離開現場，所以無法知道那時到底發生了什麼。但是，如官方公布的情況似乎也不大可能。

康熙帝去世後，當時就在京城內外流傳著許多謠言，其中最被人津津樂道的就是胤禛串通隆科多修改遺詔。這段子說，隆科多受命於胤禛，將康熙帝遺詔中的「傳位十四子」改為「傳位于四子」。其實，這種無稽之談是經不起任何推敲的。首先，那時的「于」都是寫作「余」的。再有，每個皇子都是有名字的，在遺詔這樣莊重的文件中，不可能只寫第幾子，而不寫名字的。估計，這種謠言是出於某位皇子之

雍正皇帝朝服像

197

口，流到街面上的，意圖不外是製造混亂，起碼也要吐一口胸中的惡氣。不過，這倒是說明了一個事實，即胤禵是當時最有可能繼位的另一個人選。

胤禛（1678—1735）終於登上帝位，改元雍正。

據義大利修士馬國賢記載，康熙六十一年（1722）十一月十三日（12月20日），他正住在暢春園附近，國舅佟國維的園子裡。當天傍晚，他聽到外面響起一陣不尋常的嘈雜聲，他從牆頭往外邊看去，只見無數的騎兵正急速地向四面飛奔而去。不久，聽到行人小聲議論：「皇上駕崩了。」馬國賢後來從宮裡面得到的消息說，御醫們斷定了皇帝不治以後，皇上指定了皇四子胤禛繼位。所以，雍正可能是正常繼位——即使是這樣，其中也有不少疑點。

剛剛登上帝位的雍正皇帝立即以胤禵，他這個同胞弟弟開刀，以鎮壓異黨，肅清謠言，樹立自己的絕對權威。他首先把手握重兵，駐紮西寧的胞弟胤禵調回，然後讓他留在遵化康熙帝的景陵看守陵墓。新皇帝的情報系統偵知了一切，胤禵已經受洗成為教徒，並且曾經私下裡向教士許願說，一旦他繼位，將給予天主教以保護，使他們在中國自由傳教，不受任何阻攔。而且，市井上面都哄傳胤禵才是正牌的接班人，於是，雍正帝先來對付他。可是長久把他放在外面還是不放心，又把他移至景山圈禁起來。

雍正初年，基本上繼承了康熙朝的禁教政策，而且其嚴酷程度過於乃父。雍正帝早在繼位以前就與佛教結下不解之緣，對於以「合儒避佛」為宗旨的傳教士，本能地有一種排斥態度。而且，天主教宣揚「人人平等」的教義，犯了皇帝的大忌。試想，如果人人都平等了，皇帝還有什麼特權，天子還有什麼特殊地位？再說，若是這種理論被「白蓮教」之流接受過去，豈不更是「造反有理」了嗎。

再有，雍正帝對於傳教士捲入皇子爭奪帝位的鬥爭深為痛恨。後來，他又得知耶穌會未曾經過他的同意，將中國劃分為幾個「主教區」，覺得這群洋和尚欺人太甚，便在雍正元年十二月重申了「禁教令」，而且更進一步，除了有特殊技藝的教士之外，其他人一律解往廣州、澳門。還是任欽天監監正的戴進賢上疏皇帝求情，不要將教士全部趕走。雍正帝遂下旨，檢查教中書籍，有否違禁的地方。檢查的結果，並未發現什麼問題，雍正帝表示，他對「西洋教法原無深惡痛絕之處，但念於我中國聖人之道無甚裨益」，下

令，西洋人只要沒有大惡者，應從寬對待，不要繩之過嚴。可是，從此中西的文化交流中斷了近一百年之久。

不過，雍正帝對於朝廷需要的專業人才還算寬容。他大膽啟用戴進賢為欽天監監正。戴進賢（Ignace Kogler，1680—1746，德國人）字嘉賓，康熙五十五年（1716）來華，雍正三年（1725）授欽天監監正，一直在中國服務29年。他改正了編纂於康熙末年的《曆象考成》中的錯誤。郎世寧也仍然在朝廷任職，繼續受到皇上的信任。

郎世寧因為給胤禵畫像的事情被追究責任。因為，畫像那天胤禵穿的是只有皇上才能穿的金鎧甲，儘管鎧甲是康熙帝賜給胤禵的，還是有越禮之嫌，屬謀篡帝位的罪名——愈加之罪嘛。胤禛還追究胤禵欲給予天主教特殊地位的罪行，胤禵的解釋是，縱觀歷代以少數民族統治漢人的政權，無一不被漢文化同化過去，最終都是丟掉本來強悍的民族本色，只是會吟詩作畫，尋章摘句，變得柔弱不堪一擊。只有元朝的忽必烈斷然引入西方宗教——景教，來弱化漢人的儒家文化。但是他的後繼者不理解他的苦心，所以只坐了九十幾年的江山，就被趕到漠北去了。他正是汲取了前代的教訓，想要尋找一種自己的宗教，創造一種全新的文化，以免將來被漢族文化吞噬掉。

胤禵的想法有一定道理。元朝在入主中原以前，就與基督教有著十分緊密的聯繫，許多蒙古人信奉基督教敘利亞支派的景教。元朝時，大量西域色目人的遷入，也把他們信奉的基督教帶到了中國。元世祖忽必烈曾對馬可波羅說，有人敬耶穌，有人拜佛，其他的人敬穆罕默德，我不曉得哪位最大，我便都敬他們，求他們庇佑我。在元朝初年，信奉景教的大多是蒙古貴族、官吏，以及色目人。人們稱其為「也里可溫」。很快，景教即流行於中國內地，到處建立「十字寺」，即教堂。同時，羅馬天主教的方濟各會也傳入了中國，主要活動在大都（北京）、泉州等地。但是，信奉景教或是天主教的還是以蒙古人、色目人為主，漢人信之極少，所以隨著元朝的滅亡，依附於帝國政治勢力的天主教也就銷聲匿跡了。

胤禛當然不會聽他的解釋，皇上自有他的理論，他曾在雍正三年（1725）對來華的教皇使節說，天下各種宗教無不是以勸善為本，可是至善至美的教化，沒有超過儒家的。他主張儒釋道三教合一，用來做自己的御用工具。

還好，郎世寧沒有受到過多的牽連，畢竟他只是個畫家。

雍正帝繼位後的第二年（1724），立即重申了禁止天主教在中國傳播的旨意，北京的三所教堂必須停止一切活動；澳門方面不許再派遣傳教士進入中國；外埠除了少數有專長的外國教士進京為他服務，其他人必須在半年內全部離開中國。北京的教士只剩下可憐的幾名，郎世寧繼續做他的宮廷畫師，羅懷忠則還是宮廷御醫，戴進賢、徐懋德做他們的欽天監監正和監副──但被嚴令禁止傳教。

雍正朝最奇怪的事情莫過於皇帝雖然禁止天主教，驅趕天主教士，卻允許東正教在北京建教堂。

說起東正教傳到中國，尚有一段歷史。

俄國自彼得一世開始，極力向東方擴張，想找到一個太平洋的出海口，於是黑龍江流域成了俄國哥薩克不斷侵擾的地方。康熙二十四年（1685），康熙皇帝親自命令黑龍江將軍薩布素率中國軍隊向雅克薩的俄佔領軍發動攻擊，迫使俄國人求和。

戰鬥中幾百名俄國戰俘怕回國後會受到懲罰，願意歸順中國。清朝政府將他們編入滿洲鑲黃旗俄羅斯牛錄，定居北京東直門內的胡家園胡同。因俄國人稱雅克薩為阿爾巴金，所以這些在中國繁衍生息的俄羅斯人自稱是阿爾巴金人。為滿足這些人的宗教要求，朝廷特意將一座關帝廟給他們做臨時祈禱的地方，後改成教堂；並答應彼得堡派遣東正教祭司到北京，從此東正教傳入中國。1689年9月6日，中俄簽訂《尼布楚條約》，康熙皇帝派遣使者慰問遷往伏爾加河流域的土爾扈特人，作為交換，俄國派東正教教士來北京。一直到康熙末年開始嚴禁天主教時，東正教仍然保持著合法的地位。雍正五年簽訂的《恰克圖條約》又將原來北京的東正教傳教士由一人增加到

雍正帝即位後開始在養心殿聽政，此為養心殿內景

三人，而且中國政府幫助在北京建一座東正教教堂。可是，北京的東正教傳教團後來成了俄國的外交和間諜機構，在傳教事業上反倒沒有絲毫建樹。至1860年時，東正教傳入中國近二百年，發展教徒不過二百餘人，而且都是當初那些雅克薩戰俘的後代。

2. 雍正帝「恨屋及烏」

雍正登位之初，為了分化政敵，對勢力較大的允禩一派採取了籠絡的手段，這也是雍正帝高明的一步棋。他先封胤禩為廉親王，為四個總理事務大臣之一，還兼任理藩院尚書。不過，聰明的允禩知道他這位皇兄是不會放過他的，曾說：「皇上今日加恩，焉知未伏明日誅戮之意？」

雍正二年（1724），政權基本穩固，於是開始動手收拾胤禩集團。

八月，皇上召見諸王宗室，譴責允禵、允禩、允禟、允䄉「俱不知本量，結為朋黨，欲成大事」——提到了篡位的高度，說明事情的嚴重性。不久，因為先要對付年羹堯，放了幾位皇弟一馬。十一月，將年羹堯逮捕至京後，又回過頭來對付允禩集團。他發布上諭道：「自親王以下閒散人以上，若有歸附允禩結為朋黨者，即為叛國之人，必加以重罪，絕不姑貸，亦斷不姑容也！」皇九子允禟被派往西寧，又不給任何名義，實際上是充軍而已。皇十子允䄉被派護送蒙古活佛哲卜尊丹巴的靈龕回喀爾喀，行至中途，又令他在張家口暫住。不久在雍正二年四月，以「私自禳禱」的罪名，將其押回北京，圈之高牆。皇三子允祉被發往遵化守陵。

雍正四年，雍正帝加緊處罰允禩集團。二月，將允禩禁錮高牆；三月，令其改名「阿其那」——據說是滿語「俎上之魚」之意。五月，向內外臣工、八旗軍民公布允禩、允禟、允䄉等人罪狀，允䄉囚禁在景山壽皇殿；允禟改名「塞思黑」——滿語「討厭」之義，從青海追回，禁錮在保定圈禁，八月死於當地，雍正帝說他遭冥誅。九月，允禩死於禁所——無疑都是死於雍正帝之手。這個經營了二十餘年的政治集團徹底崩潰。

擔任鑲紅旗滿洲都統的貝子蘇努，乃是努爾哈赤長子儲英的曾孫。儲英雖然屢立戰功，因不同意其父處死叔父舒爾哈濟，及其叛明的政策，被努爾哈赤殺掉。因此，儲英的後代一直不得志。不過，蘇努在康熙朝受到皇上的信任和重用，一直在宗人府任職，並兼任鑲紅旗滿洲都統。康熙帝晚年還曾

將郎世寧的油畫賜給蘇努的兒子勒什亨以示恩寵。但是，在皇子儲位之爭中，蘇努父子是胤禩黨；他的兒子勒什亨、烏爾庫和皇九子胤禟關係密切。蘇努有十三個兒子，受洗入教的有九人，其中三人於康熙末年入教，六人在雍正初年入教。

雍正即位後，表面上對蘇努加以籠絡，由貝子晉封為貝勒；他的兒子勒什亨被任命為領侍衛內大臣、御前行走等要職。但是，雍正帝在向允禩集團動手時，馬上翻臉罵道：「勒什亨是險邪小人，他父親蘇努是允禩一個朋黨中人。」雍正二年五月，蘇努革去貝勒，兩個兒子判了個充軍罪，隨著允禟發配到青海西寧去了。蘇努被流放到塞外的右衛（山西右玉），年近八十的蘇努到達當地不久即死去，臨終，守在旁邊的兒子勸他入了教。死後兩年，蘇努的屍首又被鞭屍揚灰，抄沒家產。雍正帝並且告訴心腹年羹堯：「蘇努實國家宗室中之逆賊，真大花臉也，其父子之罪，斷不赦他也。」在北京任教堂司鐸的穆敬遠被人告發，指控為同謀，也被牽連進去，一起發配西寧。穆敬遠與胤禟住處相連，他們在牆上開一扇窗，商議對策。穆敬遠建議胤禟向雍正帝求饒，被胤禟拒絕了。胤禟則想把家產放在穆敬遠處保管，穆敬遠覺得風險太大，沒有答應。

穆敬遠在西寧為勒什亨、烏爾陳施洗入教，二人還捐資修建教堂，幫助穆敬遠傳教，勸人入教。不久，又發現他們用西文字母作密碼與北京傳遞書信，雍正帝聞知後十分惱怒，便於雍正四年四月將穆敬遠、勒什亨、烏爾陳等人押解回京。雍正帝下令，嚴刑拷問這些傳教人等，逼迫他們承認自己有罪。穆敬遠供認：「我在胤禟處行走，又跟隨他去大同，前後有七、八年了；胤禟待我好，也是人所皆知的。」但他覺得並未違反中國的法律，拒不認罪。

在華傳教士想通過外交手段來營救穆敬遠，遂通過葡萄牙國王若昂五世派使者麥德樂，率領八十名隨員，攜帶許多珍貴禮物，來華祝賀雍正皇帝登基。雍正四年十一月，麥德樂抵京，向皇帝進獻了厚禮，準備營救穆敬遠神父。但是，在此之前皇上早已授意將穆神父押回西寧再將其除掉。於是，穆敬遠於8月5日又被押解回西寧，次日知道食物中已經下了毒，過了12天死於西寧謫所。

雍正二年二月發布禁教令，要求各地信教的人自動放棄信仰，否則將處

以極刑。各地傳教士限於半年內離境。後來，巴多明、白晉、戴進賢等人的聯名上奏，雍正帝才允許傳教士可以在廣州居留。北京只留下二十餘人，為朝廷服務。

雍正皇帝曾經向馮秉正、巴多明、費隱等人解釋他為什麼禁教的原因：西洋人不尊重中國法律，擾亂人民，例如在福建；而且各國有各國的信仰，不可強加於人，正如中國不會派和尚去歐洲傳教；若是中國人都成了天主教徒，豈不成為外國的順民，一旦外國入侵，中國將會大亂。

雍正帝對兄弟、宗室的做法引起他的長子弘時（1704─1727）的反感，尤其是蘇努一家的被譴，爆發了他們父子間的一場爭吵。雍正帝遷怒於弘時不理解自己的苦心，譴責他「性情放縱，行事不謹」削其宗室資格，廢為庶人。弘時於雍正五年八月初六死亡，年僅二十四歲。按說像這種年齡不會突然死亡，所以弘時的死成了一段歷史疑案。有的說是被雍正帝誅殺，也有的說是勒令其自裁，還有一說是他自盡。但無論如何是因其父而死是不會錯的。證諸努爾哈赤誅殺其長子儲英，這種事情在清廷宗室中也算不得是什麼新鮮事。

郎世寧為了他的傳教事業，忍辱負重，不但不敢去仇恨雍正帝，反而盡力去討好，去迎合他，以求再創天主教在中國的輝煌。為了取悅雍正皇帝，郎世寧不得不違背自己意願去畫所謂的「祥瑞圖」。

康熙帝經常接觸西方科學知識，歷來極反對所謂「嘉慶禎祥」。他認為，什麼慶雲、景星、靈芝、甘露之類是自欺欺人，麒麟、鳳凰更是子虛烏有，是貽譏後世的事情。雍正帝的科學常識遠不及乃父，所以熱衷於祥瑞一類無聊的玩意兒。「上有所好，下必效焉」，終雍正一朝，各地嘉禾、瑞繭、麒麟、鳳凰、甘露、卿雲之類的報告不斷。皇帝也是有報必宣，有告則獎。郎世寧在這種氛圍下，也像一些無聊的中國文人一樣，曾經為雍正帝畫過一幅《聚瑞圖》，以祝賀他登基，一個古瓶，中間插著一棵雙穗的稻穀，旁邊一莖並蒂蓮，還有幾株象徵吉祥的牡丹、芍藥之類的花草。他採用的中國式的水彩畫，但是運用了西洋技法的光線、透視技巧。雍正皇帝非常欣賞郎世寧的畫，並且對中國畫家說，西洋畫家的寫實本領的確要高過中國畫家，那個瓶子畫得幾乎使人能夠感覺出是瓷器來。郎世寧受了皇帝的嘉獎，又於雍正二年畫了一幅《嵩獻英芝圖》，以「松」、「鷹」，諧音「頌」、

《聚瑞圖》作於雍正元年，是郎世寧留世作品中最早的。與中國畫不同的是，畫中沒有任何線條的勾勒，色彩極具光影效果，但又與西方寫生畫有所區別。

「雍」，表示了對皇上的頌揚。三年，郎世寧又畫了《瑞穀圖》，都得到了雍正帝的青睞。他甚至還跑到郎世寧的美術學校來聽了兩次課，但是他從未與郎世寧交談過。

雍正五年正月初五，皇帝宴請二十位傳教士，郎世寧也在其中。六月，十位傳教士到圓明園謁見皇上，也有郎世寧在內，可見雍正帝對他的眷顧。郎世寧還為雍正帝畫過一幅《百駿圖》，以慶祝他的五十歲生日。這次是皇上親自點名要郎世寧畫的，可見他對於西洋畫法的喜愛和推崇。為此，郎世寧特地於雍正六年（1728）去了一趟承德，因為那裡有皇上的御馬苑，養著大量的良種馬。《百駿圖》長二十三尺，高近三尺，上面整整畫了一百匹各種形態、各種姿勢的駿馬。他仍然以西法為主，注重光線、比例，同時也吸取中國畫的構圖技巧，襯以山水、樹木、河流，充分體現了中西畫法的完美結合。這反映出雍正年間，郎世寧已致力於中西畫法的調和與借鑒。

按照皇上的旨意，郎世寧向一些宮廷畫家，如斑達里沙、八十、孫威風、王玠、葛曙和永泰等人傳授西洋油畫技法。從此，油畫在清廷中大行其道。郎世寧在此期間也創作了許多油畫作品，只可惜保留下來的極少——大概都被英法聯軍的一把孽火燒掉了。

紫禁城裡的洋大臣

雍正二年，郎世寧所作《嵩獻英芝圖》。

郎世寧所繪《平安春信圖》，圖中畫的是雍正帝、弘曆父子。

　　雍正二年（1724），皇帝開始大規模擴建皇家園林圓明園，這為郎世寧提供了發揮其才能的大好機會。為便於工作，他有較長一段時間就住在園子裡面。四年，圓明園擴建工程基本完成，郎世寧為許多殿堂畫了大量的裝飾畫。每次，他都要事先打好草稿，然後由皇上過目批准，才能動筆。最後完成時還要皇上點評，提出批評或修改意見。雍正帝曾在郎世寧的畫稿上面批示：「此樣畫得好！」

　　雍正六年（1728），在慶祝皇上五十大壽時，發生了「呂留良案」。奉未曾謀面的呂留良為老師的曾靜，與他的弟子張熙異想天開地跑去說服甘陝總督岳鍾琪，起來反清。結果，呂留良的兩個兒子呂毅中、呂葆中，以及兩個弟子被殺；曾靜、張熙則被寬恕，令他們到全國各地去宣講雍正帝的著作《大義覺迷錄》。皇上在他的著作中，反覆強調了他的王朝得來的正大光

《百駿圖》（局部）。圖中的馬匹和山水背景顯示了畫家的透視學技巧，樹木、山石的畫法都有異於中國畫的畫法。

佛延的《油畫山水圖》冊頁。圖中的取景、技法仍是中國傳統畫法，只是顏料不同，用法也不同。

雍正帝行樂圖　漢裝撫琴。

明，滿族統治中國是天經地義，他要把儒家、佛家和道家完美地統一為一體。《大義覺迷錄》被大量印刷，幾乎是人手一冊，每家必備。自然郎世寧和在京的教士們都要學習這本皇帝的著作，還有皇帝的其他語錄。

雍正帝把反對他的兄弟殺的殺，關的關，剩下的幾個老弟大都是其心腹，如怡親王允祥、果親王允禮、慎郡王允禧等。郎世寧與他們過從甚密，贈畫與他們，還為他們畫過肖像。可見在當時王公貴族中，玩賞西洋畫是一種時尚。

雍正帝行樂圖　漢裝題詩

雍正帝行樂圖　洋裝打獵

雍正帝行樂圖　僧服坐禪

雍正帝行樂圖　道裝論道

3. 雍正帝棋錯一著

　　雖然雍正帝對他的胞弟都不假以顏色，但是獨青睞其十三弟允祥（1686—1730）。允祥在康熙一朝，可算是黴透了的一位皇子。從康熙

四十七年（1708）第一次廢太子之後，二十二歲的允祥就被圈禁在高牆內，長達十四年之久。史家估計，可能允祥代人受過，所代之人自然是胤禛無疑。所以雍正帝遄一即位，即委之以總理事務王大臣，與貝勒胤禩、大學士馬齊、步軍統領隆科多位列朝班之首，其實主事的就是允祥和隆科多。允祥參與帷幄大計，也是雍正帝的大管家和侍衛長，一生恭謹，對其皇帝老哥不敢有一絲的異議。允祥此人才幹不高，但對西方傳教士還算禮遇，因為有許多事情他要請教他們。例如，允祥負責直隸、京畿的水利工程，在傳教士的幫助下，他才提出一個完整的整治海河水系的計畫，否則長期被圈禁的他如何能知道水利工程？再如，那時俄國勢力日益強大，允祥感到有必要了解一些對方的動向，曾通過北京傳教士巴多明、宋君榮等人對俄國的政治、地理、歷史、宗教各方面做了詳細地詢問。

說起當時的朝廷似乎還不知道外交是何物，對外國的了解更是兩眼一抹黑。因此，只有通過傳教士來溝通對外聯繫。傳教士當中的確有許多頗有作為的學者，當然也要看到有些人起到的負面作用。

雍正五年（1727）七月，《中俄恰克圖和約》的簽訂與法國傳教士巴多明有極大的關係。那時俄國正在葉卡捷琳娜一世統治時期，這個彼得大帝的情婦繼續執行擴張政策，特派專使薩瓦·伏拉迪斯拉帷奇來華談判兩國劃界事務。薩瓦是俄國外交界的一名老狐狸，他一面組織人力加緊繪製中俄邊界地圖，一面準備錢財賄賂清朝官員和在華傳教士。他把在彼得堡的房子租給法國駐俄大使，由該大使寫信給法國在華傳教士，為他們物色朝中大員作為行賄的對象。而此時的雍正帝正在忙於肅清政敵，遂把參與他奪嫡祕劽的隆科多趕出朝廷，派往黑龍江主持與俄國談判。雍正四年夏天，當隆科多來到邊界恰克圖附近時，薩瓦卻要求進京向雍正皇帝祝賀登基。薩瓦於冬天來到北京後，採取拖延的手段進行談判，實際上是為等待邊界地圖的完成；同時通過巴多明收買了大學士馬齊，了解到中國談判使團的內情。

薩瓦回到恰克圖後與隆科多繼續談判，會談歷時半年，會議三十餘次，隆科多堅持要俄國歸還侵佔的大片中國領土。俄使薩瓦認為：「隆科多對俄國明顯地心懷敵意，想把俄國趕出黑龍江流域……。」當時中俄兩國的邊界談判，都是巴多明擔任翻譯。雖然巴多明表面上是中國使團的翻譯，卻在暗地裡幫助俄國。薩瓦一方面命令軍隊加緊備戰，一方面遙控馬齊勸說皇帝讓

步。最後，雍正帝以隆科多私藏皇家玉牒為由，召回隆科多，改派克什圖主持談判。結果，最後劃界條約的簽訂，完全按照有利於俄方而進行——恰克圖以北、貝加爾湖以南、額爾濟斯河以東的三十萬平方公里的國土被俄國奪去，雍正帝難辭其咎，巴多明也在其中扮演了一個不光彩的國際間諜的角色。

巴多明（Dominique Parrenin，1665—1741，法國人）於1698年隨白晉來華。康熙帝見其體貌魁偉，器而重之，特派教師教他滿、漢文字，不久即可流利對話。於是，巴多明除了本來就熟悉的拉丁語、法語、義大利語、葡萄牙語之外，又掌握了滿語和漢語。另外，他對物理學、文學、歷史學、數學和地理學都有一定的研究。康熙帝從他那裡獲知了許多世界各國的政治、社會情況，以及各國之間的外交關係，從而更加重視路易十四和法國。康熙帝還經常請他將其感興趣的知識，如天文、解剖等譯成滿文。王公大臣們有了學術上的疑問也來問他。因此，巴多明與各類人等建立了良好的關係。那時，人際之間完全是利害關係，哪怕求別人幫忙做一件小事都要送禮，可是巴多明卻能在滿、漢人中間暢行無阻，其外交手腕可見一斑。他曾建議康熙皇帝測繪中國全圖，被採納，於康熙四十七年（1708）施行，但是不准他們接近中俄邊界和東部海岸——康熙帝的警惕性還是很高的。

雍正七年（1729）三月，皇帝令設翻譯館，授滿漢子弟拉丁文（當時的外交通用語言），由巴多明、宋君榮任正副館長。

當時，在中國的傳教士當中也有許多誠懇為中國服務的學者。

馬若瑟（Joseph-Henrg-Marie de Premare，1666—1736，法國人）於1698年隨白晉神父來華。他到達中國後，除了傳教之外，唯一的興趣就是研究中國文化，對中國文史的造詣使許多中國學者也望塵莫及。他的著作如《六經析意》、《中國語言志略》，他還將《詩經》、《書經》等中國典籍譯為法文。

馮秉正（Joseph-Francois-Marie-Anne de Moyriac de Mailla，1669—1748，法國人）字端友，出身法國貴族。康熙四十二年（1703）來華，四十九年偕同雷孝思、德瑪諾神父測繪各省地圖，足跡遍及河南、江南、浙江、福建、臺灣及附近島嶼。他還曾受命於康熙帝，將《中國通史》的滿文本譯為法文——正是因為他深諳滿文、漢文，而且熟悉中國古籍，並具有中國歷史、

宗教、風俗方面的知識，所以才能承擔這樣艱巨的任務。

宋君榮（Antoine Gaubil，1689─1759，法國人）被稱為耶穌會中學問最淵博的人。宋君榮出身於法國貴族之家，年幼即好學不倦。宋君榮於康熙六十一年（1722）來華，正值因「禮儀之爭」，清政府與羅馬教廷關係緊張之時，他目睹當時中國的傳教情況：「我來中國只有幾個月，當我看到傳教工作在不久前還是那樣充滿希望，現在竟然落到如此可悲的地步。教堂已成廢墟，教徒已經鳥獸散，傳教士被驅逐並集中到廣州，中國唯一的口岸，不准進入內地。天主教本身已幾乎遭到禁絕……」但他並不悲觀，立即開始研究中國文化，而且很快即深入到最艱澀難懂的上古史部分，並且得出許多中國人未曾發現的見解。根據《尚書》中的《堯典》、《胤征》、《伊訓》等章，宋君榮認為，中國在堯帝時代就有專司天文的官吏，他們負責制訂、頒布曆法；利用星辰和太陽的位置確定四季的劃分。那是中國人已經使用太陽曆，一年為365天零6小時，四年加上一天。夏朝時已經開始觀測日、月食。天文學在周代已經達到相當高的程度，後來「疇人」（精通天文曆法之人）子弟分散，才傳至歐洲──這樣說來，歐洲天文學還是從中國傳過去的。他曾根據《尚書》中記載的上古時代的日蝕時間，推算出夏代肇始於西元前2155年，使許多中國學者都佩服得五體投地。他通曉神學、物理、天文、地理、歷史、文學，又學習了滿文。他到北京後，繼巴多明之後，任翻譯館館長，教授旗人子弟學習拉丁文，以應對中俄交涉事務──只可惜這些人竟無一成為外交人才。他的著作有《中國天文史略》、《西遼史略》、《蒙古史稿》、《元史與成吉思汗本紀》、《中國年代紀》──以他天文學家的觀點，闡釋了許多中國古代爭議頗多的曆書事件，如武王伐紂等。他還將《易經》、《禮記》等典籍翻譯成法文。迄今，宋君榮的著作仍是研究中國天文學史不可或缺的參考資料。

雍正帝雖然勤於政事，是個很合格的皇帝，但是手段不免辣了一些，所以積怨太深，只坐了十三年的天下，便在雍正十三年（1735）八月二十三日半夜，以五十七歲的盛年崩於圓明園。

關於雍正帝的死因也是眾說紛紜、撲朔迷離。

就在雍正帝去世前半個月，郎世寧和王知行曾陪同他遊覽圓明園，他一面向兩位畫家詢問些外國的風俗習慣，一面指點著哪裡該添些什麼景致之

類，從晌午一直遊到傍晚。比他年輕的郎世寧都感覺有些吃不消，可是皇上的遊興絲毫未減，並無倦色。而且，前一天他還在紫禁城向羅懷忠說，明天要去圓明園小憩一陣，羅懷忠從他醫生的眼光，並未看出皇上有什麼不對的地方。可是次日突然傳來皇上駕崩的消息，北京城內至圓明園的道路全部封鎖，連羅懷忠也未能見到這位大行皇帝最後一面。

雍正帝暴亡後不久，即有人傳說是呂留良的孫女，呂毅中的女兒呂四娘行刺所致。說是，雍正帝對音律極有研究，尤其喜好一種叫做「箜篌」的古樂器。宮裡面本來有一個樂師，專門以此伺候皇上，可是這樂師突然生病而死，也未曾教過徒弟，這美妙的樂器竟成絕響。不料，有一次皇帝正在圓明園內散步，忽然聽得幽篁深處傳來一陣悅耳的樂聲，皇帝駐足一聽，正是他所迷戀的箜篌，再看那演奏的女子更是傾城傾國。於是，這女子便得寵於皇帝，終於找到了下手的機會，報了殺父之仇。不過，這種傳說經不起推敲，

雍正帝死後葬在易縣的泰陵，這是泰陵的石牌坊。

多半是多事者編造的故事，以解漢人亡國亡家之恨。倒是，另一種說法較為實際，即雍正皇帝雖然斥天主教的「上帝」、「天堂」等為迷信，可是他卻在宮中和圓明園內供養了一大批道士，為他煉丹，以求長壽。所謂仙丹大多是重金屬、水銀一類的礦物，可能還有壯陽的功效，服用久了，沒有不中毒的。即便不中毒，也會擾亂體內陰陽平衡，臟腑失調。總之，雍正帝的暴亡，似乎有些不足為外人道的蹊蹺。不然，作為御醫的羅懷忠不會被擋駕，不許他進圓明園探視皇上的病情。

乾隆皇帝的生母，熹妃鈕祜祿氏。這是宮廷西洋畫家所作。

四、郎世寧在乾隆朝

1. 一代英主是個小氣的玩家子

雍正皇帝鑒於前朝繼位程序的弊病，創立了一種全新的繼位方式，即不立太子並將遺詔放在乾清宮內「正大光明」匾的後面，先皇死後，在眾人面前打開宣讀，既可避免陰謀的發生，又可使眾皇子心服口服。雍正帝死時，留下的兒子只有三名，弘曆毫無爭議地順利即位，是為乾隆皇帝。

乾隆皇帝朝服像

郎世寧繪乾隆帝及其皇后像

　　乾隆帝的文化修養還要高於乃父，他極欣賞郎世寧中西合璧的畫法，還在做皇子的時候就與郎世寧相識，而且關係密切。登基後，又特意提升他為御前畫家，可以隨時出入宮廷。出於對他的賞識，乾隆帝幾乎一有空閒便去

郎世寧繪《乾隆帝戎裝像》，作於乾隆四年（1739）

如意館觀看郎世寧作畫，並時與之交談。郎世寧在盡職宮廷畫家的同時，也未忘記他的傳教士責任，每當皇上光顧時，他總是趁機為耶穌會能在中國傳教進言幾句。乾隆元年（1736）5月，北京發生了一件小事，卻引起對基督徒的一場風波。

　　因為乾隆帝對雍正年間施行的政治打擊也有些不以為然，遂實行政治犯大赦，例如蘇努一家全部釋放，並恢復皇室資格等等。有一名官員被釋回京後，設宴慶賀，而他一個信教的妹妹因宴會帶有迷信色彩，拒絕赴宴。那位官員惱恨其妹無情，連帶對天主教產生反感，便

給皇上奏了一本，聲稱滿人受了洋教士的蠱惑，應該嚴格禁止云云。於是，朝廷下旨，禁止旗人信教，否則將處以重刑。這之後，乾隆帝到郎世寧處，坐在他旁邊看他畫畫，郎世寧忽然停筆，拿出北京諸神父請求免除禁教令的上疏，跪在皇上面前。旁邊站著的隨侍太監大為驚恐，因為他這種上疏方式既不合規矩，又有冒犯皇帝尊嚴之嫌。但是，乾隆帝並未做出任何表示，只是耐心地聽他陳述，並對他說，朝廷並沒有禁止天主教，只不過不許旗人入教。然後命令身邊太監將其奏摺收下，安慰他安心畫畫。

其後，各地仍有教民衝突事件發生。乾隆二年年底，耶穌會的華人傳教士劉二拾到一個棄嬰，並為其施洗。正當劉二給棄嬰行洗禮的時候，官兵闖了進來，將其逮捕，罪名是「口念咒語，向棄嬰之頭灌水」。結果給予杖刑後，戴枷示眾一個月。於是，在京城和各地又掀起一場禁教的風潮。一天，皇上又到如意館畫室，與郎世寧談論一些藝術問題。郎世寧愁眉不展，似乎有極大的心事。皇上問他是否身體不好，郎世寧回答說，貴國禁止天主教，大街小巷貼滿禁教的上諭，我怎麼能安心作畫呢？如果歐洲那邊知道這裡的情況，誰還願意到中國來服務呢？乾隆帝答覆道，我並不禁止你們的宗教，

圓明園長春園蓄水樓遺址──為大水法提供用水

長春園方外觀遺址

長春園遠瀛觀之一

只是不許中國臣民入教而已。

　　自從清廷統治中原之後，漢人的抗清鬥爭從未停止過，只不過因清廷的政策的不同，有時表現得激烈一些，有時表現得和緩一些而已。雍正末年與乾隆初年，國內各地的抗清鬥爭又逐漸有加劇的苗頭。這些鬥爭有不少是披著宗教外衣組織起來的，因此清廷對於不管是什麼宗教，都採取了嚴格禁止的方針。

　　經過幾年的經營，消除了一系列的內憂外患之後，乾隆帝開始了他奢靡的享受。

長春園遠瀛觀之二

　　乾隆九年（1744），皇帝在圓明園原來的二十八個景點外，又增修十二個，形成四十個景區。乾隆十二年時，一次皇上翻閱西洋教士們從歐洲帶來的畫冊，見到其中有噴水池的圖片，便問起郎世寧，這是什麼原理，並請他找一個可以製作噴水池的人來。郎世寧來到北京各教堂打聽，人們告訴他剛剛到達的蔣友仁神父可以勝任。

　　蔣友仁（Michel Benoist，1715—1774，法國人）是北京傳教士中稀有的科學家。他於乾隆九年（1744）來華，朝廷知道他精於天文、曆算，立即召至北京。只一年的時間，他已經可以閱讀中國書籍了。乾隆帝在郎世寧的推薦下，立召蔣友仁入內廷，由天文學家改行做了噴水池的工程師。在傳教士們看來，只要是有利於傳教，幹什麼都是無所謂的。蔣友仁與郎世寧合作，很快繪出西洋式宮殿的藍圖。乾隆帝決定在長春園北部修建西洋樓，並任命郎世寧作為總設計師，並任命其為奉宸苑卿，官秩三品，專門掌管皇家園林。

　　當第一座西洋式建築進入施工階段，乾隆帝幾乎每天都來觀看，時常問這問那，並親自命名為「諧奇趣」。蔣友仁經過多次的實驗，終於將噴泉試製成功──那時中國人尚無人懂得噴水池原理，他可算是中國第一人了。諧

長春園觀水法

長春園大水法之一

長春園海宴堂之一角

長春園海宴堂於1922年的景象

長春園海宴堂遠眺

長春園諧奇趣北面

長春園諧奇趣正廳的平台

長春園諧奇趣左側之八角亭

長春園諧奇趣之南面

圓明園之古橋

奇趣樓前建有一巨大的海棠式噴水池，一條石頭雕刻的大魚位於池中央，周圍有四隻銅羊、十隻銅雁。石魚口中噴出的水柱可達五丈，而銅羊和銅雁口中射出稍細的水柱成弧線落入池中。

緊接著，第二座更大的西洋樓「海宴堂」又開始動工，是三座西洋樓中最大的一座。前面的水法又別出心裁，蔣友仁將其設計成一個噴水計時器。噴水池四周有代表十二生肖的十二個獸頭，每到一個時辰，則代表那個時辰的獸頭中即噴出水來──例如子時（晚11時至凌晨1時），鼠口中噴水；丑時（半夜1時至3時），牛口中噴水；午時（中午11時至下午1時），則所有的獸口中一齊噴水，景象至為壯觀。蔣友仁不但負責設計，而且還要督造蓄水池、進水管道，甚至銅水管的鑄造，都由他來監製。這樣一項巨大的壯麗工程要是在歐洲足以使他享有盛名，可是在乾隆皇帝的眼裡，他不過是個無名的工匠而已──這就是中西價值觀的差異。

第三座建築是「遠瀛觀」，其結構分為三部分，北面是主體宮殿建築，宮殿前面是「大水法」，也是蔣友仁的傑作。大水法是由三組噴水池構成，兩邊的噴泉是方塔形的石柱，水由塔頂噴出；中間的水池四周布滿石頭獵狗，噴水時，所有獵狗嘴裡的水柱都噴到中間的石鹿身上，即「獵犬逐鹿」。南邊是一組「觀水法」，乃是幾面石頭屏風圍繞著兩個高聳的寶座──為皇帝和皇后所備。今天人們看到的殘垣斷壁就是遠瀛觀與其前面的大水法。

其他的西洋風格建築還有：養雀籠、方外觀、花園迷陣、線法山、湖東線法牆等。

蔣友仁在設計噴水裝置時，還製造了與之配套的提水設備，使用一種特殊的水車，以機械方法將水提升至一個高處的水塔，以供給水法的用水。但是後來蔣友仁去世後，無人會使用那水車，皇帝又要觀賞水法噴水，只好由工人一桶一桶地將水挑到水塔上面──可想而知，這需要多少人的勞動。此時，世界上發生了許多驚天動地的大事，如美國獨立、法國爆發大革命，英國的工業革命也初具規模；可是，乾隆皇帝仍在滿足於他的盛世，玩賞著他的水法！

乾隆皇帝視這些外國的先進技術為奇技淫巧，只可賞心悅目，而不懂得於國計民生有何裨益，也沒想到讓傳教士們培訓一批中國人才，只是將他們

長春園遺址

身懷的絕技，用來滿足一己之私，而不是為國家和人民謀福利，這位所謂的一代英主實在是名不符實的。

蔣友仁還在閒置時間製造許多儀器，如反射望遠鏡、抽氣筒等。

乾隆二十四年（1759）平定回部之後，蔣友仁根據傳教士們測繪的新疆地圖，編繪成《增補坤輿全圖》，圖寬十二尺半，高六尺半，較利瑪竇、南懷仁等當初繪製的地圖還要詳細、準確。這是一幅最新版本的世界地圖，上面增加了許多天文部分的說明文字，而且向中國人較為全面地介紹了哥白尼日心說。對科學不感興趣的乾隆皇帝不過賞賜給蔣友仁幾疋綢緞，哪裡知道什麼是日心說、地心說呢？乾隆帝請他將中國地圖用銅版印刷出來，他雖然不會這種技術，還是勇敢地承擔下來。他翻閱歐洲出版的有關資料，親自訓練刻版工人，自己設計印刷機器，終於印出104頁的精美地圖冊。蔣友仁神父為了完成皇上交給的任務，不辭勞苦，他終日奔走於各工廠之間，其距離少則五六里，遠的要二十多里。不時地他還要到園子裡向皇上彙報，無論風雨寒暑，從無休息日一說。每天的飯菜不過是米飯、鹹菜而已，而這對於他那歐洲的胃極不相宜。以至身體狀況日益衰弱，終於積勞成疾。乾隆三十九年（1774），教皇解散耶穌會的命令傳到中國時，蔣友仁因過度氣憤，引發腦卒中而亡，另一個教士劉松齡也為同樣的原因而死。

與郎世寧、蔣友仁一起設計，建造圓明園的還有王致誠，他們在長春園工作了近十五年。

王致誠（Jean-Denis Attiret，1702—1768，法國人），出身於繪畫世家，自稱，從小在「畫筆和調色板」中長大的，擅長畫人物肖像。他應在華耶穌會拓展教務之請，於乾隆三年（1738）來華。乾隆帝和他的祖父一樣，不喜

海宴堂水法的噴水獸頭，庚子之變中被八國聯軍劫往歐洲。

歡油畫，曾向畫院下諭旨道：「水畫優雅悅目，新至繪工繪畫法必同他人。至若肖像不妨用油繪之。」所以王致誠和郎世寧一樣，放棄了原本已達相當水準的油畫技藝，改學中國畫。王致誠法蘭西人火爆的性格使他有時產生抵制情緒，他抱怨說，這種約束完全違背自己的意志和愛好，要不是為了有益於教會，使皇帝善待耶穌會教士，早就回歐洲去了。郎世寧以自己的親身經歷鼓勵他，別的教士也勸告他，他才平心靜氣地坐下來，安心作畫。但是，以他歐洲人的眼光，對中國的帝制仍然不理解，他曾寫信給歐洲朋友：「我所侍奉的皇帝，自以為是世界上唯一的君主，所以他認為外國人在他那裡服務，當視為莫大的榮幸。」王致誠為圓明園畫了不少大大小小的裝飾畫，有水墨畫，也有油畫，但都毀於1860年英法聯軍的戰火。

乾隆帝時常來看望王致誠和郎世寧，有時所畫人物的服裝、姿勢不合他的意思，還親自動筆改正。有時，郎世寧他們給王公大臣們畫像，這些人從未有過做模特兒的經驗，不時地站起來，走到畫師那裡看看畫得像不像，當看到有幾分相似，便得意地笑起來。使畫師們很不耐煩，可是他們地位尊貴，又不好說什麼。

乾隆帝經常諭令王致誠和郎世寧等西畫家與中國畫家合筆繪畫，甚至具體指定由某個畫家動筆。例如，乾隆十三年（1748年），乾隆帝頒旨：「旨著郎世寧用宣紙畫百駿手卷一卷，樹石著周鯤畫，人物著丁觀鵬畫，欽此。」從畫作《春郊閱駿圖》中可以顯然看出，乾隆帝是在有意調和中西畫法。乾隆帝認為西洋畫法特長在於「著色精細入毫末」，而不足是「似者似矣遜古格」——即缺少中國畫的韻味、格調。有時各地進貢珍禽異獸，乾隆帝令畫家記錄下來，往往是由西洋畫家畫主體部分，而配景則由中國畫家完成。如，《白鷹圖》中的白鷹為郎世寧所繪，背景的山水松樹出自宮廷畫家

方琮的手筆。

胡敬在《國朝院畫錄》中談到郎世寧的繪畫風格：

> 世寧之畫本西法而能中法參之，其繪花卉具生動之姿，非若彼中庸
> 手之詹詹於繩尺者比。然大致不離故習，觀愛烏罕四駿，高廟（乾隆
> 帝）仍命金廷標仿李公麟筆補圖，於世寧未許其神全而第許其形似，亦
> 如數理之須合中西二法，義蘊方備。大聖人之衡鑒雖小道必審察而善擇
> 兩端焉。

王致誠參與繪製《平定厄魯特圖》十六幅。

《白鷹圖》。作於乾隆二十一年（1756）郎世寧
畫白鷹，方琮畫背景。

《白猿圖》。圖中的白猿為郎世寧所繪，背景則出自
中國宮廷畫家之筆。

乾隆十九年（1754），皇上見他服務謹慎，援其他教士之例，決定授他以官職。但是，王致誠堅辭不受，皇上親自到如意館問他什麼原因？他只以傳教士不應該做官來回答。

2. 科學家不過是皇上的匠人而已

乾隆皇帝見多識廣，他很清楚中西科學技術的差距，曾說過：「從天文學、繪畫、科學、技術來說，中國人與西洋人如果相比較，中國人不過還是幼童。」所以他還是鼓勵引進西方人才的。對於前朝留下來的傳教士，也極表器重和禮遇，封官，頒賞，賜宴等。康熙、雍正兩朝來華的教士，如郎世寧、羅懷忠、戴進賢、徐懋德、陳善策、巴多明、殷弘緒、馮秉政、費隱、德瑪諾、宋君榮、沙如玉、孫璋等人都安心地在各自的崗位上面，發揮出自己的才智，為中國人民做出了極大的貢獻。乾隆帝為進一步吸收西方文明，仍不斷招徠傳教士來華，如楊自新、王致誠、劉松齡、湯執中、高慎思、安國寧、晁俊秀、金濟時等。

下面擇主要的，對這些傳教士作一簡單介紹。

劉松齡（Augustin de Hallerstein，1703—1774，奧地利人），字喬年，出身奧地利貴族家庭，通天文、曆算。乾隆十一年（1746）接替戴進賢為欽天監監正，達三十年。他的日常工作除了觀測日月蝕之外，尚要五大行星的出沒時間。而且，他還要為一些俗務所困擾。例如，一些管理欽天監的王公大臣，時時想要攘他的工作為己有，當然傳教士們不計較名利，但是他們要向朝廷交代自己完成任務的情況，所以也不得不說明事實。

傅作霖（Felix da Rocha，1713—1781，葡萄牙人）字利斯，精通哲學、神學、天文學及曆法等。他於乾隆三年（1738）來華，十八年（1753）任欽天監監副。兩

18世紀英國製造的「渾天合七政儀」該儀器按哥白尼「日心說」的原理，將太陽及金木水火土及地球的運轉情況形象地演示出來。

郎世寧作《乾隆帝雪景行樂圖》

郎世寧作《仙萼長春圖——櫻桃》

年後，因繪製準噶爾、厄魯特等地的地圖有功，授二品銜。他還曾測定哈密、吐魯番、瑪納斯、伊犁等地的緯度。三十九年（1774），赴西藏測繪地圖。劉松齡死後不久升任欽天監監正。

乾隆三十一年（1766），汪達洪（Jean-Mathies de Ventavon，1733-1787，法國人）神父來到北京，被宮廷聘為時鐘製造師，實際乃是機械師。乾隆皇帝非常喜歡西方的奇異機械，以前有個法國修士楊自新製造了一隻自行獅，內有機械發條裝置，上滿發條能夠行走百步。後來又製作了一獅一虎，能夠自行走三、四十步。楊自新去世後，皇上特意聘請了汪達洪繼續楊的工作。乾隆皇帝被視為中國少數有作為的皇帝之一，可是他只知道滿足個人的享樂與好奇心，卻不懂得利用西方先進技術為國計民生服務，甚至沒想到利用傳教士來培育中國自己的人才，可見這所謂英主的見識也不過爾爾。

乾隆帝在宮廷內設立自鳴鐘處和做鐘處，做鐘處有西洋傳教士和中國匠人，他們的工作是專門為皇上製作和修理鐘錶。乾隆皇帝經常給做鐘處的工匠們安排任務，讓做鐘處按照他的要求製作一些稀奇古怪的東西。這好玩的皇上令汪達洪製造兩個機械人舉著花盆能夠自行走動，汪達

郎世寧繪《阿玉錫持矛蕩寇圖》

洪為之花費了兩年的時間。製成後乾隆帝非常滿意。乾隆三十五年（1770）英國使節送給皇上一種機器人，能自動書寫「八方向化，九土來王」這樣的文字，歌頌皇上的功德；汪達洪將其改進，使之不但能書寫漢字，還能書寫滿、蒙文字。汪達洪見取得如此的成績，遂擬訂一更大的計畫，他準備為北京制訂一套完整防禦工程——包括整體戰術和防禦器械，並寫成條陳上呈皇帝。汪達洪自己製造了模型，皇上令他詳細說明。可是，卻遭到來自兩方面的反對。一方面是有朝中關的大臣，另一方面是傳教士內部——怕歐洲方面責備他們將先進戰術傳給非基督徒國家，此事遂無疾而終。

　　錢德明（Jean-Joseph-Marie Amiot，1718—1793。法國人）於1751年抵達北京，不久觀見乾隆皇帝，曾將有關的禮節詳細記錄下來。他學識淵博，涉獵極廣，於科學、文學都有極深造詣，篤嗜學習研究，與馬若瑟、宋君榮並稱為耶穌會三個學問最深的人。法國大革命時期傳來國王路易十六被殺的消息，他受刺激太大，突發腦溢血去世。他曾編制《滿法詞典》三卷，約有一萬兩千詞條，民國時許多中國留學生還是通過該詞典學習的滿文。《由載籍證明中國之遠古》，將中國歷史上溯到帝堯時代，是將中國神話時代列入歷史的少數史學家之一。《孔子傳》、《孔傳大事略志》、《孔門諸大弟子傳

乾隆三十五年英國倫敦特為清廷製作的自鳴鐘。上弦後，鐘錶底下的洋人即提筆寫字：「八方向化，九土來王」，而且橫、豎、撇、捺都有筆鋒，真是妙不可言

《哨鹿圖》局部，乾隆皇帝

略》、《中國兵法》、《中國古今樂記》是研究中國古代樂器、樂理的不多著作之一，比中國人研究的還要深入、透徹。《中國古代宗教舞蹈》、《禹碑之說明》、

　　韓國英（Pierre-Martial Cibot，1727—1780，法國人）於乾隆二十四年（1759）來華，也參加了圓明園的修建工程。他設計並製造了一個巨大的水力計時器，附有噴水、鳥鳴等活動形象，花費了他四年的光陰。他在寫給歐洲友人的信中，自稱「在宮廷中，起先為噴水匠和機械匠，後來又成了園藝師和花匠」。其實，韓國英對科學、文學都有一定的造詣，他是聖彼德堡研究院通訊院士，他有關覃菌的研究曾獲得好評。他著的《中國古代論》，以帝堯為中國建史第一人。他將《大學》、《中庸》譯為法文。他還有許多關於植物、博物、文字等方面的著作。

郎世寧繪《哨鹿圖》，前第三騎白馬者為乾隆帝

3 . 中西交通的終結

　　乾隆皇帝繼位之後，對待西洋傳教士的態度，與其乃父並無大的區別。即對於來華效力的教士優禮有加，但是禁教政策絕無絲毫鬆動。

　　乾隆四十年（1775）正月，傳教士集中居住的南堂發生火災，乾隆帝撥銀萬兩，重新修建。建成後，親自書聯額——說明他頗禮遇西方傳教士。可是，有時他又是另一副面孔。

　　乾隆十一年（1746）春，雲貴、四川、湖廣等地相繼破獲了許多白蓮教準備起事的案件，當年五月，福建發現有西方傳教士在該省傳教，信奉天主教的教民達兩千餘人。乾隆帝將這些事件聯繫起來，感到極為不安。他認為：「西洋人倡行天主教，招致男女，禮拜誦經，又以番民誘騙愚氓，設立會長，創建教堂，種種不法，挾其左道，煽惑人心，甚為風俗之害，天主教

久經嚴禁，福建如此，或有遣散各省，亦未可知。」為此，全國各地開展了一場持續兩年之久的大規模禁教活動。山東、江西、山西、陝西、湖廣、廣西、四川等地都查獲有傳教士的活動。有的傳教士被監禁或處死，大部分則被押至廣州，遣送回國。

郎世寧為此曾特意在皇上駕臨畫院的時候，籲請他不要將教士處死。皇上聽了，很不高興，臉色凝重沒有理他。郎世寧再次重複了一遍，皇帝說：「你們這些外國人不懂得中國的風俗，朕已經令兩個大臣保護這些人了。」

過了幾天，皇上聽說沙如玉教士有病，遂詢問起他的病情，並問郎世寧：「天主教的教士也怕死嗎？」郎世寧答道：「行善的人不怕，有惡行的人才怕。」皇上又問：「如何區分善惡呢？」郎世寧答：「在自己的良心而已。」沙如玉（Valentin Chalier，1697—1747，法國人），曾發明一種新穎的自動報時自鳴鐘，是個極聰明的人。

清朝皇帝雖然施行了不少減輕人民負擔的政策，以維持自己的異族統治，但是對於民間的「風吹草動」是十分敏感的。中國自漢代張角的「五斗米教」開始，反抗者一直以民間宗教作為掩護，行其反對暴虐統治的實際。反抗組織以宗教作為團結、聯絡群眾的工具，尤其是當階級矛盾激化的時候更是如此。元、明末年，白蓮教多次興起，而且以各種名目出現。乾隆朝的後期，因窮兵黷武造成人民不堪承擔，起來鬧事的逐漸多了起來，而且多打著這個「教」那個「教」的名號，這不能不引起皇上的注意。

產生於西元一世紀的天主教是一種平民的宗教，所以尤其受到貧苦百姓的擁護，天主教以苦為榮，傳教士們也以身作則，故能夠在平民中得以迅速傳播。當然，不能否認有些地方的起義者打著天主教的幌子，召集群眾，後來的太平天國就是一個明顯的例證。但是，還從未發現過外國傳教士策動反抗政府的暴亂行動。

之後，在乾隆十七年、三十二年、三十九年、四十二年都曾因各地捕獲祕密宗教組織，而殃及天主教的禁教事件。

乾隆四十九年（1784）再次發生禁教事件。這年春天，居住在廣州的傳教士羅瑪無視朝廷禁令，私自向內地派出十名傳教士，前往直隸、山東、山西、湖廣等地。有四名教士在去西安的路上，在襄陽被查獲。乾隆帝得知後，遂將其與前不久發生在甘肅的回民起義聯繫起來，他說：「西洋人與回

清末在中國南方的傳教士

人向屬一教，恐其得有逆回滋事之信，故遣人赴陝，潛通消息。」為此，皇帝嚴令各地查禁天主教。把天主教和伊斯蘭教混為一談，暴露了乾隆帝的無知，也顯示了他風聲鶴唳，草木皆兵的神經質。

因為，回疆、西南一帶的分裂活動時有發生，乾隆帝自然與境外的勢力聯繫起來，所以他改變了一向的引進政策，聲稱「西洋人已敷當差」，「嗣後可毋庸選派」西方教士進京效力。從利瑪竇開始的中西文化接觸，至此劃上了句號。耶穌會士一個多世紀的努力，幾乎蕩然無存了。

4. 關於郎世寧的畫

西方油畫傳入中國，對中國的傳統畫技是個巨大的衝擊。利瑪竇當初就指出，中國畫只畫陽，不畫陰，所以無凹凸相。而西洋畫能「黑白盡陰陽之理，虛實顯凹凸之形」，所以生動、逼真。郎世寧第一個引進西方文藝復興時期開創的明暗寫實畫法，並改用膠狀顏料在宣紙上作畫，也就是今日的膠彩畫作法。

郎世寧除了在宮廷畫院為皇上畫一些應景的圖畫之外，還有一項重要的任務，就是以畫筆記錄當時重大的歷史事件。

乾隆十九年（1754），厄魯特蒙古的杜爾伯特部首領，策凌、策凌烏巴

杜爾伯特首領策凌像　　　　　　　杜爾伯特綽羅斯公達瓦像

乾隆十九年（1754），率眾自準噶爾來歸的剛多爾濟貝勒像。

什、策凌孟克，以及輝特部首領阿睦爾撒納相繼歸順清朝，乾隆帝特在承德避暑山莊舉行盛大慶典，以志祝賀。時年66歲的郎世寧與王致誠、艾啟蒙等應召，趕赴承德，為幾個歸順的蒙古首領畫像，同時完成了《萬樹園賜宴圖》、《乾隆觀馬術圖》等重大歷史題材的畫卷。

乾隆二十年（1755），清軍平定準噶爾叛亂。二十四年，回部平定。為紀念這兩次戰果輝煌的勝利，皇上命郎世寧等以繪畫形式將其記錄下來。乾隆二十七年（1762），郎世寧為乾隆皇帝平定額魯特蒙古，作銅版畫數幅。還有

艾啟蒙、王致誠等人也畫了幾幅。

《乾隆平定準部回部戰功圖》十六幅。

1.平定伊犁受降，1765艾啟蒙繪。

2.格登鄂拉襲營，1765郎世寧繪。

王致誠等人繪《平定伊犁回部戰圖》銅版畫之一

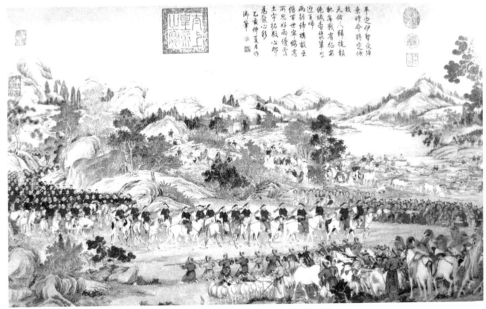

平定伊犁回部戰功圖冊，伊犁受降圖

3. 鄂壘札拉圖之戰。

4. 和落霍斯之捷，1766王致誠繪。

5. 庫隴癸之戰，安德義繪。

6. 烏什酋長獻城投降，安德義繪。

7. 黑水圍解，1765郎世寧繪。

8. 呼爾滿大捷，1765安德義繪。

9. 通古斯魯克之戰。

10. 霍斯庫拉克之戰。

11. 阿爾楚爾之戰，1765王致誠繪。

12. 伊西洱庫爾淖爾之戰，安德義繪。

13. 拔達山汗納款，安德義繪。

14. 平定回部獻俘，王致誠繪。

15. 郊勞回部成功諸將士，安德義繪。

16. 凱宴成功諸將士。

乾隆三十年（1765），皇上命蔣友仁將此十六圖寄往巴黎，雕版印製。郎世寧為此特意致書巴黎藝術局局長，慎重相託。1774年，精雕青銅版完成，只印製了一百份，法國王室存留幾份外，全部寄給中國。

郎世寧服務的最後一個主人，乾隆皇帝並不是個好伺候的主兒。

乾隆皇帝除了他的皇帝身分之外，也是個典型的中國文人。他博覽群書，有極高的文學修養。他十九歲學畫，有極深的藝術鑑賞力。乾隆元年，他登基之時，為其生母崇慶皇太后畫過六幅花鳥畫。由於他本人喜歡畫畫，所以在他身邊集中了一代頂級的宮廷畫家，如張宗蒼、鄒一桂、董邦達、張若靄、錢維誠、張若澄等，另外還有幾個西洋傳教士畫家，即郎世寧、王致誠、艾啟蒙、潘廷璋、賀清泰等。

乾隆皇上懂得欣賞西洋畫，尤其酷愛郎世寧和艾啟蒙的畫。

中國畫發展到清朝中葉，基本形成了婁東、虞山、常州幾個畫派，比較特殊的則有「宮廷」畫派──又稱「院畫」，及「揚州八怪」等流派。院畫，也就是清代的宮廷繪畫。清代宮廷機構中設有宮廷畫院如意館。最初，宮廷畫家意境呆板，筆意滯澀，匠氣比較重，地位也不高，類似於工匠。但是到了清代中期，「院派」的畫風有所改變，地位也大為提高，這其中要歸

功於康熙年間西洋畫家在宮廷的供職——郎世寧、王致誠和艾啟蒙等人，人稱「宮廷三繪士」。以前的中國畫不懂得透視原理，遠處的景致人物和近處的一樣大小，畫的宮殿建築看起來像是要傾倒一般，由於西洋畫引進了「焦點透視法」，從而產生景深遠近的藝術效果——當時人稱「定點引線之

平定伊犁回部戰功圖冊之三，拔達山汗納款。

平定伊犁回部戰功圖冊之四，伊西洱庫爾淖爾之戰。

法」，「線法畫」。後來與中國學者年希堯（年羹堯的哥哥）一起出版了一本《視學》，為中國第一部西洋繪畫透視法則的專著。

乾隆年間，西洋畫受到皇上的高度重視，使宮廷繪畫不僅是傳統的延

平定伊犁回部戰功圖冊五，阿爾楚爾之戰。

平定伊犁回部戰功圖冊之六，霍爾庫魯克之戰。

續，而且在其中加入了西洋畫的技法和透視法、陰影法等，因此出現了極具時代特色的作品。在乾隆朝，還有在皇帝旨意下，中西畫家各司其職，通力合作的「合筆畫」。這種合筆畫常見於大型組圖的繪製，如《十二月令圖》。在合作繪製中，往往根據宮廷畫家的特長，分別擔任人物、樹石花鳥、亭臺樓閣等，但在整體格局和空間處理，以及色彩的敷用方面，則明顯受到西洋繪畫的影響。

艾啟蒙（Jgnatius Sickeltart，1708—1780，波西米亞人）於1745年來華，同年入宮，跟隨郎世寧學畫，後為清宮畫院供奉。1777年，七十歲生日時，尚在宮廷畫院內作畫，恰好乾隆帝到畫院參觀，見他手不斷地顫抖，遂問道：「你的手在顫抖，還能作畫嗎？」他回答道：「不妨事的。」當皇帝知道他已七十歲時，道，何不早言，朕當援引郎世寧之例，予以恩賞。於是，艾啟蒙被恩賜三品卿銜，另賜錦緞六匹、袍褂一套、瑪瑙朝珠一串、「海國耆齡」御筆匾額一方、另賞其參加「千叟宴」。御賜諸物放在彩亭之內，八人抬之，四名官員騎馬跟隨，二十四名樂工前導，傳諭官一人，浩浩蕩蕩來到北京南堂。該年適逢會試，數萬名士人雲集京師，莫不歎賞道，一個西洋人居然得到皇上如此的眷顧。

其他的宮廷西洋畫師還有，

賀清泰（Louis Antoine de Poirot，1735—1813，法國人），1770來華，他曾在中、俄交涉中擔任翻譯，將拉丁文翻成滿文，或是由滿文翻譯成拉丁文。賀清泰極得乾隆皇帝寵眷，1780年，在他的遊說下皇上曾批准，凡是北京有欲入教者，可以領洗入教，但親貴和官員子弟，未經父母允許，不得入教——這在那禁教的時期已經是格外開恩了。賀清泰雖然從未學習過繪畫，但是，他的技藝尚能得到人們的好評。

潘廷璋（Giuseppe Panzi，1733—1812，義大利人），1771年來華，1773年至北京，隨即入宮廷，任乾隆皇帝畫師。作為一名西方人，他對中國宮廷內的繁文縟節頗感不耐煩，例如，在皇帝面前作畫，應如何執筆，如何放置手足，停止畫畫時還要俯首等等。更使他不堪的是，畫完之後，還得請一名中國畫師修改，往往這修改實為破壞。不過，潘廷璋都忍受了，使他溫良、恭讓的美德更加純熟。

從畫家的尺度來衡量，自然郎世寧的技法是他人所不能比擬的。

王致誠作《乾隆帝射箭圖》

　　馬國賢（Matteo Ripa，1682—1745，義大利人），屬於一個「虔勞會」的小修會。他於1710年來華，1724年離開中國，在北京宮廷服務十三年，並寫下了一本《清廷十三年——馬國賢在華回憶錄》，成為歐洲漢學的奠基作，也是那時歐洲人了解中國的主要管道之一。馬國賢不是真正的畫家，他在服務清廷中主要是製作銅版，用作印刷地圖等，這在當時是一項很先進的技術，因為銅版印刷比木版印刷和石印都要清晰得多。後來，因為他不願意苟同雍正皇帝崇尚佛教的做法，離開了中國。

　　郎世寧在宮廷的繪畫生涯主要在雍正和乾隆兩朝。乾隆皇上對詩書畫非常喜愛，格外看重郎世寧、艾啟蒙，以及法國畫家賀清泰等人。郎世寧和艾啟蒙均受賜三品銜。乾隆除了經常看他們作畫，切磋畫藝，宮廷凡有重大事件，都讓他們用畫筆記錄下來。自然，這些西洋畫家，最拿手的是油畫。不過，奉皇上的御旨繪畫，卻要用中國的毛筆和宣紙。以中國工筆畫的工具材料按西畫透視解剖的原理作畫，雖然說不上得心應手，卻在中國工筆畫與西方古典寫實主義畫風的結合上，做出了嘗試性的探索。郎世寧雖然用的也是中國的筆墨、顏色、絹紙等材料，但參考西洋技法，畫出的人物肖像、靜物寫生有濃淡明暗之分，有質地立體之感。乾隆皇帝稱之為「凹凸丹青法」。

　　郎世寧、艾啟蒙等人又是西畫在中國的最早傳播者，人們正是通過他們的作品，對西畫的風格有所認識的。郎世寧擅長畫人物故事、肖像、動物、花木、山水、尤以畫花鳥著名，留下了許多作品，代表作有《聚瑞圖》、

王致誠繪十駿圖之一，雪點雕

王致誠繪十駿圖之二，大宛騮

《乾隆大閱圖》、《花卉冊》、《十駿圖》以及油畫《太師少師圖》等。
《十駿圖》每幅長一丈六尺六寸，寬九尺八寸五分。乾隆十三年，準噶爾蒙
古進貢良馬，皇上又令郎世寧畫了
《大宛騮圖》、《紅玉座圖》和《如
意驄圖》。皇上讚他為「神筆」，說
「寫真無過其右者」。

郎世寧忙於宮廷內皇上交下來的
任務——他有時抱怨說，皇帝像使用
奴僕那樣使用他們。所以在北京五十
多年，只為教堂畫了兩幅大型壁畫。
他曾為乾隆皇帝眾多的后妃們畫像，
不過以他西方人的視角看來，中國人
長得都差不多——正如中國人剛到了
外國，看那些外國人長得也都是一個
模樣，所以說到肖像的傳神，似乎也
是平平。

郎世寧曾在宮中開辦學習用西方
透視原理來繪畫的繪畫學校，培養出
許多初通西洋畫法原理的中國宮廷畫
家，如丁觀鵬、張為邦、王幼學等。

八駿圖

宮廷畫家張為邦所作《歲朝圖》，他是郎世寧的學生，模仿中西結合的畫法。

早在康熙時期，焦秉貞、冷枚、陳枚、唐岱等一些中國宮廷畫家和一些民間著名畫家已經開始創作寫實性很強的繪畫。其中有以王翬為主要作者的《康熙南巡圖》（十二卷）以及其他宮廷畫家合作的《康熙六旬萬壽圖》、《慶典圖》等。康熙後期，受郎世寧影響，一批中國的宮廷畫家或合作或獨自開始創作紀實性繪畫。他們留下了大批「御容」、南巡、大閱、秋獮、祭祀、行樂等紀實性繪畫，為我們今天研究清朝歷史提供了最為生動的歷史資料。

郎世寧的這些畫不但有相當的藝術水準，而且還有較高的史學價值。在攝影技術沒有問世以前，人們正是通過這些畫來了解當時的歷史面貌的。還有《花卉冊》、《十駿犬圖》藏於深宮三百多年。

郎世寧、艾啟蒙等宮廷西洋畫家在中國繪畫史上佔有重要的地位。他們的畫對中國繪畫的發展具有一定影響，正是從郎世寧開始，中國畫開始借鑒西洋畫的一些技巧的。郎世寧和艾啟蒙的畫在宮廷，深受乾隆皇帝的賞識，他們的每幅畫都有「乾隆御覽之寶」印章，是故宮博物院重要收藏品。尤其是艾啟蒙的《十駿犬圖》，不但畫的都是當時的名犬，而且每幅圖都有當朝的文職大臣的題詩賦詞。據史料記載，乾隆皇帝拿到這個冊頁，大加讚賞，百看不厭，愛不釋手。以前人們看到的郎世寧作品多是表現宮廷生活及皇上出巡的大題材以及鳥、獸、山水等，《花卉冊》冊頁則很少有人知道，在故宮繪畫館也很少展出。這兩幅冊頁，藝術水準相當高，郎世寧和艾啟蒙使用的是中國的軟筆，卻按西畫的透

視和光感等技巧，把花卉的形態、犬的形態和神態表現出來，體現了高超的寫生功夫和創意能力，畫得相當精細，栩栩如生，立體感極強。比如犬的毛是單筆漸入，雖然用的不是畫油畫的油彩，卻根根呈現，逼真到讓人忍不住觸手去摸，中國畫是散點透視，西畫是高光點和近光點，一點透視。這種透視效果在這兩幅冊頁中充分體現出來。這些技法對後來中國畫的發展都有很大的影響。

有人認為郎世寧等宮廷西洋畫家的畫，不是純正的西洋畫，他的畫跟西畫大畫家的畫沒法比。同時，他的畫又不是地道的中國畫，跟中國傳統的山水和人物畫的名家也不可相提並論。從畫風來講，郎世寧等宮廷西洋畫家的畫有點「四不像」，所以在欣賞和收藏價值上會打折扣。其實，這種說法是一種誤解，郎世寧等西洋畫家的畫其特點是中西畫法的融合，這種畫法是前無古人的，也是他所獨有的。它的藝術價值就體現在這兒。只要是對郎世寧的畫有所了解的人，都能認識到它的藝術價值。

2005年是故宮博物院建院80周年，由故宮博物院監製的高模擬郎世寧的《花卉冊》和艾啟蒙的《十駿犬圖》冊頁。由於這兩位名家繪製的冊頁複製的同時推出，取其諧音，又被稱為《十全（犬）十美（花）圖》。這兩種藝術珍品深藏故宮三百多年，鮮為人知，在故宮博物院的繪畫館也沒展出過，這次

宮廷畫家王儒學所作《蕉桐耍戲圖》，體現了中西結合的特色，王也是郎世寧的學生。

艾啟蒙的《十駿犬圖》之一

艾啟蒙的《十駿犬圖》之二

複製也算是頭一遭走出「深閨」。

郎世寧的畫本來就稀少珍貴，艾啟蒙的畫傳世的則更少。由於他們是宮廷畫家，其主要作品都在北京的故宮博物院和臺北故宮博物院收藏。民間收藏的可能性微乎其微。事實上，在郎世寧和艾啟蒙還活著的時候，誰的手裡都不可能有他們的畫。因為他倆是皇上的御用畫家，專門給皇上畫畫的。他們每畫一幅都有皇帝的御批。所以，別說一般大臣，就是皇親國戚手裡有他們的畫都要掉腦袋。

複製《十全十美圖》採用了迄今最先進的奈米技術。郎世寧《花卉冊》和艾啟蒙的《十駿犬圖》冊頁在上個世紀80年代曾經複製過。故宮博

艾啟蒙的《十駿犬圖》之八

郎世寧《魚藻圖》

物院召集了眾多高水準畫家對《十駿犬圖》冊頁進行複製，那是純手工的臨摹，十幾個畫家畫了一年左右。只畫了一套，現存於故宮博物院。現在複製《十駿犬圖》和《花卉冊》冊頁則採用現代化的數位技術，其中分色技術採用的就是奈米技術，這種高科技方法仿製出來的作品非常逼真。有一家文化公司用這種技術複製一位著名油畫家的作品，結果這位油畫家居然把複製品當成了原作，他簡直不敢相信自己的眼睛，數位技術的高模擬效果讓這位油畫家驚歎不已。這次《十全十美圖》冊頁的複製過程由故宮博物院監控。複製出來以後，確實能達到可以亂真的地步，站在一米以外，幾乎辨不出真假。

郎世寧的代表作品有《八駿圖》、《聚瑞圖》、《嵩獻英芝圖》、《大閱圖》、《百駿圖》、《弘曆及后妃像》、《平定西城戰圖》等——後世藝評家認為他畫馬最為傳神。其中，以《聚瑞圖》、《百駿圖》最為著名。有些畫記錄了當時的政治活動，如創作於乾隆朝的《萬樹園賜宴圖》、《平定伊犁回部得勝圖》等大幅寫實性作品。其中，《平安春信圖》、《雪中行樂圖》、《哨鹿圖》、《萬樹園賜宴圖》和《馬術圖》皆為故宮博物院院藏一級國寶。

乾隆二十二年（1757），按照中國人的演算法，郎世寧年滿七十。乾隆帝為郎世寧服務康、雍、乾三朝，勞苦功高，特意賜宮緞六疋，袍褂一件，瑪瑙朝珠一串，御筆匾額一方；並為他舉辦七十大壽壽筵，證明他在宮中頗受禮遇及恩寵。

郎世寧於乾隆三十一年六月初十（1766年7月16日）去世，距他的七十八歲生日只差三天。乾隆皇帝特發上諭：「西洋人郎世寧，自康熙年間入值內廷，頗著勤慎，曾賞給三品頂戴。今患病溘逝，念其行走年久，齒近八旬，著照戴進賢之例，加恩給予侍郎銜，並賞內府銀三百兩，料理喪事，以事優恤，欽此。」郎世寧和他的先行者們一樣，葬於滕公柵欄教士墓地。

至今，已經很少有人知道郎世寧的傳教士身分了，只知道他是個很有成就的畫家。

附錄

耶穌會想要把十字架插遍全球

一、天朝鬧家務洋夷圖變革

十六世紀初葉，正值明朝正德、嘉靖時代。做著天朝大國，唯我獨尊清秋大夢的皇帝以國為家，關起門來，變著花樣地折騰。正德皇帝窮奢極欲，甚至覺得三宮六院之類的老一套已經了無新意，屢出奇招，出人意想地玩耍；終於玩掉了三十歲的性命。那個來自湖北鄉下的嘉靖皇帝不知國家大政為何物，剛坐上龍椅就整天糾纏於封他亡父以什麼尊號之類的無聊家務事，為此在朝廷上打死了十七個大臣；再不然，就夢想著做神仙——既便不能長生不老，也落得眼下快活。以至於幾十年不理朝政，成了罷工皇帝。

被中國視為化外洋夷的歐洲卻進入了激烈變革的時代。

此時的歐洲，由神聖羅馬帝國和羅馬教廷共同維持的封建秩序已接近解體。有些類似中國西周末年，王綱解紐，小國林立的局面。拉丁語已不再是歐洲的通用語言，各民族爭相使用自己的地方方言。生產技術的改進，社會分工的擴大，商品生產的增長，都標誌著茁壯的資本主義萌芽已經破土而出。他們需要開闢海外市場，他們需要和東方進行貿易。中國發明的指南針可能還是小孩子手中的玩具，可是傳到歐洲後恰好促進了航海事業的迅速發展。歐洲人尋求海外通道有兩個明確而簡單的目的——黃金和香料，自然附帶著也要傳播他們的「福音」。正像葡萄牙航海冒險家達伽瑪所說：「我們是來尋找基督徒和香料來的。」

隨著商品經濟的發展，對貨幣的需求日益增加，因此對貴金屬有一種特殊的饑渴感。那個發現新大陸的哥倫布就赤裸裸地說：「黃金是個令人驚歎的東西，誰有了它，誰就能夠支配他所欲望的一切。有了黃金，就是想把靈

魂送入天堂也是可以做到的。」再有，歐洲人對香料也情有獨鍾。歐洲人以牛肉為主要食物，而那裡冬天缺乏飼料，只好在秋天將牛宰殺，用香料——丁香、胡椒、肉桂、生薑等把牛肉醃製起來。因此，使得東方的香料市場也行情看漲，以致明朝有時以胡椒代替貨幣，給官員們發工資。

羅馬天主教的各級主教、神父和修士們對於向全世界擴張的熱情，絕不遜色於世俗的商人和冒險家。他們相信，如果東方有基督徒，就與之生活在一起，如果沒有，就讓那些埋沒在異教黑暗中的生靈變成基督徒。不過，透過神聖的光霧，往往顯現的還是世俗的終極目的。

二、兩個蕞爾小國企圖瓜分世界

十五世紀被人們稱為「地理大發現」的世紀。

十五世紀末，西班牙和葡萄牙完成了國內的統一和中央集權的過程，遂開始了向海外攫取財富並擴充勢力的冒險活動。

1486年，葡萄牙航海家迪亞士（Dinis Diaz）到達非洲最南端，葡萄牙國王若昂二世命名之為「好望角」。兩年以後，柯維漢（Pedro de Covisha）繞過好望角抵達印度。1498年，葡萄牙人達伽瑪（Vasco da Gama）進入印度加里古港（Calicut），開闢葡萄牙至印度航線。1510年，葡萄牙佔領印度果阿（Goa）及麻六甲及馬來半島，建立獨佔東亞商業的霸權。

與之毗鄰的西班牙自然不願看到當初是其國家之一部，剛剛獨立出去不久的葡萄牙獨自稱霸東亞的局面。遂鼓勵探險家直插大西洋，改尋他途去印度。1492年，哥倫布在西班牙女王伊莎貝爾一世的支持和資助下，經過70多天的航行，到達中美洲的巴哈馬群島，他自以為那就是印度。1519年，葡萄牙人麥哲倫（Fernando de Magallanes）在西班牙國王卡洛斯一世支持下，繞過南美洲最南端的海峽，今天稱為麥哲倫海峽，到了菲律賓。

西、葡兩國為爭奪殖民地、市場和掠奪財富，展開了長期的戰爭。為緩和兩國日益尖銳的矛盾，由教皇亞歷山大六世（1492—1503在位）出面調解，並於1493年5月4日做出仲裁：在大西洋中部亞速爾群島和佛德角群島以西100里格（league，1里格合3海浬，1海浬約為5.92公里）的地方，從北極到南極劃一條分界線——史稱「教皇子午線」。線之西屬於西班牙人的勢力範

圍；線之東則屬於葡萄牙人的勢力範圍。根據這條分界線，大體上美洲及太平洋各島屬西半球，歸西班牙；而亞洲、非洲則屬東半球，歸葡萄牙。

葡萄牙國王若昂二世（1481—1495在位）對此表示不滿，因為南美早已屬於葡萄牙，所以要求重劃。於是，1494年6月7日，西、葡兩國簽訂了《陶德西利亞斯條約》，將分界線再向西移270里格，巴西即根據這個條約被劃入葡萄牙的勢力範圍。這條由教皇作保規定的西、葡兩國同意的分界線，開近代殖民列強瓜分世界、劃分勢力範圍之先河。

1521年，麥哲倫的船隊航抵摩鹿加群島（今馬魯古群島）以後，西、葡兩國對該群島的歸屬問題又發生了爭執。1529年雙方又簽訂《薩拉戈薩條約》，在摩鹿加群島以東17經度之處再劃出一條線，作為兩國在東半球的分界線，線西和線東分別為葡萄牙和西班牙的勢力範圍。西、葡兩國首次瓜分了整個地球，瘋狂進行殖民掠奪。彈丸之地的葡萄牙除佔有南美巴西的領土之外，還有非洲的剛果、安哥拉，亞洲的菲律賓、印尼、印度的西南部，以及帝汶、錫蘭等島嶼，其海外領土面積超過本土幾百倍。

西班牙、葡萄牙都是天主教國家，他們向海外擴張的目的之一，也是要以天主教征服世界。所以在新開闢的領土上，自負起傳教的責任，教皇也就將新土地上的傳教使命交託給了他們，即所謂的保教權——凡是從歐洲派往東方的傳教士必須得到葡萄牙國王的批准，而且一律要乘坐葡萄牙的船隻，從里斯本出發。

誠然，以利瑪竇為代表的西方傳教士並無侵略中國的企圖、言論和行動，但不能說西方國家和教會就沒有武力征服中國的想法。事實上，菲律賓的西班牙傳教士就曾給國王菲力浦二世上書《論征服中國》，1586年4月，馬尼拉主教及其他殖民地當局頭面人物，特意召開了「馬尼拉會議」，討論如何征服中國的問題。他們甚至計畫由北京傳教士偵察中國的作戰能力、物資儲備情況、以及應該防範的危險；在進攻中國前，撤出傳教士，而後由他們任嚮導和翻譯。可見，以軍事征服和精神征服緊密結合，是殖民主義者一貫使用的手段——在美洲，他們就是如此行事的。

菲律賓傳教士的圖謀遭到中國傳教團的主管，耶穌會印度教區視察員範禮安的拒絕，他認為傳教方式應根據不同國家的實際情況而定，「因為時過境遷，這已經不是傳教士能夠『一手拿著聖經，一手拿著皇帝給予的寶劍』

和別人見面的時刻，這種方法在遠東的偉大帝國是不能使用的」。利瑪竇也是這樣主張：「對不同民族，在不同時候，應該採用不同的方法去幫助人民關心天主教」。

三、耶穌會趁宗教改革之機異軍突起

在思想文化領域，十五世紀的文藝復興、啟蒙運動使歐洲人擺脫了中世紀的經院哲學體系和《舊約》神學系統，「異端邪說」空前地活躍起來。在社會生活方面，由於航海事業的發達，新大陸的發現，海外的財富滾滾而來，刺激了人們對物質生活的追求。更為重要的是，神聖羅馬帝國解體後，維繫歐洲統一的精神基礎——天主教發生了動搖。

此時的羅馬教廷已經極端腐敗，高級神職人員，甚至教皇本人身上，充斥著斂財、好色、虛偽、陰謀等惡行。德國維滕堡大學神學教授馬丁·路德（Martin Luther，1483—1546）因不滿教皇利奧十世出賣天堂贖罪券，於1517年發表了著名的《九十五條論綱》，向羅馬教廷公開挑戰，揭開了歐洲宗教改革的序幕。從此，新教運動在那些早已對羅馬教廷不滿的歐洲各國中，如火如荼地蔓延開來。德國、英國、荷蘭、瑞士等國都和羅馬教廷分庭抗禮，從服從變為了敵視，教皇的號令已不能在歐洲暢行無阻。

羅馬教廷覺察到自身的危機，也從內部發起了一場革新的行動，即所謂的「反宗教改革運動」——改革不良的習俗，整頓不良的組織，嚴肅教會的紀律，整律教士的生活，加強神學的研究等。

總之，十六世紀的歐洲是個變革的社會，是個革新的時代，人心思變，嚮往自由，趨求新奇。壓抑了上千年的思想一旦解放，其發揮的創造力令人瞠目結舌，從而造就了人類現代文明的燦爛碩果。

耶穌會就是在這個大背景下產生的。

成立於1535年8月15日的耶穌會企圖從內部肅清腐敗，改革教會，充當了維護羅馬教廷，以及「反宗教改革運動」的急先鋒。修會成員希望能夠回歸早期天主教義，以此獲得一個更加靠近耶穌的地位。修會為了嚴格紀律，規定其成員必須對教會絕對服從，「假如教會這樣定義的話，我就相信白的是黑的。」成為他們的信條。耶穌會與其他修會，如「多明我會」、「方濟各

會」突出的差異是，他們不主張離俗修行，而是要深入到異教徒之中去傳播教義，爭取更多的信仰者。

1540年9月27日，教皇保羅三世承認了耶穌會是天主教的一個正式修會。此後這個修會發展很快，不久就在多個國家活動。

耶穌會的行動綱領是「虔誠與外交手腕的結合，苦行與世俗交往的結合，神祕主義與冷靜盤算的結合」。耶穌會尊崇學術和新知，力圖將古典與現代融和，將科學與宗教化一。耶穌會採取軍事化組織管理，所以又稱耶穌連隊。其創始人是西班牙貴族——羅耀拉・依納爵。

依納爵（St. Ignatius of Loyola，1491—1556）雖然出身貴族之家，但並非紈綺子弟，他在西－法戰爭中受傷致殘，轉而研習神學。他向教廷發誓：「我不屬於我自己，我屬於創造我的天主和代表他的教皇，我將像柔軟的蠟一般，任其擺布。為此，我先要像一具僵屍，沒有自己的意志和感覺；其次，我要像一個小小十字架，任憑持有者旋轉；再次，我將像一根拐杖，聽憑使用者的指使。」

耶穌會組織嚴密，紀律森嚴，除了教皇不受任何人的管制。總會長為終身制，駐在羅馬。在全世界設七十七個教省，各設教省會長，任期三年，其下按地區分設會長和院長。各省會士外出傳教，即在當地建立歸該省管轄之傳教區。此外羅馬總會長還向各地派出巡閱使，會內實行層層控制，會士之間相互監督，並強調絕對服從上級。總會長對各地會士擁有絕對統治權，故有「黑衣教皇」之稱。正式會士除發三願（絕財、絕色、絕意）外，還發第四願，即絕對效忠教皇。會士除應遵守會規外，尚須按照伊納爵所著《神操》一書的要求，完全聽憑長上以天主的名義隨意調遣，不得違命。權力膨脹的結果，自然會產生越軌行動，所以耶穌會在歐洲的名聲並不太好，一些有識之士，如伏爾泰、帕斯卡等人說耶穌會是「各國君主的政治工具，參與一切政治陰謀的策劃；以傳教為名，為侵略主義者充當政治間諜」；指責他們「只顧目的，不擇手段」。

耶穌會的成員一般都是神父，只有個別成員是修士，如之前我們介紹的郎世寧。他們一般不穿修士服，外表一如常人，成員一般在他們的名字後面加上字母「SJ」（The Society of Jesus）。耶穌會的成員都過著獨身、貧窮的生活，並以此為榮，他們對修會和教宗的命令絕對服從。而且從成立那天

起，耶穌會成員就是引領潮流的天主教神學者——他們的成員都受到過比較高深的教育，並掌握多種知識和技能，有許多是高級顧問。加入耶穌會比加入其他修會考驗的時間要長得多。申請人不但要有神學的畢業證書，而且還要有另一項專業的大學畢業文憑。

耶穌會士的使命是使耶穌會神父和修士成為一個為別人生活的人。身為耶穌會的成員是生活在團體中，與其他會士以及許多普通信徒、合作者一起共事，將天主帶給人類，並設法減輕他們的痛苦，消除社會的不正義。會士被天主吸引，去向人們、世界宣講聖言。那些應召而為司鐸的會士在教會中具有領導職位，並透過司鐸職務協助建立基督徒的團體。

該會以舉辦文化教育事業、進行靈修指導為其主要活動；並結交達官貴人，深入宮廷，擴展政治勢力。17世紀、法國、西班牙等國君主的懺悔神父均由該會會士擔任。18世紀時耶穌會因過深地干預政治，甚至從事暗殺活動——例如，1610年由新教改信天主教的法國國王亨利四世的被刺，據說就是耶穌會策劃的，而受到歐洲一些國家的取締。1759年，葡萄牙將耶穌會驅逐出境；1764年，法國頒布了解散耶穌會的命令；1767年，西班牙把六千多名耶穌會教士趕走。1773年7月，教皇克雷芒十四世宣布解散耶穌會；直到1814才被教皇庇護七世允許重新恢復。

因為耶穌會士工作的對象是無所不包的，所以耶穌會士中也是群賢畢至——有聞名的天文學家、地理學家、名教授、宣講師諸色人等無一不備。有的傳教士們出入朝廷，充當帝王的神師，更有的在南美洲獻身做黑奴的奴隸。他們為了使眾人得救，便適應一切人。對於教育事業，耶穌會更不遺餘力，創立後一百年，在歐洲各學府都有耶穌會士執教，當時的會士已超出兩萬名。在羅馬現在仍欣欣向榮的日耳曼學院和額我略大學，四百餘年間給教會陶冶了難以數計的學者、聖賢和偉人，例如法國著名的數學家笛卡兒就是耶穌會成員。

耶穌會成立不久，就把目光投向了東方。1542年該會隨葡萄牙殖民勢力進入印度活動；1549年到達日本。開啟東方之旅的是會祖聖依納爵的摯友，被稱為「東亞宗徒」的聖沙勿略。

方濟各・沙勿略（San Francisco Javier，1506—1552）出身自西班牙巴斯克貴族，其父是西班牙國王的顧問，他早年就生活在王宮之中。十八歲的

沙勿略在法國巴黎留學期間，與依納爵相識。在依納爵的感召下，由一個桀驁不遜，追逐奢華的紈絝子，變成謙恭自抑，甘心清貧的教徒。1534年8月15日，依納爵和沙勿略等五人在巴黎郊外的蒙塞拉特修道院中創建耶穌會，發誓終生侍奉教會，過貞潔清貧的生活。1540年，他受葡萄牙國王若昂三世的委派到東方傳教，於1542年抵達印度果阿。他的足跡遍及印度、錫蘭、麻六甲、新加坡，及日本等地。他在日本傳教與僧人辯論時，有的僧人問他：「你的教義如果是真理的話，為什麼中國卻不知道呢？」他這才了解日本的文化絕大部分來自中國，而且中國幅員遼闊，境內人民安居樂業，中國人智慧極高，善於思考，重視學術，以正義著稱，便決心把他的事業重點放在中國。他於1552年8月來到中國廣東外海，離廣州三十里的上川島。但是，在明朝政府的禁海政策下，他無法循正常途徑進入中國。沙勿略只好居住在簡陋的茅屋中望洋興嘆。他曾試圖以偷渡的方式進入大陸，但都沒有成功。他終於沒有等到登上大陸的那一天，因患病，發高燒，於1552年12有2日在上川島去世。

雖然沙勿略賚志以歿，但是耶穌會士進入中國傳教的理想卻從未稍減。耶穌會印度教區特闢中國日本教區，任命主教駐於澳門，收集有關中國的資料，徵集有志去中國傳教的人才，令他們學習中國語言等——一旦條件許可即登陸近在咫尺的大陸。繼沙勿略之後，尚有多人闖關，都功虧一簣。

1574年，義大利籍的耶穌會教士範禮安（Alessandre Valignani，1538—1606）被任命為遠東教務視察員，率領耶穌會士四十人抵達果阿。1578年他來到澳門，準備前赴日本，他知道日本奉中國為上國，因此欲勸化日本人入教，必先勸化中國人入教。而且，他知道中國具有悠久的歷史文化，若想要在中國立足，必先要精通中國語言文字，明瞭中國風土人情。範禮安遂要求果阿派遣一名適當人選，準備進入中國傳教，果阿方面選中了羅明堅。範禮安神父熱切盼望能夠盡快施行自己的計畫，曾站在澳門修道院的窗前，遙望大陸歎道：「岩石啊，岩石，你何時才能開裂？」

羅明堅神父（Michele de Ruggieri，1543—1607，義大利人）於萬曆七年（1579）到達澳門，專心學習漢語「聽說讀寫」的四種功夫。而且，一有機會他便跟隨到中國做生意的葡萄牙商人進入廣州。當時，中國當局允許葡萄牙商人在一定的日期內，可以到廣州進行貿易，但只限於白天，太陽一落，

必須回到船上，不准在中國土地上停留。羅明堅在與一些官員接近的時候向他們提出留在陸上的請求，因為自己是侍奉天主的，哪能整天跟著商人跑呢？中國官吏見這個大鬍子的外國人會說華語，而且待人和氣，彬彬有禮，便將他安排在暹羅進貢使所住的驛館中。並在食住方面提供方便。1580—1583年間，他曾在廣州暫住三次，還去肇慶住了幾個月。羅明堅又通過送禮賄賂兩廣總督的手段，獲准長住內地，成為外國傳教士進入中國的第一人。

當他輾轉各地，試圖在中國落腳時，感到一個人過於孤單，乃請求範禮安神父將利瑪竇調到澳門做助手。明萬曆十一年（1583），利瑪竇跟隨羅明堅赴肇慶。

利瑪竇來到廣東後，在中國南方輾轉度過十八年，終於在1601年進入北京。之後的十年，利瑪竇以其精湛的數學和天文知識，和對中國經典的通曉，對中國風俗的尊重，在中國的知識份子中建立了良好的形象。這個被稱為「利瑪竇規矩」的傳教模式也被其他許多相繼來華的耶穌會士採用。

1644年滿清入關，順治、康熙皇帝繼續重用西方傳教士，湯若望、南懷仁相繼出任欽天監正。耶穌會在中國的傳教事業也頗有成績，全國發展的信徒已達二十七萬。

從康熙末年，因所謂的禮儀之爭開始在全國查禁天主教，迫害教徒和傳教士，但在北京宮廷裡卻留用一批耶穌會士，擔任御用的學者和藝術家。其中最著名的有義大利籍畫家郎士寧和負責製作噴泉和地圖的蔣友仁神父等。通過他們，封閉的清帝國留下一個窺視西方的小視窗；同時，十七世紀後期，耶穌會傳教士也是西方了解中國的最高權威。

幾經反覆和挫折，在中國的耶穌會逐漸發展。自1583年至1775年的近二百年間，共有472名傳教士來華，其中不乏著名的學者、科學家、藝術家、技師和能工巧匠。他們大多終生服務於中國，再也沒有返回歐洲。他們以自己的才智和奉獻精神為溝通中西文化盡了力，以上我們介紹的就是其中幾個貢獻突出，具有代表性的人物。

國家圖書館出版品預行編目資料

紫禁城裡的洋大臣／王忠和著. -- 一版. -- 臺北
市：大地，2015.11
面：　公分. --（經典書架：26）

ISBN 978-986-402-093-5（平裝）

1. 傳教史　2. 基督教傳記　3. 中國

248.2　　　　　　　　　　　　　104019452

紫禁城裡的洋大臣

作　　者	王忠和
發 行 人	吳錫清
主　　編	陳玟玟
出 版 者	大地出版社
社　　址	114台北市內湖區瑞光路358巷38弄36號4樓之2
劃撥帳號	50031946（戶名　大地出版社有限公司）
電　　話	02-26277749
傳　　真	02-26270895
E - m a i l	vastplai@ms45.hinet.net
網　　址	www.vasplain.com.tw
美術設計	普林特斯資訊股份有限公司
印 刷 者	普林特斯資訊股份有限公司
一版一刷	2015年11月

經典書架 026

大地

定　　價：280元